W0056266

In diesem Band geben sieben Frauen aus China Einblick in ihr Leben. Sie kommen aus sehr unterschiedlichen Milieus und erzählen offen von ihrem Alltag, ihren Problemen in Beziehungen, Familie, Beruf und Politik, von ihren Träumen und Hoffnungen für die Zukunft. Vorgestellt werden ein 19-jähriges Bauernmädchen, das auszieht, um sein Glück in der Stadt zu suchen; eine 33-jährige sehr bekannte Tänzerin, die das erste avantgardistische Tanzensemble Chinas aufbaut; eine 43-jährige Schriftstellerin, deren Frauenromane die Bestsellerlisten anführen; eine 45-jährige Schneiderin, die immer noch von der großen Liebe träumt; eine Geschäftsfrau, die in Hongkong ein Millionenvermögen erwirtschaftet und wieder verliert; eine linientreue 43-jährige Beamtin sowie eine 79-jährige Musikprofessorin und Komponistin, die unter den politischen Umwälzungen sehr zu leiden hatte. Ergänzt werden die Geschichten durch sehr einfühlsame Porträtaufnahmen der Koautorin und Fotografin Xiao Hui Wang.

Xiao Hui Wang, geboren 1957 in China, studierte Architektur in Schanghai. 1986 Doktorandin an der TU München und Lehrbeauftragte an der Münchner Fachhochschule für Architektur. Seitdem wohnhaft in München und Tianjin, China. Seit 1991 freischaffende Künstlerin (Fotografie, Bücher, Filme). Zahlreiche Fotoausstellungen, Auszeichnungen und Veröffentlichungen im In- und Ausland. Dazu zählen zwölf eigene Fotobände und Bücher sowie zwei Filme.

Monika Endres-Stamm, geboren 1950, studierte Anglistik, Germanistik, Amerikanistik und Philosophie in Heidelberg, München und in Brandeis/Boston. Seit 1995 als freie Autorin tätig, arbeitet sie gegenwärtig an einem Buch über Java und Bali.

Unsere Adresse im Internet: www.fischer-tb.de

Xiao Hui Wang
Monika Endres-Stamm

Töchter des halben Himmels

Sieben Frauen aus China

Fischer Taschenbuch Verlag

Die Frau in der Gesellschaft
Herausgegeben von Ingeborg Mues

2. Auflage: Januar 2001

Originalausgabe
Veröffentlicht im Fischer Taschenbuch Verlag GmbH
Frankfurt am Main, Dezember 2000

© Fischer Taschenbuch Verlag GmbH, Frankfurt am Main 2000
Satz: Pinkuin Satz und Datentechnik, Berlin
Druck und Bindung: Clausen & Bosse, Leck
Printed in Germany
ISBN 3-596-14822-7

Für Xü Hui Lin in Liebe

Inhalt

Peking im Mai 2000
Vorwort

Nachdem Peking über Tage unter einer graugelben Dunstglocke verschwunden war, strahlt nach einem kräftigen, warmen Regen endlich die Sonne. Die Platanen leuchten maigrün, Rosenbeete umsäumen Plätze und Prachtstraßen. Die Sonne nimmt der Stadt ihre dumpfe Unnahbarkeit, nun ist sie wieder voller Energie und Lebendigkeit. Peking unterscheidet sich heute kaum mehr von einer westlichen Großstadt. Die vielen Autos bewegen sich langsam vorbei an den Glaspalästen der Banken, an großen Hotels im Zuckerbäckerstil und ihren Reklameschildern. McDonald´s und Ikea haben Einzug gehalten. Der neue Reichtum der Stadt ist unübersehbar.

Dem alten China begegnet man am Nordseepark, einem der ältesten kaiserlichen Gärten in der Nähe der Verbotenen Stadt. Hier zeigt sich das Peking früherer Tage beinahe unversehrt. Ein schmaler Uferweg schlängelt sich am See entlang, Weiden lassen ihre zartgrünen Äste tief ins Wasser hängen. Die Nachmittagssonne spiegelt in der Ferne die »Insel der Erlesenen Jade«, und der See liegt wie eine Tuschezeichnung der großen alten Meister vor mir. Nur wenige Schritte vom Ufer entfernt führen kleine enge Straßen in ein dahinter liegendes Wohnviertel. Rote Ziegelmauern schützen die Viereckhöfe vor neugierigen Blicken. Kunstvoll geschnitzte Tore bieten Zugang, bemalt mit roten und blauen Mäandern und Bildornamenten, die die Dämonen am Eintreten hindern sollen. Innen öffnen sich kühle Höfe, hier blühen Rosen, blassgelbe Seerosen liegen auf dem Wasser roter Erdtöpfe, Frösche quaken, und das Vogelgezwitscher übertönt den Großstadtlärm. Selbst Pekings schlechte Luft scheint ausgesperrt. In dieser Idylle fand früher eine Großfamilie eine komfortable Bleibe, unter Mao Tse-tung mussten hier schon mehrere Familien zusammenrücken.

Auf dem Platz des Himmlischen Friedens kommt mir eine alte

Frau in der traditionellen, chinesischen Jacke entgegen. Sie bewegt sich nur mühsam am Arm ihres erwachsenen Enkels. Ich lächle sie an, sie wirft mir einen müden Blick zu, ihr Enkel lächelt scheu zurück. Mein Blick fällt auf ihre Füße. Nun verstehe ich, warum sie sich in kleinen schmerzhaften Schrittchen dahinschleppt. Ihre eingebundenen Füße stecken in puppenhaften, schwarzen Samtschuhen. Was früher ihre Zartheit unterstreichen sollte, macht ihre alten Tage zur Qual.

Wie selbstbewusst dagegen eilen die jungen Frauen Pekings vorbei: die 30- und 40-Jährigen, im eleganten Kostüm, zielstrebig auf hochhackigen Schuhen, das unverzichtbare Handy am Ohr, oder eine etwas Jüngere, lässig auf Plateausohlen, den Handtaschenrucksack auf dem Rücken. Ihre langen Haare wehen im Wind. Dann ein sehr junges Mädchen mit Kurzhaarschnitt. Nicht zu übersehen die »Girlies« mit ihrem wiegenden Modelgang, in den langen Röcken mit freizügigem Schanghaischlitz, der den Blick auf die Beine freigibt. Sie sind sorgfältig geschminkt, und ihr Mädchenblick scheint unentwegt zu fragen: Bin ich nicht schön?

Das neue China ist voller Kontraste und steckt mitten im Umbruch. Zwischen der alten Frau in den Samtschuhen und der nächsten Generation liegen die Revolution, 50 Jahre Kommunismus und die Jahrtausendwende. Der alten Frau hat man noch weisgemacht, dass sich Männer und Frauen wie Himmel und Erde unterscheiden. Die mittlere Generation war stolz darauf, um mit Mao zu sprechen, »die Hälfte des Himmels zu tragen«. Ich frage mich, ob die ganz junge Generation diesem Maozitat noch etwas abgewinnen kann, ja, es überhaupt noch kennt.

Die Idee zu diesem Buch ist schon vor einiger Zeit entstanden.

Meine chinesische Freundin Xiao Hui Wang und ich haben uns vor 14 Jahren auf einem Fest in München kennen gelernt. Sie war damals Doktorandin an der TU in München und sorgte an diesem Abend für das leibliche Wohl der Gäste mit wunderbaren kleinen chinesischen Vorspeisen. Sie fiel mir sofort auf, als ich den Raum betrat. Sie stand aufmerksam da, wirkte zart und exotisch. Nach dem ersten Blickkontakt und Worten, die wir wechselten, ahnte ich, dass sich zwischen uns eine Freundschaft entwickeln würde.

Wir staunten, wie schnell wir uns nahe kamen, obwohl wir aus sehr verschiedenen Welten stammen. Ich genoss ihren östlichen Charme, ihre unvoreingenommene Neugierde, mit der sie die Menschen ihrer neuen Umgebung gewann. Mit welcher Hingabe und Gründlichkeit stürzte sie sich in ihre Arbeit, in ihr neues Leben.

Ganz allmählich erfuhr ich mehr über ihre Vergangenheit – eine düstere Kindheit während der Kulturrevolution. Ihre Mutter, damals Komponistin und Dozentin an der Musikhochschule, wurde als Spionin der Kuomintang verdächtigt und wie eine Verbrecherin über ein Jahr lang brutalen Verhören ausgesetzt. Sie war unschuldig und verlor trotzdem alles, was ihrem Leben Sinn gab, ihre Familie, ihre Stelle als Dozentin an der Musikhochschule, ihre Wohnung. Zeitweise musste sie ihr Dasein als Müllfrau fristen.

Durch den Studienaufenthalt ihrer Tochter erneut von ihr getrennt, begann sie ihre erschütternde Lebensgeschichte in Briefen an sie zu schildern. Xiao Hui übersetzte sie mir, und so begannen wir in einem westöstlichen Dialog, die Geschichte ihrer Mutter aufzuschreiben, die den Briefen dieser außergewöhnlichen Frau folgt und gleichzeitig über ihre ganz persönlichen Erlebnisse die Geschichte Chinas der letzten 70 Jahre dokumentiert. Ihre menschliche und warmherzige Wahrnehmung ist es, die sie einem nahe bringt und alles Erlebte dieser klugen und ungeheuer tapferen Frau so lebendig werden lässt.

Nachdem über 200 Seiten entstanden waren, wurde sie schwer krank, ihre Briefe blieben aus, ihre Geschichte verschwand für Jahre in einer Schublade. Sie liegt nun in stark gekürzter Form als Teil dieses Buches vor und war zugleich Ausgangspunkt für die zugrunde liegende Idee von »Töchter des halben Himmels«.

Längst war mein Interesse für dieses geheimnisvolle, fernöstliche Land geweckt, das von westlicher Seite immer noch mit einer Fülle von Vorurteilen belastet ist. Ich begann mich in die chinesische Mentalität einzufühlen und lernte, im Fremden das Vertraute neu zu sehen.

Asien übt schon seit meiner Schulzeit eine große Anziehungskraft auf mich aus. Mir fiel das Werk von Margaret Mead[1] in die Hände, und ich stellte mir schon damals vor, später ihren Spuren nachzugehen. Auf meinen Reisen durch Burma, Bhutan, Nepal, Thailand, Java und Bali standen immer wieder die Frauen im Mittelpunkt meines Interesses. Sie nahmen mich in ihre gastfreundlichen Familien auf und öffneten mir in ihrer sanften Liebenswürdigkeit die Türen zu ihrem Leben, das je nach Region vom Hinduismus, Buddhismus oder Islam geprägt ist. Ich konnte Vergleiche anstellen, wie die Frauen in den verschiedenen Religionskulturen leben, welche kulturelle Anpassung sie leisten, welche Stellung sie innerhalb ihrer Familien einnehmen, wie sie ihre Kinder erziehen und auf moderne Herausforderungen wie eine berufliche Selbständigkeit reagieren.

Während der Gespräche mit Xiao Hui Wang über das Leben ihrer Mutter wurde mir klar, dass China ganz andere Geheimnisse birgt, die sich von meinen bisherigen Erfahrungen in Asien unterscheiden. Obwohl China aus dem Bewusstsein seiner uralten Tradition lebt, ist es einen anderen Weg gegangen als das restliche Asien. Seit der Gründung der Volksrepublik China 1949 gab es immer wieder Phasen des Umbruchs, der Veränderung und des Neuanfangs. »Wir zerstören alles Alte und bauen alles neu«, hieß es während der Kulturrevolution. Mao Tse-tung wollte die jahrtausendealten Strukturen zerschlagen, um ganz neu anzufangen. Wie menschenverachtend während der furchtbaren Wirren der Kulturrevolution Leben vernichtet, Familien und berufliche Karrieren zerstört wurden, davon gibt die Lebensgeschichte von Xü Hui Lin, Xiao Huis Mutter, Zeugnis.

In München hatte meine Freundin neben ihrer Lehrtätigkeit an der Fachhochschule für Architektur eine Lieblingsbeschäftigung ihrer Kindheit wieder entdeckt. Man sah sie auf ihren Streifzügen durch die Stadt immer mit ihrer Kamera. Es entstanden eigenwillige, künstlerische Bilder, mit denen sie aus ihrer Perspektive ihre neue Umgebung interpretierte. Nachdem Anfang 1990 einige Verlage auf ihre Arbeiten aufmerksam wurden, entschloss sie sich, als freischaffende Fotokünstlerin zu arbeiten. Zahlreiche Ausstellungen, Auszeichnungen und Veröffentlichungen im In- und Ausland folgten in den nächsten Jahren, darunter Bücher und Fotobände, wie die »Heimat des Drachens«, ein Buch über die Kultur Chinas.

1996 auf der Weltfrauenkonferenz in Peking nahm die Idee zu unserem gemeinsamen Buch konkretere Formen an. Xiao Hui war als Fotografin geladen und machte sehr einfühlsame Porträts von Frauen aus unterschiedlichen sozialen Milieus. Sie zeigte mir diese Fotos, und meine Neugier war erneut geweckt. Was für ein Leben haben diese Frauen hinter sich? Wie spiegelt sich in ihren Gesichtern die Geschichte ihres Landes? Nichts war dort zu sehen von der viel gescholtenen chinesischen Gleichmacherei, dem Verschwinden alles Weiblichen unter den breiten Schultern der blauen Arbeitsjacken.

Während ihrer nächsten Arbeitsaufenthalte in China ermunterte Xiao Hui Wang die Frauen, ihre Geschichten zu erzählen. Ihre Scheu und anfänglichen Bedenken überwanden sie schnell, weil sie merkten, dass Xiao Hui Wang, als eine von ihnen, behutsam mit den Informationen umgehen würde. Sie reden freimütig über ihre Erfahrungen unter Mao Tse-tung, erzählen von ihren Beziehungen, ihren Problemen in Familie und Beruf, ihren Hoffnungen und Zukunftsvorstellungen. Es wird nachvollziehbar, wie sich die Beziehung der Geschlechter und das Selbstverständnis der Frauen im heutigen China wandeln.

Die Interviews, die die Grundlage dieses Buches bilden, sind zwischen 1997 und 1998 entstanden und 1999 ergänzt worden. Da ich kein Chinesisch spreche, hat Xiao Hui Wang sie mir übersetzt und erklärt. Viel Atmosphärisches habe ich erspürt oder bei meiner Freundin erfragt, Begriffe, die mir fremd waren, von ihr erläutern lassen. Die Welt dieser Frauen erschloss sich mir immer mehr, und manchmal ging die Annäherung so weit, dass ich während des Schreibens das Gefühl hatte, Gast in ihren Räumen zu sein. Sie wurden mir vertraut und gewannen meine Sympathie und Achtung. Was für ein kreatives Vergnügen, zwischen ihnen und den deutschen Leserinnen die Vermittlerrolle zu übernehmen.

Die Texte, die je nach Herkunft, Temperament und Bildungsniveau der Frauen sehr unterschiedlich ausfallen, folgen deren eigenen Worten. Ihr chinesischer Alltag wird aus ihren sehr persönlichen Blickwinkeln sichtbar. Die Geschichten erheben weder einen Anspruch auf Allgemeingültigkeit, noch wollen sie die chinesische Variante der Frauenbewegung erklären.

Unsere lange Beziehung und Zusammenarbeit ermöglichte einen intensiven Dialog, der eine Verbindung zwischen der westlichen und der östlichen Kultur herstellt, indem ich Texte schrieb, die die chinesische Fremdheit stehen lassen und doch verständlich sind für deutsche Leserinnen. Geschichten, von denen wir hoffen, dass sie anrühren, zum Nachdenken anregen und so ein Tor nach China öffnen.

Vorgestellt werden Wang Ming Lan, ein 21-jähriges Bauernmädchen, das auszieht, um sein Glück in der Stadt zu suchen, nachdem sie am harten Leben auf dem Land beinahe zerbrochen wäre.

Jin Xing, eine 33-jährige sehr bekannte Tänzerin, die bis zu ihrem 25. Lebensjahr als Mann gelebt hat, erzählt, wie sie das erste avantgardistische Tanzensemble Chinas aufbaute und damit Furore machte. Heute arbeitet sie als Choreographin an der Oper von Schanghai, wo sie als moderne Künstlerin große Anerkennung findet.

Zhao Mei, eine 44-jährige Schriftstellerin, deren Frauenromane die Bestsellerlisten in China anführen, berichtet vom mühsamen Weg zur erfolgreichen Autorin. Erst als die Kulturrevolution, die eine schreckliche, unterdrückende Rolle in ihrer Kindheit und Jugend gespielt hat, zu Ende ist, kann sie ihr eigentliches Leben und ihre Interessen wieder aufnehmen und ihr Ziel, Schriftstellerin zu werden, konsequent verfolgen.

Im Gegensatz zu ihrem Leben zeigt der Lebensverlauf der 44-jährigen Beamtin Jiao Yang Kontinuität im Dienst der Revolution. Die Kulturrevolution hat auf ihre journalistische Tätigkeit keinen negativen Einfluss, sondern belohnt ihren Ehrgeiz und ihr ungeheures Engagement. Sie leitet heute das Presseamt der Stadt Schanghai.

Ganz anders Lan Ding, der die politischen Verhältnisse übel mitgespielt haben und die nach der Kulturrevolution keine zweite Chance bekam, ihren Neigungen zu folgen. Sie arbeitet als Schneiderin und sucht ihr Glück im Privaten. Mit ihren 45 Jahren träumt sie immer noch von der großen Liebe und vertraut uns in rührendem, lebensklugem Plauderton ihre mannigfachen Schwierigkeiten mit dem anderen Geschlecht an.

Xue Ya, eine ehemalige Stahlarbeiterin, nutzt 1989 die Gunst der Stunde und zieht nach Hongkong, wo sie ein Millionenvermögen macht und wieder verliert. Während ihrer größten Krise begegnet ihr der Mann fürs Leben. Mit ihm und ihrer kleinen Tochter lebt sie heute in Amerika, wo sie gegenwärtig eine Agentur aufbaut, die Künstler zwischen China und Amerika vermittelt.

Die detailreichste und ergreifendste Geschichte erzählt Xiao Huis Mutter, die 79-jährige Musikprofessorin und Komponistin Xü Hui Lin, die mehrere Male in ihrem Leben vor dem Nichts stand und unbeirrt von neuem begann, um ihrer großen Passion, der Musik, zu folgen.

»Die größte Tugend zwischen Himmel und Erde heißt leben«, steht im »I Ging«, dem »Buch der Wandlungen«. Die Chancen für Frauen, ihr Leben lebenswerter zu gestalten, waren in der Geschichte Chinas nie besser. Die reale Wirtschaftskraft Chinas hat sich in den letzten 20 Jahren mehr als vervierfacht. Der ungeheure wirtschaftliche Aufschwung ermöglicht einen soziokulturellen Wandel. Die Medien, die neuen Technologien der Computer- und Kommunikationsbranche, die Banken und viele kulturelle Einrichtungen bieten gut ausgebildeten Frauen in den Städten Positionen an, die es vor wenigen Jahren noch nicht gab. Mehr und mehr Frauen werden wirtschaftlich unabhängiger und werden ein freieres, selbstbestimmteres Leben genießen können. »Zu lange war die Frau nur ein Rädchen im Getriebe der Gesellschaft. Heute hat sie den Mut, ihre persönlichen Bedürfnisse zum Ausdruck zu bringen. Das ist für mich ein wirklicher Fortschritt«, schreibt die Schriftstellerin Zhao Mei.

Aber man hört jetzt auch das Sprichwort: »Was stark ist, wird Wurzeln schlagen, was schwach ist, verweht der Wind.« Zu den starken Frauen zählen die gut ausgebildeten, die ehrgeizigen, die willensstarken. Ihre neue materielle Unabhängigkeit gibt ihnen mehr Freiheit und weckt neue Bedürfnisse. Heute geht es nicht darum, die Familie satt zu bekommen, oder um den Kauf der ersten Waschmaschine oder des ersten Kühlschranks. Heute richten sich die Sehnsüchte auf eine Eigentumswohnung, auf das erste Auto oder die Urlaubsreise ans Meer.

»Schon in der Schule waren wir Mädchen fleißiger als die Jungs«, sagte mir eine junge Fotoreporterin, die von ihrer Zeitung als Kriegsberichterstatterin in den Kosovo geschickt wurde, »und an der Universität machten wir die besseren Examen als die Männer. Warum sollen wir jetzt nicht auch in die besseren Positionen kommen und die gleichen Gehälter wie die Männer beziehen? Was wir uns in den Kopf gesetzt haben, führen wir auch durch!«

Ein halbes Jahrhundert nach Gründung der Volksrepublik China ist eine neue Frauengeneration herangewachsen, die ihre Rolle in der postmaoistischen Gesellschaft neu definiert: Sie wollen nicht mehr nur »die Hälfte des Himmels mittragen«, das heißt die Pflichten mit den Männern teilen, sondern auch die gleichen Rechte genießen und ihre Träume vom Frausein endlich leben. Maos »Töchter« werden erwachsen!

Monika Endres-Stamm

Wang Ming Lan
Bauernmädchen

Ich bin ein Bauernmädchen aus der Provinz Sichuan. Unser Dorf ist arm. Es ist arm, weil die Böden so karg sind. Das Leben bei uns auf dem Land ist sehr hart. Seit Generationen sind die Gesichter von uns Bauern der Erde zugekehrt, der Himmel sieht nur unsere Rücken. Das hinterlässt Spuren. Richtig satt essen kann sich nur, wer das ganze Jahr hindurch hart arbeitet. Es war ein gutes Gefühl, bei drei warmen Mahlzeiten am Tisch zu sitzen.

Doch seit den 90er Jahren hat sich unsere Situation sehr verbessert. Es gibt jetzt Märkte, auf denen die Bauern ihre Früchte verkaufen können. Aber in unserer Provinz Sichuan[2] sind einfach zu viele Menschen, die das Land ernähren muss.

Unsere Winter sind sehr kalt, zwar nicht so kalt wie in Nordchina, aber sie sind ungemütlich und sehr feucht. Die Häuser haben keine Öfen. Die Faulen bleiben im Winter im Haus und verhungern beinahe, obwohl man in den umliegenden Seen Fische fangen könnte. Im Sommer wissen sogar die Faulen, dass sie arbeiten müssen, weil geerntet werden muss, solange die Sonne scheint. In dieser Zeit muss man Tag und Nacht arbeiten, um die Ernte rechtzeitig einzubringen. Sobald der Regen einsetzt, beginnt das ganze Getreide zu verfaulen.

Ich habe noch zwei jüngere Schwestern. Mein Vater war der Haupternährer der Familie, weil meine Mutter immer etwas kränkelte. Als meine Mutter das letzte Mal schwanger war, meinte mein Vater, dass es sicher wieder ein Mädchen wäre, und bestand auf einer Abtreibung. Es stellte sich heraus, dass es der ersehnte Junge gewesen wäre. Das hat meinen Vater beinahe um den Verstand gebracht.

Vater war unerbittlich mit mir. Er war laut und jähzornig, beschimpfte die Mutter oder mich grob, sodass das ganze Dorf mithören konnte. Unser Haus stand unglücklicherweise am Hang

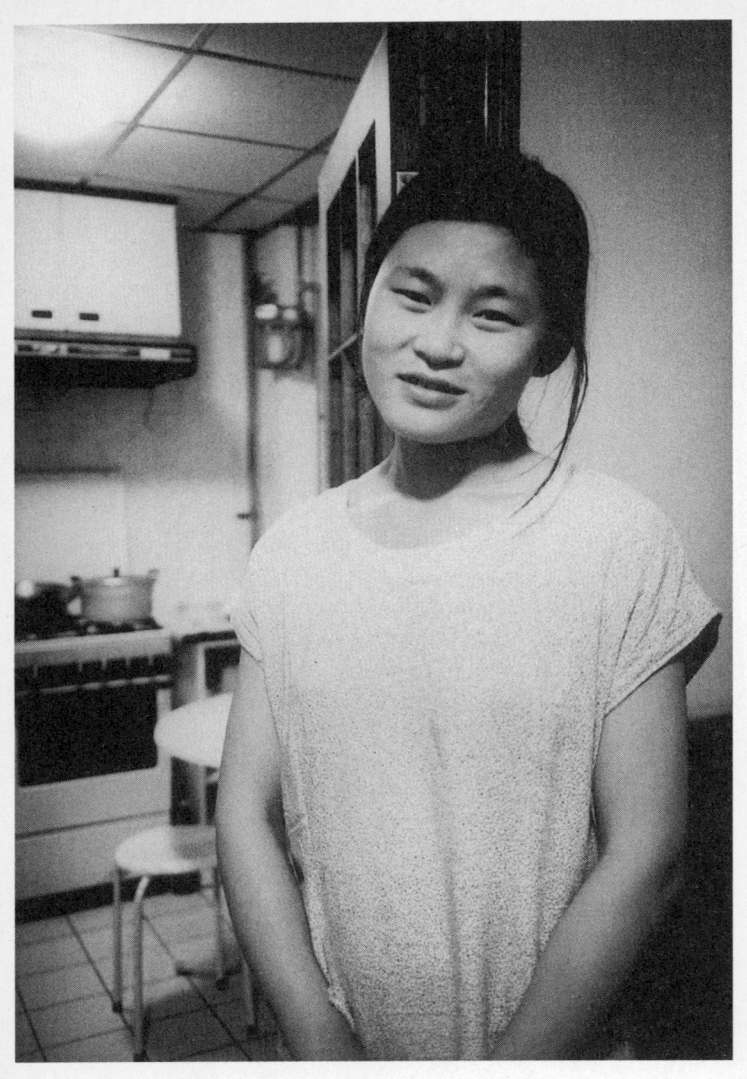

Wang Ming Lan

eines Hügels, und Vaters polternde Stimme drang bis in die Dorf-mitte.

Von Vater bezog ich regelmäßig Prügel. Manchmal klopfte mir auch meine Mutter mit dem Knöchel des Zeigefingers heftig auf den Kopf, wenn sie wütend war. Aber die Schläge meines Vaters fürchtete ich mehr, weil er einen Stock oder Besen zur Hand nahm. Am schlimmsten waren die Schläge mit der Hand auf das nackte Hinterteil. Das Weinen verbiss ich mir, weil ihn das noch wütender machte und es dann noch mehr Schläge setzte. So habe ich das Aushalten gelernt. Bis heute weine ich nicht mehr vor anderen. Nicht dass ich keine Gefühle hätte, ich zeige sie einfach nicht mehr.

Vater hatte seine Zweifel, mein Erzeuger zu sein. Es wurde nie direkt darüber gesprochen, aber ich hörte Gerüchte und Andeu-tungen der Nachbarn. Ich bin ziemlich sicher, dass meine Mutter schon schwanger mit mir war, als sie Vater kennen lernte und ihn dann zum Vater machte. Häufig, wenn es Streit zwischen den bei-den gab, warf er ihr leichtfertiges Spiel mit den Männern vor. Ein weiterer Beweis dafür, dass ich nicht seine Tochter sein konnte, war mein Achselschweiß. Weder Vater noch Mutter oder meine beiden Schwestern verströmen diesen starken Körpergeruch. Er konnte also nicht der Vater einer Tochter sein, die derart roch. Warum meine Mutter mir so wenig Wärme gegeben hat oder mich nie in Schutz genommen hat vor meinem Vater, verstand ich erst als Er-wachsene. Ich wagte noch nie, sie nach meinem richtigen Vater zu fragen.

Sie nennt mich bis heute Ming Lan. Insgesamt habe ich zwei Namen: »Ming Lan, die hübsche Orchidee, und Xiao Lan, die klei-ne Lan.« Im Dorf sagen die Leute zu mir Xiao Lan, in meinem Per-sonalausweis steht Ming Lan. Ich hätte mir sehnlichst gewünscht, dass mich meine Mutter Xiao Lan nannte und nicht Ming Lan, wie es im Personalausweis steht. In einem der seltenen Momente, in dem wir einmal allein waren, sagte ich ihr, dass sie mich doch Xiao Lan nennen sollte, aber sie hat nie darauf geachtet. Sie nannte mich weiterhin Ming Lan. Ich war ein kleines Mädchen und wollte, dass ich für meine Mutter etwas Besonderes war. Nach ein bisschen Wärme und Nähe sehnte ich mich. Aber meine Mutter war zu grob, um meinen Schmerz zu spüren. Vollkommen allein und ungeliebt fühlte ich mich.

Als Älteste musste ich immer die schwerste Arbeit verrichten. Als ich noch nicht einmal elf Jahre alt war, musste ich schon genauso schwere Lasten tragen wie die Erwachsenen. Damals gab es noch keinen Strom und kein fließendes Wasser. Ich war der Wasserträger der Familie. Die Nachbarn nahmen mir dann einmal die Eimer von der Bambusstange, die ich über meinen Schultern trug, und stellten sie auf die Waage. Der Zeiger blieb bei 45 Kilogramm stehen. Ich weinte vor Erschöpfung, weil ich das fast nicht schaffte. Meine Großmutter sagte immer, dass ich weniger tragen sollte, aber ich wollte lieber nur einmal laufen. Es waren beinahe zwei Kilometer bis zur Quelle, und dieser Weg war sehr beschwerlich mit einer steilen Treppe, auf deren Stufen ich die Eimer immer absetzte, weil ich so klein war, immer in Angst, die Eimer dabei leckzuschlagen. Das hätte wieder Schläge gegeben. Wenn ich in Vaters Augen nicht genug gearbeitet hatte, musste ich ohne Essen ins Bett.

In den schlimmsten Zeiten gab es nur zweimal am Tag eine Reissuppe. Mir wurde bei der schweren Arbeit oft schwarz vor den Augen, weil ich nichts im Magen hatte. Zwischen meinem achten und elften Lebensjahr war meine entbehrungsreichste Zeit. Die langen Winter waren mörderisch kalt, und das Essen wurde noch knapper als sonst. In den Hungerzeiten schlichen sich meine beiden kleinen Schwestern während der Essenszeiten zu den Nachbarn und stellten sich an den Tisch. Wenn sie dann so erbarmungswürdig über deren Tisch schauten, bekamen sie fast immer etwas ab. Ich war schon zu groß und zu schüchtern, um mit ihnen am Tisch zu stehen.

Ich kann mich nicht erinnern, jemals mit meinen Eltern am Tisch gesessen zu haben, wenn es etwas zu essen gab. Ich saß auf meinem kleinen Holzhocker in der Küche und aß dort. Nur meine erste Schwester thronte zwischen meinen Eltern am Tisch. Sie bekam von meinem Vater sogar mageres Fleisch zugesteckt, wenn er welches hatte, was nicht oft vorkam.

Warum auch meine zweite Schwester von Vater mit Missachtung gestraft wurde, erfuhr ich erst viel später. Zur Zeit ihrer Zeugung war Vater monatelang auf Arbeitssuche unterwegs, weil wir eine Missernte hatten und große Hungersnot herrschte. Nicht dass meine Mutter eine leichtsinnige Frau gewesen wäre, ihre Not war einfach zu groß. Wir hatten buchstäblich nichts zu essen. Sie ließ sich von einem Fremden, der noch Bezugsscheine für Reis besaß, zu einem Tauschhandel überreden: einmal mit ihm schlafen gegen einen Bezugsschein für ein Kilogramm Reis.

Oft konnte ich vor Hunger nicht einschlafen. Besonders quälend war es dann, wenn ich die Eltern hörte, wie sie sich heimlich über die Erdnüsse hermachten, sobald sie sicher sein konnten, dass wir eingeschlafen waren. Ich hörte sie laut die Nüsse knacken, glaubte, die Nüsse riechen zu können, während ich mich über sie ärgerte.

Wenn ich im Sommer hungrig war, knabberte ich tagsüber heimlich an Gurken und Möhren und im Winter an rohen Süßkartoffeln, die leicht zugänglich in einem der Zimmer gelagert waren. Wie oft bekam ich Durchfall oder, was verheerender war, fing mir einen Bandwurm ein.

Besonders schlimme Erinnerungen habe ich an unsere bitterkalten Winter. Vom Wasser- und Brennholzholen hatte ich an Händen und Füßen rote Frostbeulen. Mein Gelenke waren immer geschwollen und machten jede Bewegung zur Qual. Die Hände waren voller Risse und schmerzten beim Waschen besonders. Ich stand dabei barfuß im zugigen Schweinestall, auf dessen Boden sich manchmal sogar Eis gebildet hatte. Selbst im Winter besaß ich keine Schuhe. Oft war es so kalt, dass ich die Schmerzen schon nicht mehr spürte. Die Risse und Schwielen an meinen Füßen wurden immer größer, brachen auf, sodass das rote Fleisch hervorquoll. Die Hühner folgten mir gackernd und aufgeregt und pickten in das Fleisch, das sie für Futter hielten.

Meine Mutter nähte zwar Winterstiefel für meine Kusine, aber ihre eigene Tochter musste ohne sie auskommen. Hinter dieser guten Tat stand viel Berechnung. Auf meine Frage, warum die Kusine Stiefel trug, die eigentlich mir zustanden, nannte sie mir den Grund dafür. Meine Mutter flüchtete des Öfteren vor ihrem jähzornigen Mann in das Haus ihres Bruders, wo auch die Großmutter lebte. Manchmal blieb sie sehr lange, dann hing alle Arbeit an mir. Nun wollte Mutter bei ihrer Familie mit den Schuhen für die Nichte einen guten Eindruck hinterlassen, damit ihr das Haus des Bruders auch in Zukunft offen stand.

Wenn ich nicht gerade Wasser schleppte, musste ich für unsere Kuh an den Berghängen Gras schneiden. Ich war jeden Tag schon vor Sonnenaufgang auf, um Gras zu schneiden. Ein Korb fasste nur acht Kilogramm. So war ich lange Zeit beschäftigt, bis ich die richtige Menge zusammenhatte. An den Hängen war es besonders schwer. Ich schmiss das Gras den Berg hinunter, damit ich es nicht tragen musste. Dann konnte es vorkommen, dass jemand das Gras schon an sich genommen hatte, bis ich es unten am Berg wieder einsammeln wollte.

Um die Abendessenszeit war ich noch längst nicht fertig mit der Arbeit, weil ich die Hühner und Enten zurück in den Stall treiben musste. Danach bereitete ich das Schweinefutter und sammelte Äste für das Herdfeuer.

Bis ich mich dann waschen konnte, hielt ich mich vor lauter Erschöpfung kaum mehr auf den Beinen. Der Schweinestall war auch zugleich der Familienwaschplatz. Es stank, alles war mit Fliegen übersät, die aber nicht so schlimm waren wie die Stechmücken. Sie ließen einen nicht einmal während des Waschens in Ruhe. Wir Schwestern wuschen uns immer zusammen. Nach dem Einseifen schütteten wir uns gegenseitig das Wasser über den Kopf. Es war etwas schwierig, die riesengroße Plastikschale mit dem Wasser, die wir nur zu dritt hochheben konnten, in den Stall zu tragen. Später, als es uns ein wenig besser ging, leisteten wir uns einen Eimer, mit dem alles leichter ging. Im Winter fiel das Waschen aus, sonst hätten wir uns den Tod geholt.

Bis heute habe ich diese Waschprozedur mit dem Eimer beibehalten, obwohl ich mich in einem schön gekachelten Bad in die Wanne setzen könnte. Aber ich fühle mich danach nicht wirklich sauber, auch unter der Dusche habe ich das Gefühl, zu wenig Wasser abzubekommen.

Eines Tages, ich war ungefähr 14 Jahre alt, besuchte uns mein Onkel, der Bruder meines Vaters, der in der nächsten Kleinstadt, in

Mian Yang wohnte. Er konnte sich gar nicht mehr mit ansehen, wie ich behandelt wurde, und schlug meinem Vater vor, mich in die kleine Stadt mitzunehmen, wo ich arbeiten und dann mit dem Geld meine Familie unterstützen könnte. Mein Vater verhandelte lange mit ihm. Es gab Streit, aber sie konnten sich dann doch einigen, dass ich meinem Onkel in die Stadt folgen durfte.

Weil ich keine Schuhe hatte, stand ich bei meiner Ankunft in der Stadt barfuß vor ihm. Mein Onkel wollte mir Schuhe kaufen, aber er traute sich nicht wegen seiner Frau. In meinem Bündel waren zwei Unterhosen und eine lange Hose. Meine liebe Großmutter hatte mir noch etwas Wäsche genäht. Der Onkel nahm mich an meinem ersten Tag in der Stadt sogar in ein Kino mit, da er mich etwas aufheitern wollte. Nicht jeder sollte mir ansehen, was ich erlebt hatte.

Er fand eine Familie, die mich als Kindermädchen aufnahm. Alles war anders als bei uns. Ich konnte nur in meinem Dialekt sprechen und sie konnten mich kaum verstehen. Das kleine Mädchen, das ich hüten sollte, weinte viel. Ich war selber noch ein Kind und ganz ratlos, was ich mit ihr machen sollte, wenn sie weinte. Hilflos, wie ich war, weinte ich einfach mit ihr. Damals beschloss ich, nie Kinder in die Welt zu setzen.

Wie stolz war ich auf meinen ersten Lohn. Barfuß war ich in die Stadt gekommen und hatte mich sehr geschämt über meine nackten Füße, nicht nur weil sie nackt waren, sondern auch weil ich sie wegen der Narben so hässlich fand. Nun stellte ich mir vor, wie ich mit meinem ersten verdienten Geld einfach in einen Laden ging, um mir meine ersten Schuhe zu kaufen. Hin und her überlegte ich, stellte mir die Schuhe genau vor, wie ich in ihnen umherging. Jeder sollte sehen, dass ich mir Schuhe leisten konnte. Aber ich traute mich nicht, weil mir Vater eingeschärft hatte, ja das Geld jeden Monat an ihn zu schicken. Was war, wenn er es verspielte, wie so oft, wenn er Geld in die Finger bekam? Mein Onkel schimpfte mit ihm und fand seine Geldgier charakterlos. Der Onkel schenkte mir dann doch die lang ersehnten Schuhe.

Nach einem Jahr besuchte mich mein Vater mit einer Heiratsvermittlerin und einem Heiratskandidaten. Ich war 15 und dieser hässliche, pockennarbige Mann war über 40 Jahre alt, ein alter Mann für mich, der allein nie eine Frau gefunden hätte. Ich ekelte mich vor ihm, aber mein Vater hatte sich in den Kopf gesetzt, mich früh zu verheiraten, damit wir zu Hause einen Mann hätten, der ihm helfen würde. Aber das Wichtigste war, dass dieser Mann ein Stück Wald besaß. Für ein paar Baumstämme sollte ich also verkauft werden. Ich kann mich nicht mehr genau erinnern, wie ich diesem Schicksal entkommen bin.

Später habe ich dann in einem Krankenhaus geputzt. Die Leute dort haben mich sehr gemocht. Die Kranken gehörten fast ausschließlich dem hohen Kader an, und ich bekam viele Geschenke und Trinkgeld zugesteckt. Damit die Krankenschwestern nicht neidisch wurden, habe ich immer von dem Geld Essen für uns alle gekauft und die Geschenke mit ihnen geteilt.

Einige Jahre später wurde ich von Bekannten in die Großstadt Tianjin weiterempfohlen. Zu Beginn arbeitete ich bei fünf verschiedenen Familien. Ein hartes Los, da ich nicht sehr freundlich behandelt und von einem der Hausherren belästigt wurde. Ganz zu schweigen von der harten Arbeit. Es gab noch keine Waschmaschinen. So kämpfte ich mich durch die Wäscheberge von all diesen fremden Menschen. Manchmal wurde mir ganz übel dabei. An den Feiertagen saß ich in meinem kleinen Kämmerchen und fühlte mich einsam, während die Familie fröhlich an einem reich gedeckten Tisch tafelte. Obwohl Tianjin in der Nähe von Peking liegt, hatte ich nicht die Kraft, einen Ausflug zum Kaiserpalast oder zur Großen Mauer zu machen. Ich verkroch mich lieber, las ein bisschen und übte Schreiben.

Seit drei Jahren arbeite ich für eine allein stehende Professorin. Sie ist die erste Herrin, die mich nicht wie ein Dienstmädchen behandelt und der ich nicht gleichgültig bin. Sie ermuntert mich, richtig Lesen und Schreiben zu lernen, erzählt mir von großen Persönlichkeiten, die wie ich aus armen Familien kommen. Mit ihrer Hilfe bin ich ein großes Problem losgeworden. Sie gab mir das Geld für eine Operation, die mich von meinem Körpergeruch befreite. Ich bin ihr so dankbar, weil es in China schwierig ist, mit diesem Makel einen Mann zu bekommen. Nach der Operation sorgte sie dafür, dass ich mit ihren Bezugsscheinen Milch und Eier bekam. Sie ist sehr großzügig und bezahlte mich von Anfang an viel besser als die früheren Familien, sodass ich mehr Geld nach Hause schicken konnte. Es sollte das Schulgeld meiner jüngsten Schwester sein, weil ich unbedingt wollte, dass sie die Schule besuchen konnte.

Das ist mir sehr wichtig, da ich nicht einmal die Grundschule abgeschlossen habe. Ein bisschen lesen kann ich ja, aber das Schreiben bereitet mir große Schwierigkeiten. Die Zeichen sind so schwierig zu lernen. Ich kann schon im Wörterbuch nachschlagen, aber das dauert lange, sodass ich oft richtig ungeduldig werde.

Obwohl ich in die Briefe ein paar zusätzliche Scheine für das Schulgeld meiner zweiten Schwester legte, nahm Vater das Geld einfach an sich und verlor es wieder beim Glücksspiel, ohne sich um die Schulbildung für meine kleinste Schwester zu kümmern. Sie hat das gleiche Schicksal wie ich. Sie ist auch eine Unerwünschte, deshalb war ich von Anfang an ihre »kleine Mutter«. In meinem Herzen bin ich ihr sehr nah.

Er ist nicht sonderlich daran interessiert, dass sie eine gute Ausbildung bekommt. Sie soll möglichst schnell Geld verdienen. Seine Töchter sind ihm nur nützlich, wenn sie ihm Geld verschaffen. Mein Vater sitzt mitten im Loch der Geldmünze und schaut gierig heraus.[3]

Manchmal sehne ich mich in mein Dorf zurück, obwohl meine Eltern so schlecht zu mir waren. Vor ein paar Jahren, als ich sie besuchte, musste ich allerdings schmerzhaft erfahren, dass sich nichts geändert hat. Ich war gerade mit vielen Koffern voll mit Geschenken auf dem Dorfplatz angekommen, als mich eine Nachbarin entdeckte. Sie rannte, so schnell sie konnte, zu meinen Eltern und bat Vater, mich abzuholen, da ich nicht alles allein schleppen konnte.

Ich ahnte, dass er mich nicht abholen würde, und machte mich auf den Weg. Als ich die Koffer vor der Mauer unseres Hofes abstellte, hörte ich gerade meinen Vater mürrisch sagen, dass er keine Lust hätte, den Lastesel für mich zu spielen. Ich hätte am liebsten sofort kehrtgemacht, aber eine gute chinesische Tochter wahrt das

Gesicht, und ich gab vor, nichts gehört zu haben. Unsere Nachbarin war außer sich, wie er mich behandelte. Ich hatte immerhin eine 30-stündige, beschwerliche Bahnreise und eine eintägige Busreise hinter mir. Den Rest der Strecke in unser Gebirgsdorf hatte mich ein dreirädriger Elektrotransporter mitgenommen, der sich die Serpentinen mit meinen 30 Kilogramm Gepäck zu unserem Dorf hochmühte.

Der Weg war sehr gefährlich, und später hörte ich, dass der hilfsbereite Fahrer auf dem Rückweg in einer der Serpentinen verunglückt und in die Tiefe gestürzt war. Er war sofort tot.

Ich war über 1000 Kilometer gereist, hatte viel Geld für die Reise und die Geschenke ausgegeben, hatte kaum etwas gegessen und nicht geschlafen. Dieser Empfang hinterließ sehr bittere Gefühle in mir.

Abends kochte meine Mutter Nudeln, weil angeblich nichts anderes da war. In letzter Zeit hatte ich zu oft diese Nudeln gegessen, da es in meinem winzigen Zimmer nur eine kleine Kochgelegenheit gab.

Meine Enttäuschung konnte ich nun nicht mehr herunterschlucken und ich erzählte von der Nachbarin und Vaters Empfang. Sie sollten mir erklären, warum sie mich so behandelten. Meine Mutter nannte mich eine Lügnerin und damit war die Sache für sie erledigt, obwohl die Nachbarin alles mitgehört hatte. Mich umgab eine Eiseskälte. Meine Familie hat sich nicht geändert; ich fühlte mich wie damals als kleines Mädchen, vollkommen verlassen und unerwünscht.

Meine erste Schwester ist erst mit 18 Jahren von zu Hause weggegangen. Ein Mädchen unseres Dorfes arbeitet seit einiger Zeit in Shen Zhen, einem Sondergebiet bei Hongkong. Nun steht ein mächtiges dreistöckiges Haus im Dorf, mit dem sie allen zeigt, wie viel Geld sie die letzten Jahre verdient hat. Dieses Haus veranlasste meinen Vater, sich von seiner Lieblingstochter zu trennen und sie nach Shen Zhen zu schicken. Seit ein paar Monaten arbeitet sie nun dort in einem dieser neumodischen »Bowling Clubs«. Wie alle anderen Mädchen im Club lässt sie sich jetzt mit einem englischen

Vornamen ansprechen, weil das angeblich eleganter klingt. 800 Yuan[4] verdient sie und schickt jeden Monat 500 Yuan nach Hause. Meinen Vater macht sie mit diesem unverhofften Geldsegen vollkommen glücklich. 300 Yuan kann sie für sich allein ausgeben, doch ich frage mich, wofür sie so viel hässliches Geld braucht, wenn doch Unterkunft und Verpflegung in ihrem obskuren Club frei sind.

In Shen Zhen haben viele Hongkongchinesen Wohnungen und Ferienhäuser gebaut, weil dort die Preise noch niedrig sind im Vergleich zu Hongkong. Nun schießen dort Vergnügungstempel wie Pilze aus dem Boden.

Ich mache mir große Sorgen um meine erste Schwester. Auch mein Vater deutete in seinem letzten Brief an, dass ihm nicht ganz wohl ist, aber ich denke, dass die 500 Yuan ihn ruhiger schlafen lassen. Die Mädchen, die in diesen Clubs arbeiten, geraten oft auf die schiefe Bahn. Neulich habe ich gelesen, dass eines dieser Mädchen nach ein paar Monaten schon zwei Abtreibungen hinter sich hatte. Meine Schwester versucht mich zu beruhigen. Nur Familien mit Kindern kommen in den Club, will sie mir weismachen, niemals allein stehende Männer. Sie sei nur dafür zuständig, die »Bowling-Kugeln« zu holen.

Das ist typisch für meine Schwester. Mit Dingen, die nützlich wären, hat sie ihren hübschen Kopf noch nie belastet. In der Schule hatte sie Lernschwierigkeiten, während sie sich Spiele und anderen Unsinn sehr schnell merken konnte. Inzwischen hat sie sich die Aussprache der Hongkongchinesen angewöhnt. Viele Schauspielerinnen und Moderatorinnen im TV ahmen diese Aussprache nach, weil sie das modern finden. Wenn meine Schwester sich am Telefon verabschiedet, sagt sie neuerdings »bye, bye«. Mir fällt danach beinahe der Hörer aus der Hand.

So konservativ wie die Bauernmädchen auf dem Land bin ich auch nicht mehr. Ich kann mir Neues leicht einprägen, wenn es vorteilhaft für mich ist. Während der Krankenhauszeit habe ich mir viele medizinische Ausdrücke gemerkt, dass die Ärzte richtig gestaunt haben. Aber bevor ich Hongkongchinesisch nachahme und »bye, bye« sage, beiße ich mir lieber die Zunge ab.

Ich bin schon 21 Jahre alt, und immer wenn ich nach Hause gehe, fragen mich die Leute, wann ich heiraten werde. Viele machen mir Komplimente, weil sie sagen, dass ich wie eine Studentin oder wie ein Mädchen aus der Großstadt aussehe. Ich achte auf mich, ziehe mich gerne hübsch an. Die Tochter der Professorin, für die ich arbeite, ist Künstlerin und lebt in Europa, von wo sie mir oft Kleidung mitbringt. Ich schaue genau hin, wie sie sich gibt und was sie trägt, weil mir ihr Stil zusagt. Vielleicht denken die Leute deshalb, ich sähe wie eine Studentin aus. Jedenfalls ziehe ich mich so an, weil es mir gefällt, und nicht, weil ich Männern imponieren möchte. Ich möchte nicht so früh heiraten, aber andererseits möchte ich doch gerne ein Zuhause haben.

Über den Chauffeur des Krankenhauses, in dem ich gearbeitet habe, lernte ich Herrn Xu, seinen Sohn, kennen. Er hat Abitur und machte einen sehr arroganten, überlegenen Eindruck auf mich. Sein Vater ist ganz anders. Er ist ein liebenswerter Herr, der zuhören kann und mich versteht, wenn ich ihm etwas erzähle. Er ist wie ein Vater zu mir. Sein Sohn dagegen ist mir in jeder Beziehung überlegen. Ich habe kaum die Grundschule geschafft, er hat Abitur, hat eine Huko[5] für Mian Yang. Ich müsste mir eine Huko illegal besorgen und sie teuer bezahlen. Er arbeitet in einer Behörde, bei der er nicht viel verdient, aber einiges Ansehen genießt, während ich mir zuerst einen kleinen Laden aufbauen müsste. Trotz dieser Unterschiede sähen es unsere Familien gerne, wenn wir ein Paar würden. Wir haben nicht viel Kontakt, am Stück haben wir uns vielleicht ein paar Tage gesehen. Sonst telefonieren wir oder schreiben. Herr Xu ist eigentlich ein ordentlicher junger Mann, sehr sparsam und realistisch. Wenn wir uns sehen, essen wir meistens bei seinen Eltern und gehen danach im Park spazieren.

Aber leider ist er nicht so wie sein Vater. Ich habe das Gefühl, dass er mir überhaupt nicht das geben kann, was ich brauche. Wenn ich ihm etwas erzähle, und ich erzähle gerne, hört er mir nicht richtig zu. Er scheint sich nicht wirklich dafür zu interessieren, was ich sage. Vielleicht kann er gar nicht nachempfinden, was ich zu erzählen habe.

Neulich stellte ich Herrn Xu die Frage, wie er sich die Zukunft vorstellt. Er zierte sich und wand sich, und erst als ich ihm meine Zukunftspläne verriet, rückte er mit seinen heraus. Er möchte mit mir einen kleinen Brotladen aufmachen. Mein Traum dagegen war immer ein kleiner Laden für Sojasoße, Öl und andere Kleinigkeiten des täglichen Lebens. Vielleicht wäre es möglich, ein öffentliches Telefon zu installieren, dessen Anschluss nur 5000 Yuan kostet, aber 1000 Yuan im Monat einbringen kann. Aber Herr Xu möchte wirklich seinen Brotladen, weil er meint, dass Brot Zukunft hat. Die jungen Leute würden lieber Brot zum Frühstück holen, statt in den Garküchen auf der Straße zu frühstücken. Neulich, als sein Vater Geburtstag hatte, sind wir in einen dieser modernen Brotläden gegangen. Dort bediente die jüngere Schwester des Besitzers, die er aus seiner Schulzeit kannte. Herr Xu machte ihr so unverfroren schöne Augen, dass ich wütend wurde. Sie ließen mich einfach stehen, er redete nicht mehr mit mir, und ich stand da wie sein Dienstmädchen. Wir sind schließlich offiziell befreundet mit dem Einverständnis der Eltern. Er war noch stolz auf seine Schmeichelei und machte sich über mich lustig, weil ich so eifersüchtig wurde. Dann gab es einen fürchterlichen Streit zwischen ihm und mir. Ich sagte ihm, dass ich Mädchen, die sich so benehmen, nicht ausstehen könne. Er wollte mir weismachen, dass er nur herausfinden wollte, wie so eine Bäckerei funktioniert. Nach diesem Streit war er zuckersüß und bemühte sich sehr um mich.

Dieser Laden ist wirklich eine fixe Idee von ihm, mit der ich nichts anfangen kann. Mit meinem kleinen Laden bräuchten wir nur ein kleines Startkapital. Seine Bäckerei würde sicherlich 50 000 Yuan verschlingen. Die Miete wird hoch sein, weil die Lage wichtig ist, dann muss dekoriert und müssen Maschinen angeschafft werden. Außerdem sollte die Ware schmecken. Wer kauft denn schon Brot, das nicht schmeckt. Sojasoße und Öl dagegen braucht jeder, und der Laden muss nicht schön sein. Aber Herr Xu schüttet kaltes Wasser über mir aus, nennt mich eine Träumerin und meint, dass man mit meinem Laden zwar nicht verhungern würde, aber auch nicht richtig reich werden könnte.

Einen anderen Laden kann ich mir auch schlecht vorstellen. So würde ich mit einem der Kleiderläden, die es jetzt an jeder Straßenecke gibt, wahrscheinlich ein noch größeres Risiko eingehen. Kaufe ich die falschen Kleider ein, bleibe ich darauf sitzen. Außerdem müsste ich lernen, unehrlich zu sein. Jedem müsste ich doch sagen, dass er besonders hübsch aussieht, auch wenn die Kleidung hinten und vorne nicht sitzt. Die Leute kaufen dann kein schönes Kleid, sondern die Freude darüber, etwas Schönes gehört zu haben, das ist doch auch etwas wert.

Ich habe über die Jahre über 20 000 Yuan gespart, das ist mein Blut- und Schweißgeld. Ich werde das Gefühl nicht los, dass Herr Xu mich nur ausnützen möchte. Wenn ich die Bäckerei mit ihm aufmache, ist das Geld unter seinem Namen angelegt. Wenn alles schief läuft, muss ich die verdorbene Reissuppe allein auslöffeln. Wenn ich ihn nur ein bisschen besser durchschauen könnte, würde ich gerne mein Geld hergeben. Aber ich bin noch unsicher. Seine Familie ist sehr nett zu mir, aber sie haben mir noch kein Zeichen gegeben, mich bei ihnen aufzunehmen. In Tianjin kann ich natürlich auch mehr Geld verdienen als in ihrer Stadt. Ich bin nicht sicher, ob ich nicht doch lieber in Tianjin bleiben soll. Es wäre schwierig, eine Huko zu bekommen, und ich würde hier immer nur ein Dienstmädchen bleiben. Ich weiß einfach nicht, wo das Ende ist.

Ich bat Herrn Xu, eine kleine Wohnung für mich zu suchen und sich um die Lage des Ladens zu kümmern. Ein paar Mal habe ich ihm geschildert, was ich mir vorstelle. Meine Idee war, sobald ich einen Laden habe, meine Mutter und meine jüngste Schwester zu mir zu holen und sie im Laden zu beschäftigen. Er war natürlich dagegen. Danach erfuhr ich zufällig von Bekannten, dass ihm seine Behörde schon eine kleine Einzimmerwohnung zugeteilt hätte. Ich war so vor den Kopf gestoßen, rief ihn sofort an und sagte ihm, dass ich sehr enttäuscht sei.

Nun weiß ich überhaupt nicht mehr, was ich machen soll. Meine Familie sähe es gerne, wenn ich ihn heirate. Ich könnte ihn schon mögen, wenn er nicht so überheblich wäre und ich ihm mehr vertrauen könnte. Es ist sicher nicht die große Liebe auf den ersten Blick. Ich kenne ihn schon viel länger vom Sehen, als er ahnt. Er kam immer mit der Schultasche durch den Hof meiner Tante, wo ich die Kinder gehütet habe. Er hat einen guten Eindruck auf mich gemacht, mehr nicht. Ich habe einfach Angst, mich ihm auszuliefern. Jetzt bemüht er sich um mich, später aber, fürchte ich, bin ich ihm untergeordnet, da er mir überlegen und viel zu schlau für mich ist. Vielleicht ist er nur so lange nett zu mir, bis ich ihm mein Geld gegeben habe. Ich möchte aber meine Selbständigkeit behalten und selbst bestimmen, was mit meinem sauer verdienten Geld passiert. Sonst bin ich nur noch sein Schatten. Selbst wenn ich ganz allein in seiner Stadt einen Laden einrichten müsste, würde ich von ihm erwarten, dass er mir hilft. Bitten würde ich ihn nicht, er müsste selbst auf die Idee kommen und auf mich zugehen. Mein Stolz würde nicht zulassen, ihn um etwas zu bitten. Mag sein, dass dieses Verhalten typisch chinesisch ist, aber ich fühle nun einmal so.

Was die Zukunft bringt, steht in den Sternen. Allerdings bin ich ganz zufrieden, eine Frau zu sein. Als Mann könnte ich nie so frei leben, ich hätte noch viel mehr Verpflichtungen für die Familie. Mein größter Wunsch ist ein eigenes Zuhause. Das kann ich auch allein, ohne Herrn Xu. Eine kleine Wohnung für meine Mutter, meine Schwester und mich schwebt mir vor. Vielleicht finden meine Mutter und ich doch noch zusammen. Sie war hart und herzlos zu mir, aber sie ist doch meine Mutter. Sie hat ein beschwerliches Leben hinter sich, und bevor die Familie Xu mein Geld bekommt, sorge ich lieber für meine Mutter.

Allerdings weiß ich nicht, ob mein Vater sie gehen lässt. Wenn sie sich aber erst einmal zum Weggehen entschlossen hat, wird sie ihn in unserem Dorf zurücklassen. Er wird einsam sein auf dem Land, aber für die Stadt taugt er nicht. Es könnte natürlich sein, dass er unser ganzes Hab und Gut verspielt. Aber wichtige Entscheidungen hat meine Mutter immer allein getroffen, obwohl sie Angst vor ihm hat. Ich bin gespannt, was die nächsten Jahre bringen.

Jin Xing

Jin Xing
Tänzerin

»Goldener Stern« nannte mich mein Vater, als er mich, den lang ersehnten Sohn, endlich in den Armen hielt. Dieser Name hat mir mein Leben lang Glück gebracht.

Meine Familie gehörte einer koreanischen Minderheit an und lebte in Shenyang, einer Industriestadt nahe der koreanischen Grenze. Die Herkunft meiner Familie hatte keinen Einfluss auf die militärische Karriere meines Vaters, der es immerhin zum Nachrichtenoffizier brachte. Meine Mutter war Dolmetscherin für Japanisch. Bei uns zu Hause wurde Chinesisch und Koreanisch gesprochen, wobei mir nicht bewusst war, dass das Koreanische eine eigenständige Sprache ist. Ich hielt sie für unseren Familiendialekt, den ich nicht besonders mochte.

Eines meiner wenigen Kinderfotos zeigt mich als Dreijährigen in Militäruniform, einen recht selbstbewusst dreinschauenden Jungen auf der Kindergartenbühne. Über mir ein Bild des großen Vorsitzenden Mao, zu dessen Ehren wir täglich propagandistische Lieder und Tänze einübten. Mir war einerlei, für wen wir sangen und tanzten. Ich genoss es, im Mittelpunkt zu stehen und dafür gelobt zu werden, wie geschickt ich mich bewegte und wie gut ich singen konnte.

Schon damals spürte ich, dass ich mich von anderen Jungs unterschied. Ich wollte nie mit Autos spielen oder mit Holzpistolen herumballern, fürchtete mich vor Feuerwerkskörpern und Knallern, die die anderen so gerne entzündeten und in die Luft warfen. Balgereien und kleine Kämpfe vermied ich, weil ich mich in der Gesellschaft von Jungen nie ganz wohl in meiner Haut fühlte. Meine Schwester war die Mutigere von uns beiden und tobte gerne mit den Jungs, schlug sie auch schon einmal in die Flucht, wenn sie mich zu sehr hänselten. Ich spielte viel lieber mit den Puppen meiner Schwester oder ließ mir von ihr Märchen vorlesen, die wir dann anschließend nachspielten. Die Prinzessinnenrollen übernahm ich. Stundenlang stöberten wir im Kleiderschrank meiner Mutter und verkleideten uns. Für die langen Roben mussten die alten Sommerkleider meiner Mutter herhalten, ein Schal wurde zur Schärpe, und meine Schwester bastelte aus Stanniolpapier ein Krönchen.

Einmal überraschte uns mitten im Spiel ein schlimmes Gewitter. Es blitzte und donnerte und ich stellte mir vor, wie mich der nächste Blitz in ein Mädchen verwandeln würde. Ich stand mit geschlossenen Augen da, wartete auf das nächste Donnergrollen, das Zeichen, die Augen zu öffnen, um festzustellen, dass ich in einem der Rüschchenkleider meiner Schwester dastand.

Immer wenn ich mit meiner Schwester und ihren Freundinnen spielte, fühlte ich mich wie eine von ihnen und empfand es als ungerecht, ja als einen Irrtum, als Junge auf die Welt gekommen zu sein.

Mir machte es auch deshalb überhaupt nichts aus, dass ich die Blusen und Hosen meiner Schwester auftragen musste. Nur leider färbte meine Mutter alles in Blau, weil ich als Junge keine rot karierten Blusen tragen konnte. Seither kann ich Blau nicht mehr ausstehen, da alle meine Sachen in langweilige Blautöne eingefärbt waren.

Mich zogen schon damals Militärparaden und propagandistische Tanzveranstaltungen[6] magisch an. Als Grundschüler hatte ich nur den einen Wunsch: Ich wollte auf die örtliche Militärschule, wo ich als Kindersoldat eine Uniform tragen und eine Tanzausbildung machen könnte. Meine Eltern waren dagegen, weil sie mich mit meinen neun Jahren zu jung dafür hielten und ein Junge sich mit nützlicheren Dingen als dem Tanzen beschäftigen sollte. Ich blieb eisern, verweigerte für zwei Tage das Essen und blieb der Schule fern. »Wenn ein neunjähriger Junge zwei Tage nichts isst, heißt das, dass er wirklich diese Schule besuchen möchte«, hörte ich Vater zu Mutter sagen. Die Eltern hatte ich also auf meiner Seite, nun hatte nur noch die Schulleitung Bedenken wegen meiner Körpergröße. Für spätere männliche Tanzrollen schien ich zu klein, weil auch meine Eltern eher klein waren. Für mich brach zunächst eine Welt zusammen. Es verging aber keine Woche, bis sich die Schulleitung bei meinen Eltern meldete und mich nun doch aufnehmen wollte, weil ein Platz frei geworden war, da ein Schüler mit seinen Eltern nach Peking ziehen musste.

Die anderen Schülersoldaten waren schon elf, zwölf Jahre alt und ich hatte als Kleinster eine sehr schwere Anfangszeit. Jeden Morgen um 5 Uhr 30 standen wir stramm zum Morgenappell. Danach blieben uns fünf Minuten Zeit für das Zähneputzen und die Gesichtswäsche. Nach Ablauf der fünf Minuten wurden wir neben unserem Bett inspiziert, das perfekt wie ein scharfkantiges Tofustück auszusehen hatte.

Anschließend absolvierten wir einen Zehnkilometerlauf in 40 Minuten, der nur als Aufwärmphase gedacht war, erst die folgenden Übungen sollten uns zu richtigen Männern machen. Bei den folgenden Liegestützen und Brücken nach hinten schossen mir jedes Mal vor Anstrengung die Tränen in die Augen. Unser Vorgesetzter gab sich große Mühe, das zu übersehen, war es doch seine Aufgabe, uns abzuhärten.

Körperlich war ich so überfordert, dass ich nachts in einen Tiefschlaf verfiel und nicht merkte, wenn es Zeit war, einen gewissen Ort aufzusuchen. In einem großen Schlafsaal als Bettnässer entdeckt zu werden war so ziemlich das Peinlichste, was mir passieren konnte. Als unser Spieß die Bescherung eines Morgens sah, verdonnerte er mich, alle Laken des ganzen Saales zu waschen. Da stand ich nun, vollkommen hilflos am Waschbottich, hatte ich doch mit meinen neun Jahren noch nie Wäsche gewaschen. Mit spitzen Fingern zog ich die Wäschestücke in der Seifenlauge hin und her, bis meine Mitschüler mein Elend nicht mehr länger mit ansehen konnten und mir halfen. Das war ein Schlüsselerlebnis für mich. Wenn es etwas Unangenehmes zu tun gab, stellte ich mich besonders ungeschickt an, und schon gingen die Größeren dem Kleinsten zur Hand. Irgendwann bekam ich dann den Spitznamen »der kleine Faule«.

Schon als Zehnjähriger musste ich an den gängigen Soldatenübungen teilnehmen. Wir wurden im Umgang mit allen Schusswaffen, die in der Armee benutzt wurden, geschult. Innerhalb einer

Minute musste ich mit geschlossenen Augen eine Maschinenpistole geladen und entsichert haben. Wir wurden so gedrillt, dass wir bestimmte Handgriffe im Schlaf beherrschten. Einmal sollten wir von unserem Standort aus eine Handgranate innerhalb von fünfzehn Sekunden an einer Brücke abwerfen, sie vorher entzünden und dann zurückrennen. Ich machte mir vor Angst in die Hosen, schmiss die Handgranate einfach weg, ohne sie vorher zu entsichern. Keiner traute sich danach, dieselbe Übung zu machen, weil jeder fürchtete, dass meine Handgranate doch noch losgehen würde. Unser Kommandant nahm mich kurzerhand in den Schwitzkasten und zog mich brutal in Richtung Brücke mit sich. In Todesangst schrie und weinte ich und versuchte, seinem eisernen Griff zu entkommen. Er zog mich bis unter die Brücke, wo die Handgranate liegen geblieben war, zwang mich im Schwitzkasten zuzusehen, wie ein richtiger Soldat mit einer Handgranate umzugehen hat. Seine Devise war, dass wir jederzeit in einen Krieg verwickelt werden könnten und vorbereitet sein müssten. Auch wir, die Mitglieder der Propagandatruppe, mussten dann an die Front zum Kämpfen. Unsere Tanzerei würde uns dann gar nichts nützen. Diese gewalttätige Szene verfolgt mich in meinen Träumen bis heute.

Mit zwölf verliebte ich mich in einen 19-jährigen Soldaten unserer Kompanie. Für ihn war ich ein kleiner Junge, mit dem er herumtollte, mich auf seine Schultern packte und seine Späße mit mir machte. Ich wäre am liebsten viel mehr in seiner Nähe gewesen und fühlte mich in seiner Gegenwart wie ein Mädchen. Er mochte mich auch, aber eher wie ein großer Bruder. Ich dagegen schwelgte in meinen ersten Liebesphantasien, für die ich mich schämte, weil mir sehr wohl bewusst war, dass ich anders empfand als die anderen und das im Militär verboten war. Ich hatte von anderen Soldaten gehört, die sich ineinander verliebt hatten und in größte Schwierigkeiten gekommen waren. Zuerst wurden sie mit einem Verweis abgemahnt, und wenn das nichts nützte, mussten sie ins Gefängnis und dort eine ähnlich lange Zeit wie Vergewaltiger absitzen. Ich wusste so gut wie nichts über sexuelle Beziehungen und konnte mir eigentlich nicht vorstellen, wie eine Beziehung zwischen Männern aussah, wenn mehr zwischen ihnen war als bloße Schwärmerei.

Viel unverfänglicher waren meine Kontakte mit den Mädchen unserer Tanzkompanie. Mit 16 Jahren hatten die meisten schon einen Freund. Wenn sie mich innerhalb des Kasernengeländes besuchten, hatten ihre Freunde nichts dagegen. »Machen sich eure Freunde denn keine Sorgen, wenn ihr so spät bleibt, ich bin doch ein Junge.« Sie kicherten und meinten: »Du bist doch eine von uns.« Mir war das angenehm, entsprach ihr Gefühl doch dem meinen.

Wenn sie ihre weiblichen Tanzrollen einübten, war ich ihr Beleuchter, Requisiteur und Junge für alles. Mit der Zeit beherrschte ich natürlich alle ihre Rollen, die mir mehr entsprachen als die Rolle, die ich als ihr männlicher Partner tanzte.

Bis ich 13, 14 Jahre alt war, durfte ich ohnehin nicht mit auf die Bühne bei öffentlichen Veranstaltungen, weil ich immer noch zu klein war. Stattdessen trieb ich mich viel in der Kostümschneiderei herum. Ich suchte die Stoffe mit aus, bekam ein Gefühl dafür, welche Materialien besonders weich fielen. Ich stellte die Farben zusammen, lernte bei den Schneiderinnen das Nähen, das mir bis heute sehr nützlich ist.

In meiner Tanzgruppe blieb ich der Kleinste und es war schwierig, mich in einer Reihe mit den anderen tanzen zu lassen, weil der Größenunterschied die Synchronie des Tanzes störte. Man hoffte, dass ich noch wachsen würde, und schickte mich für ein Jahr zur Weiterbildung nach Peking. Diese Zeit war sehr wichtig für mich, weil die Tanzgruppe in Peking ein viel höheres Niveau hatte als meine alte. Mir wurde sehr bald klar, dass ich vorher mit Amateuren getanzt hatte, und ich genoss die professionelle Förderung, die mir nun zuteil wurde, in vollen Zügen. Ich übte wie besessen, sodass man mir nach einem Jahr ein Diplom der militärischen Kunstakademie verlieh.

Von 1985 auf 1986 fand ein großer Wettbewerb zwischen den nationalen Tanzschulen der einzelnen Provinzen statt. Mir wurde der erste Preis der Pioniere verliehen und 1986 folgte eine Auszeichnung als bester Ausdruckstänzer.

Während dieser Zeit wurde ich vor allem in chinesischem klassischem Tanz ausgebildet, den man sich als eine Mischung zwischen der Tanzform der chinesischen Oper und dem traditionellen Volkstanz vorstellen muss. Zu dieser Zeit waren aber auch schon die Einflüsse des russischen Balletts erkennbar.

Ich war gerade 19 Jahre alt, als ein amerikanischer Fachmann für Ballett im Auftrag einer New Yorker Tanzschule für Ausdruckstanz nach Peking kam und Ausschau nach jungen Talenten hielt. Ich hatte keine Ahnung, was man unter modernem Ausdruckstanz verstand. Mich interessierte nur, dass er einem von uns ein einjähriges Stipendium in Aussicht stellte.

Er schaute sich auf vielen Tanzveranstaltungen um, und seine Wahl fiel auf mich, weil er mich für den besten chinesischen Tänzer hielt, den er gesehen hatte. Nun stand es mit meinen politischen Beziehungen nicht zum Besten, ich war also unsicher, ob ich überhaupt die Erlaubnis bekommen würde. Da ich dieses Stipendium unbedingt haben wollte, setzte ich alle Hebel in Bewegung, dass man mich ziehen ließ. Mein Vorgesetzter beim Militär war dagegen, weil er mich aus Staatssicherheitsgründen im Rang eines Bataillonskommandeurs nicht ins Ausland gehen lassen wollte. Ich staunte selbst, dass ich in der Hierarchie des Militärs höher stand als mein Vater, weil ich mit meinen 19 Jahren schon zehn Dienstjahre hinter mir hatte und außerdem als Tänzer hohe Auszeichnungen erhalten hatte.

Der militärische Leiter unserer Tanzgruppe, der Homosexueller war und immer wieder versuchte, sich mir zu nähern, wollte aus verletztem Stolz verhindern, dass ich das Stipendium antreten konnte. Ich war wie vor den Kopf gestoßen, da ich ihn als Lehrer und Künstler außerordentlich geachtet hatte, er bei mir eher eine Vaterrolle übernommen hatte und es mir unmöglich war, eine andere Beziehung zwischen uns zu sehen. Ich hatte keinen Erfolg, er strich mich als Solotänzer aus unseren Programmen und gab mir zu verstehen, dass ich mit Schwierigkeiten zu rechnen hätte. Ich drohte ihm, alles öffentlich zu machen, was ihn nicht sonderlich beeindruckte, da er sicher war, dass man eher ihm glauben würde als einem kleinen Tänzer wie mir. Da zog ich einen Kassettenrekorder aus meiner Tasche und gab vor, unser Gespräch aufgezeichnet zu haben, das ich seinem Vorgesetzten vorspielen würde.

Mich verwirrte der ganze Vorfall sehr, weil er gespürt haben musste, in welchem Dilemma ich mich befand.

Ich konnte in dieser Situation unmöglich weiter Tänzer in meiner alten Gruppe bleiben. Der Vorgesetzte meines Lehrers fand eine Übergangslösung, die die gegenwärtigen Konflikte geschickt umging. Ich sollte für ein Jahr zur Weiterbildung nach Dandung, danach würde mein Lehrer in den Ruhestand gehen und ich könnte mein Stipendium in New York antreten.

In Dandung gab es weitere bürokratische Schwierigkeiten, weil ich keine polizeiliche Aufenthaltsgenehmigung hatte und somit keinen Pass beantragen konnte, um in die USA ausreisen zu können. Irgendein guter Geist besorgte mir dann eine Bestätigung, mit der ich eine Huko bekommen konnte. Das Schicksal meinte es gut mit mir. Ich beantragte ein Visum in der amerikanischen Botschaft, und schon drei Tage später saß ich im Flugzeug nach Amerika.

Ich weiß nicht, was aus mir geworden wäre, hätte ich diese Chance nicht bekommen. Aber danach ging alles, was ich mir im Zusammenhang mit dem Tanzen gewünscht habe, in Erfüllung. Man muss sich die Dinge nur sehr intensiv wünschen, dann nehmen sie Gestalt an.

Ich flog von Peking über Hongkong nach Amerika, und als ich ins Flugzeug einstieg, begann es zu regnen. Ich musste an ein chinesisches Sprichwort denken, das besagt, dass ein günstiger Wind und der Regen zur richtigen Zeit die Saat zum Keimen bringen.

Ich flog über Seattle, wo ich umsteigen musste. Mit meinem Handgepäck stand ich etwas verloren da, weil ich kein Wort Englisch konnte. Einer Dame war ich aufgefallen, sie lächelte mich an und gab mir mit Zeichensprache zu verstehen, dass sie meinen Emailschmuck, den ich wie eine Krawatte trug, hübsch fand. Einen Moment später hörte ich über Lautsprecher meinen Namen. In meiner Hilflosigkeit suchte ich nach der Frau, die so freundlich zu mir gewesen war. Sie verstand sofort, was ich wollte, schaute sich mein Ticket an und brachte mich an den richtigen Flugsteig. Dort wurde ich bereits erwartet.

Die anderen Passagiere waren schon im Begriff, an Bord zu gehen. Nachdem mich die Stewardess an meinen Platz gebracht hatte, atmete ich zuerst ruhig durch, meinen chinesischen Schmuck in der Hand, der mir offensichtlich Glück gebracht hatte. In kritischen Situationen gab es für mich immer wieder glückliche Zufälle, sodass ich allen Grund hatte, daran zu glauben, dass es das Schicksal gut mit mir meinte.

Neben mir nahm ein asiatisches Paar Platz, das mich freundlich musterte und mich schließlich fragte, ob ich aus Japan käme. Miteinander sprachen sie Koreanisch. Sie staunten nicht schlecht, als ich ihnen in ihrer Sprache versicherte, dass ich Chinese sei. Meiner Kleidung nach hielten sie mich für einen Japaner, was mir schmeichelte, weil sich die Japaner meiner Meinung nach sehr geschmackvoll kleiden. Sie fragten mich noch, ob ich abgeholt würde, ansonsten wollten sie mir weiterhelfen.

Doch für mich schien schon gesorgt zu sein. Am Ausgang stand ein stattlicher Schwarzer, der ein Schild mit meinem Namen hoch hielt. Er führte mich zu einer Limousine, die doppelt so lang war wie alle anderen Autos. Ich kam mir vor wie im Film. Ein Auto mit derartigen Ausmaßen hatte ich noch nie gesehen. Ich war sehr beeindruckt und schwor mir in diesem Moment, eines Tages ein solches Auto zu besitzen. Es war eingerichtet, wie ich mir ein amerikanisches Wohnzimmer vorstellte, ausgestattet mit einem Kühlschrank und einem Fernseher. China hatte seine Tore zum Westen noch nicht geöffnet, und ausgerechnet ich hatte das Glück, die Neue Welt kennen lernen zu dürfen.

Alles, was ich über Amerika erfahren hatte, war durch die Zensur der chinesischen Propaganda gegangen. Der einzige Film, den ich über Amerika gesehen hatte, war eine Dokumentation mit dem Titel »Albtraum« über die Verhältnisse in amerikanischen Gefängnissen. Was ich gesehen hatte, war noch viel schlimmer als das, was an Informationen durch unsere Gefängnismauern gesichert war. In Amerika schienen die Menschenrechte mit Füßen getreten zu werden, und die Dekadenz der Verhältnisse dort entsetzte uns.

In der ersten Nacht in einem New Yorker Hotel konnte ich verständlicherweise nicht schlafen. Um fünf Uhr morgens ging ich nach unten auf die Madison Avenue und staunte, wie viele Menschen schon unterwegs waren. Sie hasteten an mir vorüber und nahmen keine Notiz von mir. Plötzlich überfiel mich das Gefühl, vollkommen verlassen zu sein in einer fremden Welt. In China war ich zwar kein großer Star, aber man kannte mich und schätzte meinen Tanz. Hier war ich ein Niemand unter vielen.

Das Gefühl des Verlorenseins war nach ein paar Tagen vorbei. Ich begann die Stadt zu durchstreifen, besah mir die üppigen Schaufensterauslagen, blieb an den geöffneten Bartüren stehen und bestaunte das fröhliche Nachtleben. Nur sehr langsam fiel die Angst von mir ab, überall beobachtet zu werden, niemand bestimmte mehr über mich und meinen Tagesablauf, und ich war zumindest für ein Jahr sicher. Mein Stipendium war sehr großzügig bemessen. Ich hatte keine Existenzsorgen, und die Organisation war mir behilflich, wo sie nur konnte. In den ersten Tagen holte mich eine Mitarbeiterin der Organisation von meinem Hotel ab und zeigte mir mein Apartment, das nun mein neues Zuhause sein sollte. Sie brachte mich in einen dieser gläsernen Bankpaläste, wo ich mein erstes Konto eröffnete. Unser nächstes Ziel war ein Subwayautomat. Sie reichte mir einen Vierteldollar, den ich einwarf, und schon spuckte er ein Ticket aus. Mit dem Ticket in der Hand bestiegen wir einen der alten, stinkenden Züge, in dem sich Menschen aus allen Nationen auf dem Weg zur Arbeit drängten. Nach dieser ersten Fahrt war der Bann gebrochen und ich war selbständig genug, New York allein mit der Subway zu erobern.

In dieser ersten Zeit verfolgte mich Nacht für Nacht der gleiche Traum. Jemand polterte gegen meine Tür und drängte sich in mein Zimmer. Es war ein hoher chinesischer Militär, der mich in meinem Zimmer festnahm und mich nach China zur Armee zurückbringen wollte. Nach und nach verblasste der Traum und verlor seine Macht über mich. Nun fühlte ich mich zum ersten Mal in meinem Leben wirklich frei.

Meine anfänglichen Sprachschwierigkeiten brachten mich in die komischsten Situationen. Eine freundliche alte Dame, die ich hin und wieder im Treppenhaus traf, fragte mich eines Tages, wie lange ich schon in New York lebte. Mit einem gewissen Stolz antwortete ich: »Already for half an hour«, worauf sie in ein schallendes Lachen ausbrach und meinte: »I've seen you many times, you mean for half a year.« Mir passierten dauernd sprachliche Patzer, und ich war froh, dass meine wirkliche Sprache der Tanz ist, in dem ich mich besser ausdrücken kann. Wir Stipendiaten kamen aus allen Kontinenten, und keiner sprach perfekt Englisch. Der Tanz war die Sprache, in der wir uns unterhielten. Anfangs gab ich mir noch Mühe, besser Englisch zu lernen. Ich besuchte regelmäßig eine Bar in der Nähe meines Wohnblocks, um den Gästen zuzuhören und die Sprache zu üben. Vielleicht nicht der geeignetste Ort, denn nach einer Weile fiel mir auf, dass um die Zeit, in der ich auftauchte, die meisten schon Artikulationsschwierigkeiten hatten und im betrunkenen Zustand nicht die richtigen Gesprächspartner waren.

Viel leichter war es, mich in die für mich genauso neue Sprache des modernen Tanzes einzufühlen. Wir lernten die ganz Großen des amerikanischen Ausdruckstanzes kennen. Mein Lehrer Murry Louise war Schüler von Martha Graham. Er war mit seinen 60 Jahren ein sehr beeindruckender, kraftvoller Tänzer, der sich meiner ganz besonders annahm. Eines Tages lud er mich zu sich ein und zeigte mir ein Video seines Tanzes »Tremolo«, den er mit 57 Jahren uraufgeführt hatte. Während des Tanzes blickte er immer wieder mit Spannung zu mir herüber. Ich spürte, dass er es kaum erwarten konnte zu hören, wie ich den Tanz aufnehmen würde. Ich wand mich, versuchte mich hinter meinem schlechten Englisch zu verstecken, aber die Sprache war nicht das Problem, das spürte er natürlich. Ich fand an der Darstellung nichts Besonderes. Die Technik der Tanzschritte war mir nicht raffiniert genug, es gab keine schwierigen Drehungen, wie wir sie in China bis zum Umfallen geübt hatten. Er schaute mich an, räusperte sich und sagte mir, er glaube, dass ich die Technik vergessen müsste. Ich sei einer der besten Techniker, die er jemals habe tanzen sehen, aber die Technik mache noch nicht den Tänzer aus. Ich sei eine sehr perfekte Tanzmaschine, die beste Voraussetzung, nun meine Gefühle zum Ausdruck zu bringen. Das war mir neu, mein Lehrer wollte nicht nur einen technisch perfekten Tanz, er ermunterte mich, im Tanz meine Persönlichkeit sichtbar werden zu lassen. Es war das erste Mal, dass mich ein Lehrer in dieser Weise herausforderte. Ich glaubte zu verstehen, was er meinte.

Ich nahm die Kassette mit nach Hause und studierte jede einzelne Bewegung. Nach einer Woche begann ich vor einem Spiegel mit den ersten Schritten, immer wieder das Video im Auge behaltend. Ich hörte Murry sagen: »Du darfst nicht wie eine Maschine springen.« Ich versuchte, nicht nur die einzelnen Tanzschritte zu verstehen, sondern sie gefühlsmäßig zu begreifen.

Nach Wochen wagte ich, Murry »Tremolo« vorzutanzen. Er hatte Tränen in den Augen, als der Tanz zu Ende war. Nach seiner Uraufführung hatte sich bisher keiner zugetraut, »Tremolo« zu tanzen. Dieser Tanz war Ausdruck seiner lebenslangen Tanzerfahrung. Er schaute mich eindringlich an und sagte mir, dass er überrascht sei, wie viel ich von ihm verstanden hätte. Ich hatte mich zum ersten Mal nicht um die technische Perfektion gekümmert, sondern mich intuitiv dem Tanz überlassen. Über die Rührung des alten Mannes war ich sehr glücklich.

»Willst du ›Tremolo‹ am Abschlussabend vortanzen?«, fragte er mich.

»Habe ich wirklich das Glück?« Er nickte mir zu und übte mit mir die nächsten Wochen sein Lebenswerk ein.

Ich kann mich nicht erinnern, während meines großen Auftritts besonders aufgeregt gewesen zu sein. Es gelang mir, mich vollkommen im Tanz zu verlieren. Ich hörte wie aus der Ferne die Musik, mein Verstand war ausgeschaltet, ein anderes Ich schien Besitz von mir ergriffen zu haben und sich meines Körpers zu bedienen. Meine Umwelt war wie ausgeblendet, ich nahm weder das Publikum noch die blitzenden Kameras wahr.

Insgesamt dauerte mein Abschlusstanz nur vier Minuten. Irgendwie hatten die Medien erfahren, dass bei der Abschlussgala ein chinesischer Tänzer den Tanz des großen Meisters interpretieren würde. In der *New York Times* erschien am anderen Tag eine euphorische Kritik, die hervorhob, dass der junge Tänzer aus dem »Reich der Mitte« den Tanz des alten Meisters zu seinem gemacht hätte. Diese Kritik schnitt ich aus und trage sie seither immer bei mir. Immer wenn mir Zweifel an meiner Begabung kamen, las ich die Kritik und kostete sie Zeile für Zeile aus. Ich hatte nach den Sternen gegriffen, und der Himmel hatte mich nicht zurückgewiesen.

Im Juli 1989 war mein Stipendium zu Ende und ich sollte nach China zurückgehen. Die Zeit war wie im Flug vergangen, ich hatte gerade die Tür zum modernen Tanz aufgemacht, hatte aber den Raum dahinter noch nicht betreten. Ich hatte eine Ahnung, wie es in diesem Raum aussehen würde, nun sollte ich aber die Türe wieder von außen schließen und dieser neu entdeckten Welt den Rücken kehren. Ich konnte mir nicht vorstellen, wie ich nach all dem, was ich erlebt hatte, wieder als Tänzer ins chinesische Militär zurückkehren sollte. Ich wusste, dass ich mich in Amerika auch ohne Unterstützung durchschlagen könnte, notfalls würde ich auf den Straßen mit einem Bauchladen Uhren verkaufen. In der Botschaft machte man mir aber unmissverständlich klar, dass ich zurückgehen müsste, da dieses Austauschprogramm zum Scheitern verurteilt wäre, wenn der erste Stipendiat dieses Programms sich weigerte zurückzukehren. Sie könnten mich ja wieder einladen, aber ich sollte auf keinen Fall riskieren, dass anderen begabten Tänzern meines Landes diese Möglichkeit des Austausches verweigert würde.

Im Juli 1989 sollte ich mich in Peking bei meinem Kommandanten zurückmelden. Am 4. Juni ereignete sich das Massaker am Platz des Himmlischen Friedens. Alle chinesischen Studenten, die sich in Amerika aufhielten, bekamen eine Aufenthaltsgenehmigung und eine beschränkte Arbeitserlaubnis erteilt. Auf einen Schlag schienen alle meine Probleme gelöst zu sein. Ich aber brauchte Wochen, um mit dieser Situation fertig zu werden. Ich befand mich in einer schizophrenen Lage. Hunderte von chinesischen Studenten hatten für die Freiheit ihr Leben lassen müssen, und für mich hatte der Himmel wieder einmal aufs Neue die Augen aufgemacht.

Wegen der politischen Ereignisse in China hielten die amerikanische Regierung und die Bevölkerung schützend ihre Hand über alle chinesischen Studenten in ihrem Land. Wir bekamen jegliche Unterstützung und wir Künstler hatten ein Publikum, das unsere

Arbeit mit großem Interesse verfolgte. Nun bot sich die Gelegenheit, dass ich auch die Choreographie meiner Tänze selbst in die Hand nehmen konnte.

In North Carolina, wo der moderne Tanz auf eine 50-jährige Tradition zurückblickt, findet alljährlich ein sechswöchiges Festival statt, bei dem internationale Gruppen auftreten und Workshops abgehalten werden. Ich war auch eingeladen und konnte, gerade 21-jährig, nicht nur als Solotänzer auftreten, sondern die Choreographie meiner Gruppe selbst gestalten.

Im Mittelpunkt unseres Tanzes stand die Tragödie, die sich kurz zuvor am Platz des Himmlischen Friedens in Peking ereignet hatte. Wir waren insgesamt 40 Tänzer und die letzte Tanzgruppe, die an diesem Tag eine Vorstellung gab. Ich wollte unbedingt draußen in der Natur bei Tageslicht tanzen, so strömten wir gemeinsam mit den Zuschauern ins Freie. Die Musik setzte ein, und nach den ersten Schritten spürte ich, wie die Energien zwischen den Tänzern und den Zuschauern flossen. In unserer Mitte bewegte sich ein großer, farbenprächtiger Drache im chinesischen Stil, dessen Kopf und Körper von zwei Tänzern getragen wurden. Er wand sich wie eine getretene Kreatur zur Trauermusik und beweinte die Opfer des Massakers. Ein Spiel zwischen dem weinenden Drachen und den Prozessionsgruppierungen der Tänzer entspann sich, die Bewegungen wechselten zwischen Ausbruch und meditativer Stille. Der Tanz wurde in seiner Intensität zu einem asiatischen Trancetanz, ohne dass ich dies beabsichtigt hätte. Nachdem die Musik verklungen war, erstarrten Tänzer und Publikum regungslos in Schweigen. Dann setzte ein überwältigender Applaus ein, der nur sehr langsam verstummte. Die Zuschauer erhoben sich geschlossen und legten für die Opfer des Massakers eine Schweigeminute ein.

Nach diesem Ereignis wurde ich in den Kritiken als junger Choreograph gefeiert, von dem man noch viel hören werde. Einstimmig gelobt wurden die technische Perfektion und der große Reiz der im östlichen Stil gehaltenen Darstellung sowie deren große Ausdruckskraft.

Mit diesem Stück hatte ich mir einen Namen als Choreograph gemacht und wurde auch 1991 zum Festival eingeladen. Ich stellte mein neues Stück »Halfdream« vor, einen sehr sachlichen, minimalistischen Tanz. Nur von einer Violine musikalisch begleitet, versuchte ich jede Geste zu intensivieren, ließ sie zum Zeichen werden, setzte Akzente im Zeitlupentempo, um sehr behutsam die Spannung aufzubauen, die sich in der Verbindung der einzelnen Bewegungen wieder auflöste. Nach dem letzten Takt stand ich wie eine Skulptur im Lichtkegel der verblassenden Scheinwerfer. Für diese Inszenierung bekam ich als Choreograph den ersten Preis.

Als Tänzer muss man bereit sein, alles zu geben. Meine Kindheit und Jugend hatte ich dem Tanz gewidmet. Die ganze Leidenschaft, deren ich als kleiner Junge fähig war, legte ich in den Tanz. Nur in der Bewegung konnte ich meine Phantasien ausleben, nur während des Tanzes war ich vollkommen glücklich. Weder Begabung noch gute konstitutionelle Voraussetzungen machen einen zum Tänzer, sondern die Begeisterung, mit der man tanzt, und die Besessenheit, ein guter Tänzer zu werden. Die innere Bereitschaft und die persönliche Ausdruckskraft, der Charme einer Persönlichkeit sind in der individuellen Bühnenpräsenz spürbar. Die Seele muss nach außen hin sichtbar werden und strahlen.

Wenn ich einen Tanz choreographisch entwerfe, versuche ich eine Idee, ein Gefühl zu transportieren. Ich setze die Akzente sparsam und achte darauf, dass die Tänzer in Momenten der Sammlung zur Ruhe kommen. Für diesen Teil bin nur ich verantwortlich. Wenn es mir gelingt, den Zuschauer herauszufordern, den Tanz nicht nur zu genießen, sondern sich mit ihm auseinanderzusetzen, wenn ich die Phantasie des Zuschauers anregen kann, dann ist meine Arbeit erfolgreich.

Den Moment, in dem mir in der letzten Konsequenz klar wurde, was mir der Tanz bedeutet, werde ich nie vergessen. Ich war gerade 22 Jahre alt geworden und stand in einer Umkleidekabine. Mir war, als würde in einem dunklen Raum ein Licht angeknipst, mir kam es so vor, als habe ich vor dieser Erkenntnis wie eine Maschine getanzt, was natürlich nicht ganz der Wirklichkeit entspricht, da mir Murry schon drei Jahre zuvor die Augen geöffnet und meinen Tanzstil stark beeinflusst hatte. Richtig angekommen ist diese Botschaft aber erst in jener Umkleidekabine. Er hatte mir eingeschärft, mein Bewusstsein während des Tanzes nicht mehr mit technischen Problemen zu belasten. Die Technik sei ein Werkzeug, das ich beherrschte, nun sei es an der Zeit, aus meinem Schwerpunkt heraus zu tanzen und mich meiner Seele zu überlassen. Nur dann stelle sich die natürliche Grazie ein. Wenn Körper und Geist eins seien, überzeuge jede kleine Bewegung. Inzwischen ist mir bewusst, was er damit gemeint hat. Wenn sich dieser Zustand einstellt, bin ich in jeder Faser meines Körpers gegenwärtig, auch wenn ich nur über die Bühne schreite.

Obwohl ich mich über mangelnde Engagements nicht beklagen konnte, musste ich mir eine Gelegenheitsarbeit suchen, um das teure Leben in New York zu finanzieren. Ich arbeitete nebenbei als Kellner in einem New·Yorker Lokal. Eric, mein bester Freund aus der Tanzgruppe, besuchte mich eines Abends im Lokal mit seiner Freundin Pree. Sie wirkten etwas niedergeschlagen, weil sie zusammenleben wollten, was aber daran scheiterte, dass sie sich in New York keine Wohnung leisten konnten.

Da hatte ich einen glänzenden Einfall, mit dem uns allen geholfen wäre. Wenn ich Pree heiraten würde, könnten die beiden bei mir umsonst wohnen und ich würde die »Green Card« bekommen, mit der ich ganz legal arbeiten könnte. Nach Tagen riefen sie mich an und fragten mich, ob ich es ernst gemeint hätte. »Natürlich«, sagte ich zu Eric, »wann darf ich dich um die Hand von Pree bitten?«

Unsere Hochzeit glich einem der absurden Theaterstücke, die ich einmal in New York gesehen hatte. Wir hatten gemeinsam Blumen und Ringe für zwei Dollar besorgt und mein Freund war unser Trauzeuge. Ich stand mit Pree vor dem Standesbeamten und schwor ihr mit tiefer Stimme ewige Treue und fühlte mich wie ihre ältere Schwester. In der Hochzeitsnacht fand ich mich allerdings sehr ungerecht behandelt, weil ich auf meiner unbequemen Couch wach lag, während das Liebespaar selig in meinem Bett schlummerte.

An einem der nächsten Tage rief ich meine Mutter an, um ihr endlich die Nachricht zu melden, auf die sie so lange gewartet hatte. Sie war ganz aufgeregt und erinnerte mich an die Wahrsagerin, die mir als Kind prophezeit hatte, ich würde mit 23 Jahren heiraten. Sie hatte also Recht behalten.

Hin und wieder besuchte uns ein Beamter des Ausländeramtes, um nachzuprüfen, ob mit unserer Ehe auch alles zum Besten stand. Wir spielten ihm aus unserem absurden Stück immer wieder eine neue Szene vor, und mich begann die ganze Angelegenheit allmählich zu irritieren, vielleicht auch deshalb, weil ich mich zum ersten Mal verliebt hatte.

Während einer Galaveranstaltung in Texas war mir im Publikum ein Cowboy aufgefallen, wie man sich ihn typischer nicht vorstellen kann. Er trug das, was ein amerikanischer Cowboy tragen muss, Jeanshemd und Jeanshose, Cowboystiefel und einen breitrandigen Hut. Eigentlich mochte ich Männer dieses Typs nicht, aber er wirkte anders, schüchterner, zarter als der Rest seiner Kollegen, die in großer Zahl zu dieser Galavorstellung erschienen waren. Er trug eine Brille, was in seltsamem Kontrast zu seinem Äußeren stand. Während der ganzen Vorstellung spürte ich seine Augen. Manchmal trafen sich unsere Blicke, was ich zu vermeiden suchte, weil sie mich schüchtern machten. Als er nach der Gala aufstand, war ich sehr überrascht, wie groß er war. Er wartete an der Garderobe auf mich und fragte, ob er mich zu einem Glas Wein einladen dürfe. Wir kamen aus verschiedenen Welten und waren uns dennoch vom ersten Moment an vertraut. Am nächsten Abend, den wir in seinem Haus verbrachten, kannten wir unsere Lebensgeschichten, wussten beide, dass wir uns liebten.

Meine Abreise stand kurz bevor, auf der Fahrt zum Flughafen war er tief traurig und ich spürte, dass sein Gefühl echt war. Derartiges war mir noch nie widerfahren. Ich konnte nicht sagen, warum ich so für ihn empfand, dieses Gefühl war einfach zwischen uns und wir waren beide Menschen, die nicht viel Worte darüber verloren. Die Menschen, denen ich in New York begegnet war, verhielten sich anders. Sie waren sehr mitteilsam, lebten hektisch, waren egoistisch auf ihren Vorteil bedacht, vergaßen nie, dass sie mit dir konkurrierten, und lebten ihre Beziehungen sehr taktisch. Mein Cowboy war einfach da für mich, ohne zu fragen, was ihm diese Beziehung bringen könnte. Hals über Kopf entschloss ich mich, mit ihm leben zu wollen. Er war es wert, den Tanz aufzugeben, New York zu verlassen und nach Texas zu ziehen. Ich wollte sein einfaches Leben mit ihm teilen.

Ich zog zu ihm in sein kleines Haus, das nur von Weiden umgeben war. Am Morgen bereitete ich das Frühstück für uns. Während er auf der Weide war, machte ich das Haus sauber, kochte das Mittagessen, das wir täglich gemeinsam am Fluss unten einnahmen, wo er schon auf mich wartete. Er war kein Mann der großen Worte. Seine Liebe trug mich, machte mich glücklich und traurig zugleich, weil mir schmerzhaft bewusst war, dass ich eine Frau bin, die in einen Männerkörper verbannt war. Er wusste um meine Zerrissenheit. »Für mich bist du ein Mädchen«, sagte er manchmal, und seine Stimme verriet, dass er mit mir litt. Ich lehnte mich gerne an seine starke Schulter und begann, an unsere Liebe zu glauben. Dieses Gefühl war mir neu, weil ich es nur in der Phantasie gelebt hatte. Er zeigte mir, dass Lieben vor allem Geben heißt. Auch diese Erfahrung machte ich zum ersten Mal in meinem Leben. Deshalb konnte ich für ihn auf alles verzichten, was bisher mein Leben ausgemacht hatte. Meine Freunde in New York erklärten mich für verrückt und waren sich einig, dass diese ungleiche Beziehung zum Scheitern verurteilt war. Meine Gefühle sagten mir etwas anderes.

Nach einem Jahr begann mein Freund zu fragen, wann ich ihn verlassen würde. Ich verstand nicht, wie er mich so etwas fragen konnte.

»Ich kann deine Augen, dein Gesicht nicht vergessen, wenn du im Fernsehen Ausdruckstanz siehst. Du bist ein anderer, dein Körper nimmt eine andere Haltung ein, und du wirkst in diesen Momenten sehr traurig.« Es stimmte, wenn ich meine Freunde im Fernsehen sah, wurde ich sehr nachdenklich. Tänzer, die mir in New York nicht das Wasser reichen konnten, hatten nun Karriere gemacht.

»Irgendwann wirst du mich dafür hassen, dass du all das aufgegeben hast. Ich werde mein ganzes Leben hier verbringen, weil ich hierher gehöre. Du gehörst auf die Bühne, dessen bin ich mir ganz sicher. Du kannst immer zu mir zurückkehren, falls du keine Lust mehr hast zu tanzen oder wenn du zu alt zum Tanzen bist.«

Ich kehrte schweren Herzens nach New York zurück, weil ich nach diesem Gespräch meiner Sehnsucht nach dem Tanz wieder mehr Raum gab und mir die Diskrepanz zwischen unseren beiden Welten deutlicher geworden war. Ich litt unsäglich darunter, von ihm getrennt zu sein. Ich rief ihn jeden Morgen aus New York an, um ihn zu wecken, ihm zu sagen, dass es bald Zeit sei aufzustehen. Ich ermahnte ihn, gut zu frühstücken, weil harte Arbeit auf ihn warte. Bevor wir nachts einschliefen, telefonierten wir noch einmal miteinander. Er erzählte von seiner Arbeit auf der Weide. Er holte mich in diesen nächtlichen Gesprächen zurück an unseren Fluss. Ich erfuhr, welche Zäune ausgebessert werden mussten und wie prächtig sich die neugeborenen Kälbchen entwickelten. Ich erzählte von meinem neuesten Tanzprojekt. Unsere Telefonrechnung erreichte astronomische Höhen. Über ein Jahr blieben wir uns auf diese Weise nah, bis ich es wagte, mir die Unmöglichkeit unserer Beziehung, für die es keine Zukunft geben würde, bewusst zu machen. Eines Abends fragte ich ihn, ob er sich vorstellen könnte, Freunde zu bleiben, falls wir als Liebespaar scheiterten. Wieder überraschte mich mein Freund. Er hatte schon auf den Moment gewartet, an dem ich ihm diese Frage stellen würde. »Ich bin ein einfacher Cowboy und du bist ein Tänzer, unsere Welten sind zu verschieden, als dass wir sie auf Dauer miteinander teilen könnten. Du hast aber einen ganz besonderen Platz in meinem Herzen, und als Freund werde ich immer für dich da sein, wenn du mich brauchst.«

Ich fragte ihn, warum er es mir gegenüber nie mit einem Wort erwähnt habe, wenn er doch geahnt hätte, wie sich die Dinge zwischen uns entwickeln würden.

»Ich konnte dir das nicht antun, weil ich wusste, dass alle deine Gefühle auf mich gerichtet waren, und ich ahnte, wie einsam du dich in New York fühlen musstest, ohne Familie und wirkliche Freunde. Wie wäre dir zumute gewesen, wenn ich dir gesagt hätte, dass ich auf dich verzichte? Du warst mit all deinen Gefühlen bei mir, und ich hatte Angst, dir wehzutun.«

In den ersten Tagen nach diesem Gespräch fiel ich in ein tiefes Loch. Pree, die immer noch bei mir lebte, tröstete mich. Während dieser schmerzvollen Zeit fuhr ich mit der Subway durch die Stadt, und plötzlich stieg mir ein vertrauter Duft in die Nase, das Parfüm meines Cowboys. Ich ging diesem Duft nach, setzte mich neben diesen Mann, um den Duft zu genießen, stieg mit ihm aus, als er die Subway verließ, folgte dem Duft, bis er in einem Bürohaus verschwand. Ich suchte eine Bank, auf der ich mich ausweinte.

1991 bekam ich ein Angebot aus Italien, um dort als Lehrer in einem Tanzzentrum und für das Fernsehen zu arbeiten. Ich griff zu, da mir bewusst war, dass sich mein Leben verändern musste. Das amerikanische Komitee, das mir damals das Stipendium bewilligt hatte, war von meinem Entschluss überhaupt nicht begeistert, weil ich in Amerika inzwischen einen Namen hatte und als einziger der asiatischen Stipendiaten so viel Erfolg hatte. Ich wollte mein Leben neu ordnen. Meine Scheinehe begann mir Probleme zu bereiten, da ich die Verlogenheit meiner Lebenssituation nicht mehr ertrug. Außerdem fiel es mir sehr schwer, meine große Liebe in Texas hinter mir zu lassen, und so dachte ich, dass eine größere räumliche Trennung vielleicht helfen würde, die Unmöglichkeit dieser Liebe zu akzeptieren. Ich war immer noch täglich mit den Gefühlen bei ihm und fand diesen Zustand äußerst schmerzhaft.

Ich war neugierig, hatte in Amerika alles hinter mir gelassen, meine Möbel verkauft und mich von meinen Freunden verabschiedet.

Mit vier Koffern kam ich in Rom an, der schönsten aller Städte, die ich jemals gesehen hatte. Die ersten Abende durchwanderte ich die Gassen, staunte, wie wunderbar sich die verschiedenen Jahrhunderte in den Fassaden der stattlichen Häuser spiegeln. Ich schlenderte ziellos umher, nahm einen Kaffee in einer der Bars, entdeckte jeden Abend eine neue Piazza, die sich vor mir wie eine Bühne öffnete. Neue Eindrücke strömten auf mich ein, die fremde Sprache, neue Menschen, all das nahm mich so gefangen, dass es weniger schmerzte, wenn ich an ihn dachte, und ich allmählich zulassen konnte, dass aus unserer Liebe Freundschaft geworden war.

Ich musste wieder von vorne beginnen. Vielleicht hatte ich auf die falsche Münze gesetzt, aber das Leben war nun mal ein Spiel. Setzt man den ersten Schritt falsch, gehen auch die folgenden ins Leere. Doch bislang war auf meinen Instinkt Verlass. Ich war erst 24 Jahre alt, mein Leben lag noch vor mir. Ich war dabei, meine vierte Sprache zu lernen, und auch tänzerisch würde ich neue Erfahrungen sammeln.

Beim Fernsehen arbeitete ich als Tänzer und Choreograph und war gleichzeitig Lehrer in einem neuen Tanzzentrum Roms für Ausdruckstanz. Ich war glücklich, ich führte ein spannendes Leben und verdiente genug, um gut zu leben. Italien war allerdings, was den Ausdruckstanz betraf, noch nicht so weit wie Amerika, weil Italien im künstlerischen Bereich immer noch sehr traditionell ist und den klassischen Tanz liebt.

Auf einer unserer Tourneen kam ich nach Brüssel, eine Stadt, in der der Ausdruckstanz schon auf eine gewisse Tradition zurückblicken kann und mir sehr gute Arbeitsbedingungen bot. Von Ende 1992 an arbeitete ich in Brüssel. In dieser Zeit reifte in mir der Entschluss, nach China zurückzukehren. Ich hatte als Tänzer alle Erfahrungen gemacht, die man in diesem Alter machen kann. Mein Erfolg konnte mich aber nicht mehr über den Schmerz hinwegtrösten, im falschen Körper zu leben. In Europa hatte ich alles über dieses Thema gelesen, mit Chirurgen und Leidensgenossen gesprochen. Für mich war es höchste Zeit, auch nach außen als Frau zu leben, und meine Wiedergeburt wollte ich in China erleben, wohin ich Ende 1993 zurückkehrte. Es gab zwei weitere Gründe, mich in China operieren zu lassen. Ich hatte von einem hervorragenden Chirurgen in Peking gehört, der schon ein paar Geschlechtsumwandlungen erfolgreich vollzogen hatte. In China konnte ich es mir finanziell leisten, zum besten Chirurgen zu gehen und die Operation aus eigener Tasche zu bezahlen.

Schon immer habe ich mich als Frau gefühlt, und mein Körper war bis auf den kleinen Unterschied auch so angelegt. Mit einer Größe von 168 cm war ich als Tänzer eher klein. Später, mit 40 Jahren, würde es keine Rollen mehr für mich geben, da man junge Männer vorzog. Ich bin zart gebaut, und wenn ich in den Spiegel schaute, sah ich in die Augen einer Frau. Als Tänzer tat ich aber gut daran, meine weiblichen Züge nicht hervorzuheben, während es in den modernen Stücken viele Rollen für androgyne Tänzerinnen gibt.

Offensichtlich hat der liebe Gott mein XY verwechselt. Vielleicht war er einfach zu sehr beschäftigt, als er mir Leben einhauchte. Nun war ich fest entschlossen, seinen Fehler zu korrigieren.

Zurück in der Heimat, begab ich mich also in die Hände des besten Chirurgen einer Pekinger Klinik, den ich ausfindig machen konnte. Ich schlitterte nicht naiv in dieses Abenteuer, sondern brachte die ganze Literatur, deren ich in Europa habhaft werden konnte, mit und besprach sie mit meinem Chirurgen. Er konnte mir einige Fälle vorstellen, bei denen ihm eine Operation dieser Art gelungen war. Mit seinem Team bereitete er sich sehr sorgfältig vor und bezog mich teilweise in die Gespräche mit ein. Während der Zeit der Vorbereitung nahm ich Hormone ein, bestand aber auf der kleinsten Dosis, weil ich Leber und Niere nicht schädigen wollte. Nach ein paar Wochen stellte ich mit Vergnügen fest, dass mein starker Bartwuchs zurückging und sich meine Brust veränderte. Allmählich kam ich meinem Ziel näher, die Veränderungen meines Körpers ließen mich ahnen, wie ich als Frau aussehen würde. Mein Chirurg half nach, indem er den Bartwuchs mit Hilfe einer Laseroperation zum Stillstand brachte. Dann wurden meine Brüste operativ verschönert. Beim nächsten Eingriff wurde mein ausgeprägter Kehlkopf zurückgenommen, indem man den Knorpel abschliff. Das ist mir als besonders schreckliches Gemetzel in Erinnerung geblieben, weil man mich nur örtlich betäubte, damit die Stimmbänder und die Nerven nicht verletzt wurden. Da der Chirurg sichergehen wollte, dass meiner Stimme kein Schaden zugefügt wurde, stellte man mir während der Operation Fragen, die ich nur mit viel Mühe beantworten konnte. Meine Stimme durfte sich auf keinen Fall verändern, da ich mir sonst fremd vorgekommen wäre. Voller Entsetzen sah ich, wie viel Blut ich verlor. Ich versuchte mich damit zu trösten, dass auch bei einer Geburt viel Blut fließt und die

Schmerzen unerträglich scheinen. Dieser Gedanke half mir, die Schmerzen meiner Wiedergeburt tapfer zu ertragen.

Nun stand ich vor meiner letzten Operation, die mich endgültig zur Frau machen sollte. Natürlich gehörte Mut zu diesem letzten Schritt. Ich lieferte mich vollkommen aus, ohne den Ausgang dieses Abenteuers zu kennen. Wenn etwas schief gehen sollte, trug ich das Risiko ganz allein. Es kam nicht nur auf das ästhetische Ergebnis an, sondern auch auf meine physische Verfassung. Wenn die Operation gelang, konnte ich mich nicht nur seelisch, sondern auch körperlich als Frau fühlen. Mein Chirurg bat mich, alles noch einmal zu überdenken. Ich könnte es bei den kosmetischen und hormonellen Veränderungen belassen, aber ich konnte mir nicht vorstellen, als Hermaphrodit zu leben.

Meine Freunde wunderten sich, wie offen ich mit meinem Problem umging. Ich sah nicht ein, warum ich mir meinen Weg noch beschwerlicher machen sollte, als er ohnehin schon war. Wäre mein Blinddarm entzündet gewesen, hätte ich ihn herausnehmen lassen. Mein Geschlecht empfand ich auch als eine Art Krankheit, die man mit einem operativen Eingriff heilen konnte. Ich wollte eine richtige Frau sein, auch wenn ich das Risiko einging, kein sexuelles Leben mehr zu haben, falls die Operation missglückte. Voller Zuversicht bereitete ich mich auf meine letzte Operation vor und hoffte, dass Gott sich dabei helfen ließ, seinen Irrtum zu korrigieren, und mir nicht im Weg stand, eine schöne Frau zu werden.

Am Qing-Ming-Tag, dem 5. April 1995, an dem Tag, an dem man der Toten gedenkt, war mein letzter Operationstermin. Den Tag hatte ich selbst gewählt, obwohl mir viele abrieten, da dieses Datum ein böses Omen für mich bereithalten könnte. Ich blieb dabei, Qing bedeutet Reinheit, Ming Klarheit, das schien mir von seiner symbolischen Bedeutung der geeignete Tag zu sein.

Ein befreundeter Dokumentarfilmer und sein Team wollten über meine Geschichte und Operation im Fernsehen berichten. Um meinen Leidensgenossen in China Mut zu machen, stimmte ich einer Dokumentation zu. Sie garantierten mir eine Wiedergabe, in der nicht die Sensation im Mittelpunkt stehen würde, sondern meine Leidensgeschichte.

Der Operationssaal war in grelles Licht getaucht, und drei Kameras standen um den Operationstisch, als ich hereingeschoben wurde. Filmer und Chirurgen trugen grüne Kittel und Hauben und waren nicht voneinander zu unterscheiden. Ich fühlte mich wie auf einer futuristischen Bühne, war voller Euphorie, weil ich endlich den Körper bekommen sollte, der meiner Seele entsprach. Der Chirurg fragte: »Bist du bereit?« Ich nickte ihm zu. Später verriet er mir, dass er noch niemanden erlebt hätte, der so entspannt seine Operation erwartete.

Die Operation dauerte 16 Stunden. Ich brauchte lange, bis ich aus der Narkose aufwachte und in meinem neuen Körper Platz nahm, und als ich die Augen aufschlug, sah ich, dass einer meiner liebsten Freunde an meinem Bett saß und vom langen Warten erschöpft eingenickt war. Ich war noch ganz benommen, spürte aber, dass mit meinem linken Bein etwas nicht in Ordnung war. Vorsichtig schlug ich die Bettdecke zurück, um den Freund nicht zu wecken. Meine linke Wade war furchtbar angeschwollen, ein wahres Ungetüm, das dicker aussah als meine Schenkel. Die Haut war gespannt und glänzte wie ein Spiegel, meine Fußnägel nahmen sich wie kleine Perlchen aus in den dicken, rotfleischigen Zehen.

Obwohl ich mich noch sehr schwach fühlte und die Narkosereste meine Sinne benebelten, breitete sich in meinem Bauch Panik aus. Was war, wenn ich nie mehr auf der Bühne stehen würde? Mein Kopf war nur noch von dieser Angst beherrscht. Ich sah das Fenster, fühlte mich wie magisch angezogen, in seine Richtung zu gehen, das Fenster zu öffnen. Ich überlegte mir, in welchem Stock mein Zimmer lag. Ich versuchte mich aufzusetzen, doch ein stechender Schmerz zwang mich in die Kissen zurück. Das Letzte, was ich wahrnahm, war die Infusionsflasche über mir, dann schlief ich wieder ein.

Während der langen Operationsstunden hatte man übersehen, dass ein Bein nicht ausgestreckt lag. Über 16 Stunden war es nicht richtig durchblutet worden. Einen vollen Monat lang war ich an den Rollstuhl gefesselt, und ich war nicht sicher, ob ich je wieder auf der Bühne stehen würde. Was das für mich bedeutete, kann sich jeder vorstellen. Ich begann mit täglichen kleinen Übungen, nach ein paar Wochen konnte ich das Bein wieder spüren und ich wusste, dass ich es durch hartes Training zwingen konnte, mir wieder ganz zu gehorchen.

Nachdem ich ansprechbar war, brach eine Flut von Besuchern über mich herein. Meine Freunde wirkten verunsichert, sie wussten nicht, was sie sagen sollten. Leider kamen nicht nur Freunde, sondern auch flüchtige Bekannte, die mich sehen wollten. Ich stand unter einem ungeheuren Druck, weil ich die Erwartung spürte, die nicht immer wohlwollend war.

Nach einigen Wochen war klar, dass die Operation ein voller Erfolg war.

Jahrelang hatte ich mir vorgestellt, wie ich mich in meinem richtigen Körper fühlen würde. Ich hatte mir ausgemalt, wie frei ich mich bewegen und welche Kleider und Schuhe ich mir aussuchen würde. Schon in Amerika hatte ich mir ein paar hübsche Kleider und hochhackige Schuhe gekauft. Wenn die Tänzerinnen meiner Gruppe einkaufen gingen, schloss ich mich manchmal an und suchte mir aus, was mir als Frau gefiel. Sie fragten mich, was ich mit den Frauenkleidern vorhatte. »Die sind für Freundinnen in China«, sagte ich. Wahrscheinlich ahnten sie, für wen diese Kleider waren. Ich hatte mich in den Kleidern und Schuhen auch schon auf die Straße gewagt, es machte mich aber jedes Mal traurig. Mein Männerkörper und diese Kleider waren ein Widerspruch in sich. Mir wurde erneut schmerzhaft bewusst, dass ich mich in Frauenkleidern erst nach der Operation wie eine normale Frau fühlen würde.

Als ich mich das erste Mal nach der Operation als Frau auf die Straße wagte, konnte ich die Befreiung vom falschen Körper noch nicht ganz genießen. Ich war viel zu sehr mit den Blicken der anderen beschäftigt, die mich versteckt, aber auch ganz offen trafen. An mein Anderssein war ich von Kindheit an gewohnt, an Blicke, die mich musterten, auch. Das war mir nichts Neues und verletzte mich auch nicht. Nach der Operation fragte ich mich aber, ob sie mir nachschauten, wie man einer besonders schönen Frau mit den Blicken folgt, oder ob sie dachten, dass mit mir etwas nicht in Ordnung wäre. Auf jeden Fall spürte ich, dass ich einem besonderen Blick standhalten musste. Manchmal fragte ich auch nach, warum sie mich so ansahen. Die meisten fühlten sich dann peinlich ertappt und antworteten, ich sei schön, eine attraktive Frau, der man nicht jeden Tag begegnet.

Ich finde nicht, dass sich meine Persönlichkeit sehr verändert hat. Als Mann wirkte ich zu feminin, als Frau kann ich so sein, wie ich mich immer gefühlt habe. Meine Stimme ist die gleiche geblieben, in meinen Bewegungen, meinem Gang wage ich nun, Frau zu sein. Gekünstelte Gesten und das exaltierte Getue mancher Frauen sind mir fremd. Ich spiele nicht eine neue Rolle, sondern gebe mich so, wie ich bin.

Ich hatte gewagt, meinen Weg offen zu gehen, und wusste, dass ich die Konsequenzen dafür tragen musste. Meinen Leidensgenossen konnte ich dadurch Mut machen. Die Kehrseite davon war, dass ich zu einer Person des öffentlichen Interesses geworden bin. Die Reaktion meiner Umwelt war einerseits ermunternd und unterstützend, sehr oft herabwürdigend, manchmal beides zugleich.

Eines Abends, ich ging mit Freunden zum Essen aus, kamen wir an einer Gruppe von Taxifahrern vorbei. Plötzlich hörte ich einen von ihnen dreist sagen: »Schaut mal, das ist doch die Frau, die früher ein Mann war.« Alle starrten mich an, meine Freunde schauten etwas betreten und hatten Angst, dass ich verletzt sein würde. Aber die Neugierde der Menschen ist doch ganz normal, einfache Menschen verbergen diese Gefühle nicht, sondern zeigen sie ganz offen. Ich ging auf den Taxifahrer zu, lächelte ihn strahlend an. Er war ganz überrascht und sagte: »Mein Gott, bist du schön, wirklich noch schöner als meine Frau.« Die anderen Fahrer bogen sich vor Lachen, umringten uns und machten ihre Witze mit mir. Meine Freunde fanden meine Flucht nach vorne unglaublich. »Diese Reaktion sollte euch nicht peinlich sein. Wenn es euch unangenehm ist, mit mir essen zu gehen, dann solltet ihr mich nicht mehr einladen. Das ist eine Sache, die ich nicht verbergen kann und auch nicht will«, sagte ich.

Schon 1993 hatte ich eine private Tanzgruppe für modernen Tanz in Peking gegründet, die erste dieser Art in China. Unsere Arbeit wurde in der Stadt mit großer Aufmerksamkeit aufgenommen. Die ersten Auftritte nach meiner Operation riefen jedoch sehr gemischte Reaktionen hervor.

Ein Zeitungsdirektor, zugleich Mitarbeiter der Propagandaabteilung der Partei, bereitete mir mit einem Zeitungsartikel über meine Schule und meine Person sehr große Probleme. Seine Zeitung veröffentlichte gern Skandale, bauschte sie auf und mischte sich in Dinge, die sie nichts angingen. Aber mit Charakteren dieser Art muss man einfach rechnen, gerade im neuen China. Die Partei hatte eine Kampagne gegen Pornographie und sexuelle Freiheit gestartet, und er hatte offensichtlich, durch meine Operation angeregt, sehr einfache Schlüsse gezogen. Er schrieb, ich sollte nicht öffentlich auftreten, weil die Jugend durch unsere Tanzaufführungen gefährdet würde.

Drei Monate nach der Operation war ich so weit, dass ich wieder mit dem Tanztraining beginnen und eine Aufführung vorbereiten konnte. Bei den Proben waren führende Kader der Kulturabteilung anwesend, die uns kritisch beobachteten, aber in ihrem Abschlussbericht bemerkten, dass wir ernsthafte Künstler seien, deren Tanz nichts mit Pornographie zu tun habe. Unserer Aufführung stand also nichts im Wege. Bei der Premiere war zu meiner Überraschung der Kader der Kulturabteilung beinahe geschlossen versammelt. Sie alle waren neugierig, nicht so sehr auf unseren Tanz als vielmehr auf mich, eine Tänzerin, vormals Tänzer und hoher Militär. Ich konnte das nicht ändern und nahm diese Premiere als Gelegenheit, sie für unseren Tanz zu gewinnen.

Unser Thema, »Rot und Schwarz«, setzte sich in der Wahl der Kostüme fort. Wir alle trugen schwarze chinesische Jacken und Hosen und hielten einen roten Fächer in den Händen. Die Farben bildeten einen wunderbaren Kontrast, der sich in der Choreographie widerspiegelte. Die Kulturabteilung legte ihr Veto ein, Rot sei die Farbe der Revolution und Schwarz die Farbe der Konterrevolution, ein Widerspruch in sich und damit als Thema nicht zulässig.

Ich versuchte ihnen klarzumachen, dass das Stück vollkommen unpolitisch zu verstehen sei, aber mit dieser Aussage machte ich mich natürlich auch nicht beliebt. Insgesamt verspürte ich einen ungeheuren Druck auf meinen Schulten. Zum ersten Mal trat ich als Frau auf und wollte gleichzeitig mein Volk von der Schönheit des modernen Tanzes überzeugen. Man machte sich lustig über mich und schlug vor, nun sollte ich auf den Plakaten auch mit einem Mädchennamen angekündigt werden. Mir war es einerlei, ob ich einen Frauen- oder Männernamen trug, und ich wusste natürlich, dass die Medien und die Zuschauer vor allem an meiner Geschlechtsumwandlung interessiert waren und nicht mehr mein Tanz im Vordergrund stand. Die Operation ist sicherlich ein Teil meines Lebens, jedoch nur ein kleiner Teil, während der Tanz mein ganzes Leben ausmacht.

Ich begegnete ernsthaften Journalisten, die sich ehrlich mit meiner Geschichte auseinandersetzten, aber die meisten waren nur an der sensationellen Seite meines Lebens interessiert. Sie mussten natürlich alle von ihrem Honorar leben, und von Skandalen lebt es sich nun einmal besser. Solange sie meine Würde nicht verletzten, war ich bereit, Interviews zu geben, halfen wir uns doch gegenseitig. Sie verdienten mit meiner Geschichte ihr Geld, und ich konnte in der Öffentlichkeit meinen Tanz vorstellen.

Es gab natürlich auch Enttäuschungen. Auf dem Titelblatt einer bekannten Jugendzeitung prangte ein großes Foto von mir mit der Überschrift »Ladyboy tanzt rot und schwarz«. Mich traf diese Schlagzeile bis ins Mark. Am nächsten Tag begleiteten mich Freunde vom Zentralen Fernsehen zur Zeitung, um persönlich mit dem Chefredakteur zu reden. Das Zentrale Fernsehen und ein englischer Sender brachten am nächsten Tag die Bilder. Vor der Kamera war der Redaktion die Sache dann doch peinlich und sie fragten mich, wie sie den Schaden wieder gutmachen könnten. Wir einigten uns auf eine Schlagzeile auf der Titelseite, die ich als Gegendarstellung akzeptierte.

Für meine Familie war es schwer, dass sich meine Verwandlung vor aller Augen vollzog. Dennoch blieb mir meine Mutter während der ganzen Zeit nah. Sie war sehr verständnisvoll und beinahe erleichtert, als ich mich entschlossen hatte, ihre zweite Tochter zu werden. Als kleiner Junge wagte ich es nicht, mit ihr über mein Unglück zu sprechen, und hatte doch das Gefühl, dass sie alles wusste. Sie lebt inzwischen in Peking, geschieden von meinem Vater. Ihre Ehe war unerträglich geworden. Sie war viel bei mir, während ich mich auf meine Operation vorbereitete. Ich machte ihr Mut, ihr Leben wie ich zu ändern und nicht mehr still vor sich hin zu leiden.

Für meinen Vater war meine Operation ein Albtraum. Er hat fünf Geschwister, die alle ohne Sohn geblieben waren, und er war der Einzige in der Familie, der für den Fortbestand der Familie gesorgt hatte. Ich wusste, wie sehr ihn meine Entscheidung schmerzte. Nachdem ich ihm erzählt hatte, was ich vorhatte, schwieg er sehr lange und sagte mir dann: »Wenn du denkst, dass du für die Lackschachtel den passenden Deckel gefunden hast, gebe ich mich zufrieden damit.« Auch meine Schwester nahm liebevollen Anteil an mir und schickte mir sogar 30 000 Yuan für die Operation, eine Menge Geld für sie.

Ich bin selbst erstaunt, wie sehr sich mein Aussehen nach der Operation verändert hat. Wenn ich Videos anschaue, auf denen ich noch als Mann tanze, fällt mir das besonders auf. Anfangs nach dem Eingriff stand ich oft vor dem Spiegel und suchte täglich meinen Körper nach den kleinsten Veränderungen ab. Meine Brüste schaute ich am liebsten an. Sie sind zart und mädchenhaft, ein unerwartetes Geschenk für mich in ihrer Vollkommenheit. Meine Hüften und Schenkel sind etwas weicher geworden, genauso wie ich sie immer bei den Tänzerinnen meiner Gruppe bewunderte. Früher hatte ich ein eher rundes Gesicht. Heute ist mein Gesicht feiner und in der Form länglicher, insgesamt schöner. Man wird es mir nicht glauben, aber früher hatte ich eine Schuhgröße von 42, jetzt passe ich in Größe 38.

Viele fragen mich, ob ich vorhabe zu heiraten. Vielleicht werde ich mich nie binden können. Falls ich mich verliebe, brauche ich keinen Trauschein. Dieses Papier bietet Familien mit Kindern eine gewisse Sicherheit, die Paare, die sehr gut ausgebildet sind, nicht brauchen, um zusammenzuleben. Wenn ich wirklich einen Mann liebe, werde ich ihm sicher von meiner Operation erzählen, sonst hätte ich das Gefühl, etwas Wichtiges zu verschweigen. Ich werde einfach sagen, dass ich eine besondere Frau bin. Ich würde wirklich gern in einer Liebesbeziehung leben, weiß aber gleichzeitig, dass das in China schwierig ist. Für meinen Tanz ist China heute der richtige Ort. Aber die Männer hier, auch die junge Generation, sind noch sehr stark von der Tradition geprägt und erwarten, dass eine Frau die alte Rolle spielt. Das kann ich in zweifacher Hinsicht nicht, erstens ist da meine Vergangenheit als Mann und zweitens würde ich meinen Tanz nie wegen eines Mannes aufgeben. Chinesische Männer sind verunsichert, wenn sie von meiner Geschichte hören. Sie glauben, dass ich sie mit meiner Vergangenheit als Mann vollkommen durchschauen könnte. Sie verlieren ihre Unbefangenheit, und manchmal spüre ich ein falsches Interesse, mit dem ich sehr schwer umgehen kann. Obwohl die Menschen viel offener geworden sind, gibt es doch große Unterschiede zum Westen. Deshalb, denke ich, könnte ich glücklicher mit einem Mann aus dem Westen werden.

In meinem Leben gab es zwei große Lieben und beide Männer kamen aus dem Westen. Mein Cowboy und ich hatten verwandte Seelen, jeder fühlte sich aufgehoben in der Gegenwart des anderen. Dieses Gefühl verband uns so selbstverständlich, dass wir darüber keine großen Worte verlieren mussten.

Meine zweite Liebe war sehr leidenschaftlich und gleichzeitig eine Beziehung der Worte. Er ist 17 Jahre älter als ich und schon von Profession ein Künstler der Unterhaltung und Auseinandersetzung. Er ist Psychotherapeut und lebt in Kanada. Als ich ihn in Rom in einer Bar kennen lernte, war er gerade fünf Jahre verheiratet und von dem leidenschaftlichen Gefühl für mich, ich war damals ja ein Mann, überrascht worden.

Mir erging es ebenso, er war mir sofort aufgefallen. Ich wollte gerade meine Bar, in der ich täglich meinen Kaffee trank, betreten, als ich ihn durch das Fenster wahrnahm. Ich sah zunächst nur sein

Profil und hielt ihn für einen besonders gut aussehenden Römer. Er stand da, trank seinen Kaffee und schaute dann in Richtung Tür, als ich hereinkam. Unsere Blicke trafen sich, und ich ging geradewegs auf ihn zu. Er sprach mich auf Englisch an und erzählte mir, er sei italienischer Abstammung, aber schon mit zwölf Jahren mit seinen Eltern nach Kanada ausgewandert. Wir beide wurden an diesem Abend von den Gefühlen füreinander überrannt, und er wusste zunächst nicht, wie er damit umgehen sollte. Er sah sich vor und verabschiedete sich von mir, ohne etwas zu hinterlassen. Mir war klar, dass wir uns wiedersehen würden. Nach ungefähr vier Wochen steckte mir ein Kellner der Bar die Telefonnummer meiner geheimnisvollen Bekanntschaft zu. Er wusste, dass ich häufig in dieser Bar meinen Kaffee trank. Ich rief ihn an, wir sahen uns und stürzten uns Hals über Kopf in eine erotische Beziehung, wie ich sie noch nie erlebt hatte. Ich liebte ihn, wie eine Frau einen Mann liebt. Er wiederum liebte den Knaben in mir. Unsere Leidenschaft füreinander war wie ein Rausch, aber gleichzeitig schmerzhaft und äußerst kompliziert. Für mich ist es natürlich, körperlich einen Mann zu lieben. Allein schon der Gedanke, eine Frau zu berühren, jagt mir ein komisches Gefühl über den Rücken. Das wäre eine lesbische Beziehung, undenkbar für mich. Er hatte bis dahin nur Frauen anziehend gefunden und liebte nach wie vor seine Frau.

In Kanada warteten seine Familie und seine Arbeit auf ihn. Er kehrte in sein altes Leben zurück und fand es sehr schwierig, mit der neuen Situation zurechtzukommen. Er hatte eine ernste Lebenskrise durchzustehen. In den folgenden Wochen fühlte er sich so hilflos wie ein 15-Jähriger, der sich zum ersten Mal verliebt hatte.

Er war traurig, dass er an meinem Geburtstag, am 18. August, nicht bei mir sein konnte, und schrieb mir vom 3. bis zum 18. jeden Tag eine Karte, an deren Ende jeweils ein Buchstabe stand. Am Geburtstag konnte ich die Buchstaben schließlich zusammensetzen.

»I love you« war seine Botschaft.

Ich war in Liebesdingen vorsichtiger geworden, da ich schon die Erfahrung gemacht hatte, dass ich meinen Tanz für die Liebe nie aufgeben könnte. Als wir uns trennten, war ich noch ein Mann und hatte mitbekommen, dass viele homosexuelle Paare, die sich liebten, nicht zusammenleben konnten. Mein Freund fand mich zu realistisch, ich ahnte aber, dass die romantischen Gefühle uns nicht tragen würden. Heute als Frau weiß ich, dass es mir schwer fällt, die Frauenrolle in einer Beziehung im herkömmlichen Sinn zu übernehmen. Wir haben immer noch Kontakt zueinander, erst vorgestern rief er mich an und gestand mir, Angst davor zu haben, mich als Frau wiederzusehen.

Mit seiner Angst hatte ich nicht gerechnet. Mich macht es traurig, dass es den Menschen so schwer fällt, mich anzunehmen, wie ich bin. Ich finde mich schön, ich bin eine begabte Tänzerin. Warum ist es so schwierig, das einfach anzuerkennen? Ich habe mich so danach gesehnt, eine normale Frau zu sein, nun hat meine Umwelt Probleme, die Frau in mir zu respektieren.

Inzwischen bin ich es gewohnt, allein zu sein. Man kann nicht alles gleichzeitig haben. In meinem ganzen Leben stand der Tanz im Vordergrund, das wird so bleiben. Im Tanz fühle ich mich stark, hier kann ich meine Persönlichkeit vollkommen ausleben. Ich bin erfolgreich und in China sehr bekannt geworden. Ich bin glücklich über das, was ich erreicht habe.

Neulich fuhr ich in dieser zufriedenen Stimmung mit dem Taxi durch Peking. Wir schienen an Hunderten von Menschen auf Fahrrädern vorüberzufahren. Die meisten von ihnen hatten ein sehr düsteres Gesicht. Ich fragte mich, warum so viele Menschen in unserem Land einen so unglücklichen, bedrückten Eindruck machen. In den westlichen Ländern haben die Menschen viel mehr Freude im Gesicht, vielleicht auch deshalb, weil die Lebensbedingungen leichter sind als hier. Der durchschnittliche Chinese muss sehr hart für seinen Lebensunterhalt arbeiten. Mein Taxifahrer erzählte mir, dass er sich täglich bis zu 14 Stunden in diesem Verkehrsgewühl durch Peking kämpft. Die Lebensumstände hier sind nach wie vor weniger freudvoll als im Westen. Ich kann dankbar sein, dass ich durch das Stipendium etwas anderes erfahren und einen anderen Blickwinkel bekommen habe.

Wenn du heute in China Geld hast, kannst du auf materieller Ebene beinahe genauso gut leben wie im Westen. Auch die geistige

Freiheit, ich spreche hier nicht von der politischen, ist größer geworden.

Ich habe inzwischen einen großen Freundeskreis, der mich in allem liebevoll unterstützt, und ich beginne, mich wieder zu Hause fühlen. Der Westen hat mich unter anderem gelehrt, das Leben zu genießen. Wenn ich nicht tanze, gehe ich abends ins Restaurant, um Freunde zu treffen und mit ihnen zu plaudern. Wir gehen gern ins Kino zusammen, reden außer über Tanz auch über banale Dinge wie Mode und Männer, meine beiden großen Leidenschaften. Das meine ich natürlich ironisch, aber ich habe das harte Leben meiner Kindheit beim Militär hinter mir gelassen, das mich sicher geprägt hat. Ich wäre heute nicht so erfolgreich, wenn ich nicht durch diese eiserne Disziplin gegangen wäre.

All dies ging mir durch den Kopf, während ich gemütlich im Taxi saß und mich ins Theater fahren ließ. Ich wurde erst aus meinen Gedanken gerissen, als wir am Theater angekommen waren, wo sich vor der Kasse schon eine Schlange gebildet hatte. Ich bezahlte, stieg aus und hatte es eilig, in die Garderobe zu kommen. Gleich würde ich wieder auf der Bühne stehen.

Zhao Mei
Schriftstellerin

Lange Zeit glaubte ich, wenig Kindheitserinnerungen zu haben. Erst als ich zu schreiben begann, begriff ich, dass ich ihnen nach der Kulturrevolution nur keine Gelegenheit gegeben hatte, in mein Bewusstsein hochzusteigen. Es wäre zu schmerzhaft gewesen, weil sich meine Kindheit so sehr von dem Leben nach 1966 unterschied.

Ich war eine Vatertochter, das erste Kind, dazu ein Mädchen, so wie sich mein Vater das gewünscht hatte. Meine Eltern waren beide künstlerisch tätig, meine Mutter als Schauspielerin und später als Theaterfotografin, mein Vater als Drehbuchautor und Regisseur am Volkskunsttheater. Obwohl mein Elternhaus Mittelpunkt der vielen Künstlerfreunde unserer Familie war, nahm sich Vater Zeit für mich. Wenn er abends zu Hause war, brachte er mich ins Bett. Ich sehe uns noch Hand in Hand in mein Kinderzimmer gehen, und auf dem Weg dorthin gehörte er ganz mir. Ich plauderte munter drauflos und erzählte ihm, was alles passiert war am Tag. Das Buch, aus dem er mir immer vorlas, lag schon neben meinem Bett. Er suchte die Stelle, wo wir stehen geblieben waren. Während er mit dem Vorlesen begann, legte er mir seine Hand auf die Augen, wie um die Welt da draußen auszuschließen. Der Geruch und die Wärme seiner Hand beruhigten mich, und ich ließ mich von seiner Stimme in den Schlaf tragen. Heute noch kann ich mich an die Märchen erinnern, die er mir in den ersten Jahren vorlas, später kamen dann Texte russischer Dichter hinzu, die er schätzte. Puschkin mochten er und ich besonders.

Unsere Wohnung lag in einem Wohnblock, der mit anderen einen Innenhof umschloss. Es waren schlichte Blocks aus Beton, aber alle Wohnungen waren von bekannten Künstlern, Regisseuren und Schauspielern bewohnt, und dieses bunte Volk bestimmte die Atmosphäre im Hof. Manchmal verlegte mein Vater die Proben des Volkstheaters in unseren Hof, was für uns Kinder immer ein be-

Zhao Mei

sonderes Ereignis war. Ich saß dann unter den Schauspielern, beobachtete, wie sie sich schminkten, die Kostüme auspackten, sie sorgfältig überzogen und zu anderen Personen wurden. Manche sprachen noch ihre Texte vor sich hin, bevor sie sich anschickten, einzelne Szenen zu spielen. Vater saß aufmerksam da, seine Augen bewegten sich flink hin und her. Manchmal stand er auf, spielte einzelne Bewegungen vor und sprach in dem ihm eigenen Tonfall die Texte dazu. Hier nahm er keine Notiz von mir, hier war er ein anderer. Sein Gesichtsausdruck war gespannt, das zärtliche Vatergesicht war verschwunden und er war voller Energie und Konzentration. Ich konnte meine Augen nicht von ihm lassen und bewunderte ihn.

Vater sorgte dafür, dass ich als Sechsjährige auf die beste Schule der Stadt kam, eine experimentelle Schule, die sich an westlichen Standards orientierte. Ich war das einzige Kind, das aus einer Künstlerfamilie kam, die anderen Väter waren hohe Kader und Funktionäre. Auch der Bürgermeister unserer Stadt schickte seinen Sohn an diese Schule. Dieser Unterschied machte sich schon allein dadurch bemerkbar, dass alle Funktionärskinder vom Chauffeur ihrer Väter in die Schule gebracht wurden.

Mir war bewusst, dass ich anders war und sich das Leben meiner Familie und ihrer Freunde von dem der anderen Eltern unterschied. Die Arbeit meines Vaters sah man kritisch, weil er viele klassische und ausländische Stücke an seinem Theater inszenierte. Aber ich sah auch, dass meine Lehrer die Theaterkarten, die er ihnen über mich zukommen ließ, gerne annahmen. Es waren gute Lehrer, die mich in vieler Hinsicht förderten. All das gab es nach meiner fünften Klasse nicht mehr.

Mit dem Beginn der Kulturrevolution 1966 änderte sich unser Leben dramatisch. Dieses grauenvolle Ereignis stürzte mich vom Himmel auf die Erde. Ich war gerade zwölf Jahre alt, und ich kann mich noch gut daran erinnern, wie mich auf dem Nachhauseweg von der Schule eine Nachbarin, die mich sehr mochte, davon abhalten wollte, nach Hause zu gehen. Sie zog mich in ihren Hauseingang und ich spürte sofort, dass etwas passiert sein musste. Von ihrer Wohnung aus konnte ich aufgeregte Stimmen und lautes Türenschlagen hören und ich fragte mich, was der ungewohnte Lärm zu bedeuten hatte. Nachdem es ruhig geworden war, begleitete sie mich in unsere Wohnung. In allen Räumen herrschte ein unbeschreibliches Chaos, die meisten Möbel waren wie vom Erdboden verschwunden, und in der Mitte der Räume lagen wahllos in kleinen Haufen Kleider, Bücher, Schuhe verstreut. Mein Zuhause gab es nicht mehr.

Man erzählte mir, dass sie meinen Vater am Morgen aus dem Haus gezerrt hatten. Er verschwand für viele Jahre in einem fensterlosen Verlies, ohne dass ihm der Prozess gemacht wurde. Als Intellektueller gehörte er zu den Klassenfeinden. Der Kontakt zu ihm wurde, von ein paar wenigen Besuchen abgesehen, unmöglich gemacht. Aber in den kurzen Momenten, in denen ich ihn sehen konnte, zeigte er mir unerschütterlichen Lebensmut und vermittelte mir eine Lebensweisheit, die mein Leben prägen sollte. Wir alle gingen durch eine furchtbare Zeit, die er auch deshalb überlebte, weil er davon überzeugt war, dass das Leben uns in schwierigen Zeiten am meisten lehrt. Zwei Sätze sind es, die sich tief in meinem Gedächtnis eingegraben haben: »Ein Samen, den man in fruchtbare Erde steckt, kann sich in eine wunderbare Pflanze verwandeln. Kraftvolle Samen finden auch in karger Erde den Weg ins Licht.« Es tat weh, wie sehr er mir fehlte. Wie oft weinte ich mich in den Schlaf, den Kopf in seinen alten Schal gewickelt, weil ich mir einbildete, dass er noch nach ihm roch.

Meine geliebte Schule wurde geschlossen. Meine Mutter bekam die Aufforderung, mich in eine der staatlichen Schulen zu schicken. Verschüchtert und unglücklich erschien ich in meiner neuen Schule. In Trauben standen die Schüler vor den Wandzeitungen in den Fluren. Die Stimmung war aufgeregt und aggressiv. Als ich es wagte, mich unter die anderen zu mischen, wurde ich von allen Seiten neugierig gemustert. Ich starrte auf die Wandzeitung und nahm vor Unbehagen zunächst nicht wahr, was ich las. Dann entdeckte ich meinen Namen. Schwarz auf weiß war zu lesen, aus was für einer verabscheuungswürdigen Familie ich kam. Sehr schnell stellte sich heraus, welche Mitschüler ebenfalls aus intellektuellen Familien kamen. Wir »schwarzen Kinder« waren gesellschaftlich gebrandmarkt. Wir waren von sämtlichen revolutionären Aktionen ausgeschlossen. Die Rotgardisten oder die kommunistische Jugendgruppe verweigerten uns die Aufnahme. Man musste aus einer der »roten Familien«, einer Arbeiter- oder Bauernfamilie kommen, um mit dabei sein zu können. Vor allem die größeren Jungs zeigten, dass sie schon Revolutionäre waren, und waren stolz auf ihre Herkunft. Sie trugen die Wolljacken mit den militärischen Rangzeichen ihrer Väter, weil sie das chic fanden, wie man heute sagen würde.

Wie gern wäre ich wie die anderen gewesen. Aber ich gehörte von einem Tag auf den anderen zum Abschaum der Gesellschaft. Heute bin ich froh darüber, keine Mitschuld an den schrecklichen Ereignissen dieser Zeit zu tragen. Die Rotgardisten unserer Schule drangen in die Häuser wohlhabender Eltern ein, jagten sie fort, zerrten die wertvollen Gegenstände der Einrichtung auf die Straße und schlugen den Rest des Hausrats kurz und klein.

Das Niveau der Schule war so schlecht, dass ich noch nach Jahren das Gefühl hatte, auf dem Wissensstand einer Fünftklässlerin stehen geblieben zu sein.

Unterricht, wie ich ihn gewohnt war, fand kaum statt. Tagtäglich bekamen wir politische Unterweisung, wir lernten kommunistische Parolen und Lieder auswendig, und auf dem Lehrplan standen Marx und Mao.

Mutter musste sich tagsüber einer revolutionären Umerziehung unterziehen, konnte aber nachts bei mir sein. Wir durften in unserem alten Wohnblock ein Zimmer bewohnen und teilten uns auf dem Flur die Küche mit den anderen. Im großen Hausflur unten am Eingang hingen die Wandzeitungen mit den Namenslisten derjenigen, die als Konterrevolutionäre galten. Vor Vaters Namen prangte ein rotes Kreuz, das hieß, dass er sich besonders schwerer Vergehen schuldig gemacht hatte. Ich war noch ein Kind, und ich schämte mich vor den Blicken und den Hänseleien der Kinder unseres Blocks, weil man meinen Vater wie einen Verbrecher brandmarkte.

Trotzdem empfanden wir es als großes Privileg, in unserer alten Umgebung bleiben zu können. Aber Mutter sollte sich auch erkenntlich zeigen, das heißt, man legte ihr nahe, sich von Vater zu trennen, da jeder Kontakt mit einem Konterrevolutionär unserer weiteren Entwicklung schaden würde. Ich begriff das nicht, warum sollte Vater plötzlich ein schlechter Mensch sein? Wie stellten sie sich das vor, wie sollte man sich von seinem Mann, den man liebte, plötzlich lossagen?

Nach einigen Jahren konnte mein Vater sein Verlies verlassen und wurde einem der ländlichen Bezirke unserer Stadt als Landarbeiter zugeteilt. Er durfte nicht bei uns leben und gleichzeitig liefen wir Gefahr, mit ihm aufs Land verbannt zu werden. Wie er dieses Schicksal von uns fern hielt, erfuhr ich erst später.

Sie dachten sich immer weitere Schikanen für unsere Familie aus. So sollte ich die Stadt verlassen, weil mein Vater angeblich in seiner Umerziehung keine Fortschritte machte. Schon während des Japankrieges in den 40er Jahren war mein Vater Mitglied der Partei geworden, und nun sollte er seinen Ausschluss unterschreiben. Da er den Grund dafür nicht nachvollziehen konnte und sich nicht bewusst war, jemals gegen die Interessen der Partei verstoßen zu haben, verweigerte er seine Unterschrift. Viele in seiner Situation gingen den Weg des geringeren Widerstandes und gestanden irgendetwas ein.

Nachdem ich die Mittelschule beendet hatte, empfand ich es als großes Glück, einer Stahlfabrik unserer Stadt als Arbeiterin zugeteilt zu werden. Ich war gerade 16 Jahre alt, genauso alt wie meine Tochter heute. Viele Jahre später erfuhr ich, dass mein Privileg, in der Stadt zu bleiben, teuer erkauft war. Man hatte meinem Vater damit gedroht, mich ebenfalls aufs Land zu verschicken, und so unter Druck gesetzt, dass er seine Prinzipien über Bord warf. Er unterschrieb seinen Ausschluss aus der Partei, und ich durfte Stahlarbeiterin werden. Ich kann niemals vergessen, dass es ihnen gelang, seinen Willen zu brechen.

Im Stahlwerk war ich gleich zu Beginn in drei Schichten eingeteilt. Ich war viel zu zierlich für mein Alter, und jeder war erstaunt, woher ich die Kraft nahm, das alles durchzustehen. Meine Mutter konnte nicht verstehen, dass ich sogar stolz darauf war, Arbeiterin zu sein. Ich biss mich durch, wachte oft schon gegen drei Uhr morgens auf, aus Angst, die Sechs-Uhr-Schicht zu verschlafen. Immerhin war ich vor der Arbeit zwei Stunden im Bus unterwegs. Vor Müdigkeit schlief ich regelmäßig im Bus ein, mein Kopf nickte vornüber oder schlug in den Kurven gegen die Scheibe oder den Vordersitz, sodass ich oft mit dem Gefühl ausstieg, den Kopf voller Beulen zu haben. Ich kam übermüdet und mit Kopfweh in der Produktionshalle an und war in der ersten Stunde noch ganz benommen von der schrecklichen Busfahrt. Ich brauchte Monate, um mich an die schwere körperliche Arbeit zu gewöhnen.

In dieser Zeit wurde unsere Stadt von einem grauenhaften Erdbeben heimgesucht, dem 240 000 Menschen zum Opfer fielen. Die Stahlproduktion musste eingestellt werden, weil die Öfen Risse bekommen hatten und die glühend heiße Stahlflüssigkeit auszulaufen drohte. Die Häuser waren zerstört, viele Menschen waren obdachlos, und alles, was wir in den letzten Jahren aufgebaut hatten, war verloren. Nach dem Erdbeben war ich als einzige Frau einer Männerbrigade zugeteilt, die den Stahlmüll wegräumen musste. Tagein, tagaus schleppte und stemmte ich sperrige Stahlteile, deren Gewicht auch manch einen der Männer überforderte.

Allabendlich sank ich zu Tode erschöpft ins Bett. Ich war zu müde zum Essen, meine Ohren dröhnten, ich wollte nur noch schlafen. Insgesamt verbrachte ich acht Jahre in der Stahlproduktion, schuftete wie ein Mann, ohne Aussicht auf eine Ausbildung oder Zukunft, die meinen Fähigkeiten mehr entsprochen hätte.

Erst in den letzten Jahren wurde mir eine leichtere Arbeit zugeteilt. Ich kontrollierte die Geräte und überwachte das Laden der Riesentransporter, bevor sie unser Gelände verließen.

Es war bekannt, dass ich eine der besten Arbeiterinnen war, und dennoch verweigerte mir die kommunistische Jugendliga immer wieder die Aufnahme. Für mich schien es keine Zukunft zu geben. Sie wussten, dass ich den Schutz und die Anerkennung der Partei suchte. Der Gedanke, für immer Außenseiterin zu sein, nahm mir jede Lebensperspektive. Eines Tages boten sie mir an, mich aufzunehmen, wenn ich mich bereit erklärte, mich öffentlich von meinem Vater loszusagen. Er sei ein Intellektueller, also ein Feind des Volkes. Ich müsse zwischen ihm und mir ein klare Linie ziehen, am besten einen Schlussstrich unter unsere Vater-Tochter-Beziehung. Ich sollte den Menschen, der mir am nächsten war und den ich am meisten liebte, verraten. Weil ich mit einer derartigen Ungeheuerlichkeit nicht dienen wollte, konnte ich mir ausmalen, wie sich meine Zukunft gestalten würde.

Erst das Ende der Kulturrevolution setzte der Tyrannei und Bespitzelung ein Ende. Meine Mutter kam damals mit der Nachricht nach Hause, dass wir, die »Ausgestoßenen«, nun wieder eine Chance bekommen sollten, die Hochschulen zu besuchen. Mein Vater atmete auf. Schlimmer als seine Haft hatte er die Auswirkungen, die die Kulturrevolution auf meine Ausbildung hatte, empfunden. Mein Vater fühlte sich mitschuldig an meinem Schicksal, da der Tochter eines Konterrevolutionärs der Zugang zur Universität verwehrt war. Vater meinte, das Wichtigste wäre nun, das Versäumte nachzuholen. Auch die Haft und die Umerziehung hatten seine Grundüberzeugung nicht ändern können, dass das Kostbarste, was er seiner Tochter auf den Lebensweg mitgeben könnte, eine gute Ausbildung war.

Mutter bat einige unserer alten Freunde, die früher an der Universität unterrichtet hatten, mir bei der Vorbereitung der Aufnahmeprüfung für die Nankai-Universität in Tianjin zu helfen. Leider stand ich in den Naturwissenschaften auf dem Niveau einer Grundschülerin, während meine Kenntnisse in Literatur ganz ordentlich waren, weil ich, seit ich lesen konnte, alles verschlang, was ich in die Hände bekam. Mit der Hilfe unserer Freunde bestand ich dann die Prüfung auf Anhieb.

Meinem Literaturstudium an der Nankai-Universität stand nun nichts mehr im Wege. Ich wohnte nach wie vor in einem der beiden Zimmer meiner Eltern, weil ich nicht in das Studentenwohnheim ziehen wollte. Ich besuchte die Vorlesungen, verbrachte aber auch viel Zeit in der Bibliothek und war an den Abenden zu Hause.

Eine Ahnung des Glücks meiner Kindheit holte mich wieder ein. Nun war ich erwachsen, Vater lebte wieder bei uns, und ich konnte endlich an den geistigen Schätzen teilhaben, die er in seinem Leben angesammelt hatte. Er führte mich in die klassische Literatur ein, deren feine Sprachnuancen meine Wahrnehmung und mein späteres Stilempfinden prägten.

Zimmer und Flure meiner Eltern waren früher mit Bücherregalen voll gestellt, die zu Beginn der Kulturrevolution alle verschwanden. Es hatte Shakespeare in einer alten Gesamtausgabe gegeben, Goethe in der Hamburger Ausgabe, Folianten mit chinesischer Geschichte, Bücher über Theatermacher und Theaterkritiken. Die Rotgardisten hatten sie alle auf den Innenhof geworfen und damit ein großes Feuer entfacht. Meinem Vater war es nach seiner Freilassung irgendwie gelungen, wenigstens einen Teil der klassischen Literatur, die er früher besessen hatte, wieder zu beschaffen. Jetzt wurden die Bücher nicht mehr verbrannt, sondern gelesen.

Ich begann wieder regelmäßig Tagebuch zu schreiben, ebenfalls eine Angewohnheit aus besseren Tagen. Schreiben wurde zu einem täglichen Bedürfnis, obwohl meine persönlichen Aufzeichnungen vor dem Zugriff neugieriger Kommilitonen nie ganz sicher waren.

Um diese Zeit traf ich an der Nankai-Universität auf Wang Fang Qui, einen wunderbaren Lehrer, einen universal gebildeten alten Meister, der im vorrevolutionären China bei einem der besten Forscher und Kenner der klassischen Literatur studiert hatte. Wang Fang Quis Spezialgebiet war die Lyrik der Tang-Dynastie[7], mit der er uns auf seine ganz spezielle Weise vertraut machte. Er führte uns an die historischen Quellen heran, brachte uns bei, wie man sie erforschte und in Zusammenhang mit dem Werk der Dichter setzte. Er zeigte uns, wie man den historischen Stoff aufbereitete, und hielt mitreißende Vorlesungen über die chinesische Literaturgeschichte.

Meine Noten in seinen Kursen waren besonders gut, und ich begann großen Spaß an dieser Art von Arbeit zu bekommen.

Damals hatte ich noch keine Ambitionen, Schriftstellerin zu werden, ich sah mich eher in der Forschungsabteilung an einem Institut für klassische Literatur. Jedenfalls weckte Wang Fang Qui meine Vorliebe für die historischen Stoffe dieser Epoche und gab mir das Werkzeug in die Hand, geschichtstreu damit umzugehen.

Während des Studiums lebte ich sehr zurückgezogen, bis sich eines Tages ein junger Mann zu mir an den Tisch in der Mensa setzte und mit mir ein sehr intensives Gespräch über Literatur begann. Er studierte ebenfalls Literatur und hatte schon einige eigene Texte in einer führenden Literaturzeitschrift veröffentlicht. Er sah gut aus, wir waren beide jung und verliebten uns. Ich war unsicher, was aus uns werden würde, weil er nicht aus Tianjin war und auf lange Sicht nicht hier bleiben konnte.[8] Seine Eltern lebten in einem kleinen Dorf hoch im Norden. Mit dem Zug war man drei Tage zu ihnen unterwegs.

Kurz vor meinem Examen war unsere Beziehung an meiner Fakultät bekannt geworden, und obwohl ich von sehr widersprüchlichen Gefühlen geplagt war, beschlossen wir zu heiraten. Sicher, ich liebte ihn, ich wusste aber auch, welche Schwierigkeiten uns erwarteten. Er würde weder eine Wohnung noch eine Aufenthaltsgenehmigung in Tianjin[9] bekommen, und ich wollte auf keinen Fall meine Eltern allein lassen. Deshalb bemühten wir uns darum, dass er nach dem Examen wenigstens in der Nähe unterkam.

Mein Mann beendete noch während seines Studiums seinen ersten Roman, für den sich sofort ein Verlag interessierte. Ich glaube, er war so vertieft in seine literarische Arbeit, dass er kaum wahrnahm, dass ich inzwischen schwanger war, was unsere Situation noch komplizierter machte. Nach seinem Examen wurde er Dozent für Literatur an einer Hochschule für Geologie in Xuanhua, das auf halbem Weg lag zwischen seinem Heimatdorf und Tianjin. Damals entschied ich mich dagegen, zu ihm zu ziehen, wir wollten lieber warten, bis er vielleicht doch hier eine Stelle bekäme. Während der gesamten Schwangerschaft besuchte er mich nur einmal kurz. Er war sehr eingespannt, es gab ja auch keinen Urlaub, nur an den Festtagen bekam man die Erlaubnis, seine Familie zu besuchen. Ich lebte nach wie vor bei meinen Eltern, also gab es auch keine Privatsphäre für uns. Mein junger Mann wollte tapfer die Geburt abwarten, dann hätte er wenigstens einen Grund, uns zu besuchen. Während dieser Zeit kümmerte sich meine Mutter um mich, und ich kann mich erinnern, dass ich sehr unglücklich war.

In den letzten Wochen vor der Geburt zeichnete sich ab, dass ich mit Komplikationen zu rechnen hatte. Ich verlor gegen alle Erwartungen sehr viel Gewicht, was die Ärzte beunruhigte. Das Kind senkte sich nicht und war außerdem eine Steißlage. Ich lag tagelang in den Wehen und muss wie ein wundes Tier geschrien haben. Eine Spritze, die die Schmerzen gelindert hätte, vertrug ich nicht, aber diese furchtbaren Qualen haben mich irgendwie noch mehr mit meinem Kind verbunden. Der Arzt öffnete dann die Fruchtblase, in der Hoffnung, das Kind würde sich vom Fluss des Fruchtwassers in die Welt hinaustragen lassen. Es war die richtige Entscheidung, weil sich dadurch der Geburtsvorgang beschleunigte und plötzlich der Kopf zu sehen war. Ich hörte die Schwestern vor Freude laut jubeln. Ich nahm alles wie durch einen Schleier wahr, und es war mir, als ob ich alles von außen beobachtete. Sicher, da war mein Körper, aber ich spürte ihn wie aus der Ferne, ich selbst schien nicht in ihm zu sein. Aus dieser eigenartigen Distanz freute ich mich mit ihnen, weil sie so ungestüm unser Kind begrüßten. Ihr Jubel war wie ein Befreiungsschlag, die Schwestern hatten sich offensichtlich die ganzen Tage große Sorgen um mich und das Kind gemacht. Erst später wurde mir klar, an was für einem seidenen Faden unser Leben gehangen hatte. Ich wurde hektisch auf einen Wagen gepackt und in aller Eile in den Operationssaal geschoben. Gegen meinen Schmerz war ich taub geworden, ich versuchte nur noch, meine letzten Kräfte aufzubieten, damit sich meine kleine Tochter endlich ganz zeigte. Zwei Schwestern drückten mit aller Kraft rhythmisch auf meinen Bauch, die Hebamme zog beherzt das kleine Wesen wie einen großen weißen Rettich ans Licht der Welt. Der Arzt sagte mir später, dass ich sehr gut mitgearbeitet hätte und ich ihm nicht wie eine Patientin vorgekommen sei. Er hatte Recht, es kam mir selbst so vor; mein Überlebenswille, ihnen in dieser schwierigen Schlussphase zu helfen, verlieh mir am Ende noch einmal ungeahnte Kräfte. Ich war glücklich über ihren Erfolg, wie wenn er nichts mit mir zu tun hätte.

Weil es nach der Geburt kein freies Bett für mich gab, legte man mich einfach unter die Decke zu einer anderen Frau. Das kann man sich heute nicht mehr vorstellen, aber die Verhältnisse waren damals so. Ich fand das nicht weiter schlimm.

Da lag ich nun einer fremden Frau gegenüber, die mich freundlich anlächelte, deren Wärme ich spürte und deren Füße mir gerade an die Schulter reichten. Im Nachhinein erschien mir die Geburt meiner kleinen Tochter wie ein Wunder. Ich lag wohlig unter unserer großen Decke und spürte nur Freude und Glück. Es war gegen sieben Uhr morgens an einem Wintermorgen. Draußen begann es zu dämmern. Ich setzte mich auf und hatte seit Tagen zum ersten Mal wieder Lust, etwas zu essen. Die Schwester rannte ganz aufgeregt an unser Bett und bat mich, mich wieder hinzulegen, da ich nach dieser langwierigen Geburt noch zu schwach sei. »Kann ich endlich meine Kleine sehen?«, fragte ich eingeschüchtert. Sie würde gerade gebadet, vertröstete mich die Schwester. Es dauerte dann noch einmal sechs Tage, bis ich meine Tochter zum ersten Mal im Arm halten konnte.

Die ersten zwei Tage fühlte ich mich zwar schwach, doch es ging mir nicht schlecht. Mutter lobte meine gute Gesichtsfarbe. Der dritte Tag begann damit, dass ich immer wieder von Schüttelfrösten geplagt wurde und ich meine Bettgenossin fragte, ob ihr auch so kalt sei. Sie schaute mich ganz ungläubig an, fühlte meine Füße und war selbst erstaunt, wie kalt sie waren. Gegen Abend hatte ich 40 Grad Fieber und war zeitweise ohne Bewusstsein. Ich bekam im Fiebertraum noch mit, wie an meinem Arm eine Infusionsnadel befestigt wurde, danach nichts mehr.

Mein Mann saß mit besorgtem Gesicht an meinem Bett, als ich wieder aufwachte. Ich schaute ihn an, mir fiel auf, dass er mir so fremd geworden war. Da war plötzlich das Gefühl, dass ich ihn nicht brauchte. Ich war auf einmal wieder das kleine Mädchen von damals, das, wenn es krank war, nur die Mutter bei sich haben wollte. Sie war mir am nächsten, nicht mein Mann.

Drei Tage und drei Nächte saß sie an meinem Bett, drei Nächte machte sie kein Auge mehr zu. Manchmal spürte ich sie neben mir sitzen. Wenn sie mir Eisbeutel unter die Arme oder auf die Beine legte, ging es mir für kurze Zeit besser. Als ich hörte, wie der Arzt meiner Mutter sagte, ich sei am Kindbettfieber erkrankt, bekam ich es mit der Angst zu tun. Mir fielen all die Romanheldinnen ein, die im Kindbett tragisch gestorben waren. Ich träumte von Anna

Karenina, die ich in einem schrecklichen Todeskampf enden sah. Ich glaubte sterben zu müssen.

Erst als ich nach sechs Tagen das Schlimmste überstanden hatte, konnte meine Mutter wieder schlafen. Mir aber schien die Welt schwarz geworden, tief in mir war eine dunkle Traurigkeit, die mich dumpf und reglos machte. Ich hatte nur den einen Wunsch, meine Kleine zu sehen. Ich bettelte und drängte, aber ich musste vernünftig sein, da man sichergehen musste, dass die Ansteckungsgefahr vorbei war.

Sie brachten sie mir in eine wattierte Decke gehüllt. Ich sah nur das kleine gute Gesichtchen und die zarten Schläfen, die von blauen Äderchen durchzogen waren. Ihre Augen waren fest verschlossen, als sie sie mir in den Arm legten. Ich sollte sie eingepackt lassen, damit sie sich nicht erkältete, sagte der Arzt, als er schon am Gehen war. Es war das allererste Mal, dass ich sie an mich halten konnte. Ich dachte: »Das ist meine Tochter, ganz allein meine Tochter.« Als wir allein waren, packte ich sie eilig aus, ich wollte sie ganz sehen. Da schlug sie die Augen auf, sie waren noch voller Wasser, feucht und dunkel, und sie schaute mich ganz ruhig an. Wie aus einem tiefen Brunnen schien sie mich anzuschauen. Ich hielt sie an mich gedrückt und blickte lange in diese kleinen Augen. Mich überkam ein nie zuvor erlebtes Liebesgefühl. Ich hatte noch nie jemanden so geliebt wie dieses kleine Wesen in meinem Arm, das mich ins Leben zurückholte.

Als es endlich so weit war, dass ich mit unserer kleinen Tochter entlassen werden konnte, stand mein Mann mit meinen Eltern am Eingang des Krankenhauses, um uns abzuholen. Er stand da, unbeholfen und scheu. Zu scheu, um auf uns zuzugehen, und ich wurde das Gefühl nicht los, dass dieses Kind ganz allein meines war und nicht viel mit seinem Vater zu tun haben würde.

Ich wohnte nach wie vor bei meinen Eltern, und mir blieb nicht viel Zeit, meine kleine Tochter zu genießen. Ich musste sie sehr bald abstillen und meiner Mutter überlassen, um meine Stelle als Lektorin bei einem Verlag anzutreten. Mit meinen 28 Jahren war das eine große Chance, aber ich war gleichzeitig hin- und hergerissen zwischen den Wünschen, eine gute Mutter zu sein und meine

Arbeit gut zu machen. Weder zu Hause noch im Verlag hatte ich das Gefühl, meinen eigenen Ansprüchen zu genügen.

Nach zwei, drei Jahren der Trennung waren mein Mann und ich uns fremd geworden. Wenn er kam, war er wie ein Gast, der mein Leben nicht mehr kannte, dem nichts mehr vertraut war. Wir hatten das Verständnis füreinander verloren, und wegen jeder Kleinigkeit gab es Spannungen. Unser gemeinsames Leben war freudlos und leer geworden, wir waren unglücklich, und ich denke, wenn wir uns wirklich geliebt hätten, wären Äußerlichkeiten wie getrennte Wohnorte nicht die Ursache unserer Entfremdung geworden.

Er hatte sich vom Familienalltag und seinen kleinen Freuden und großen Verpflichtungen entfernt, genoss sein Junggesellendasein und die verehrenden Blicke seiner jungen Studentinnen. Sein Roman war ein viel gelesenes Buch geworden. Eine seiner jungen Verehrerinnen schrieb ihm einen Brief und schlug ein Treffen vor, um mit ihm seinen Roman zu diskutieren. Sie wurde seine zweite Frau. In die Scheidung willigte ich sofort ein, weil ich wusste, dass es richtig war, einen Schlussstrich unter diese Ehe zu ziehen. Wir kamen aus unterschiedlichen Milieus, er aus einer Familie von Naturwissenschaftlern, ich kam aus einer Künstlerfamilie, in der andere Gesetze galten. Mein Mann war unsicher, hatte Minderwertigkeitskomplexe in meiner Familie, die er kompensierte, indem er mir gegenüber den Macho spielte. Vielleicht waren seine Minderwertigkeitskomplexe auch die Ursache seines unübersehbaren Ehrgeizes. Er wollte unbedingt berühmt werden.

Die Ironie des Schicksals wollte es so, dass unsere Beziehung schon zu Ende war, als mein Mann eine Dozentenstelle in meiner Stadt bekam, für die er lange gekämpft hatte. Unsere Freunde verstanden nicht, warum wir so schnell aufgaben. Natürlich trugen wir unsere Auseinandersetzungen nicht lautstark vor aller Augen aus, sodass sogar meine Eltern überrascht waren, als wir uns trennen wollten.

Vor unserer Heirat hatten wir kaum Gelegenheit gehabt, uns richtig kennen zu lernen. Wir heirateten in der Euphorie der ersten romantischen Gefühle, die nur in der Ehe gelebt werden durften, alles andere galt als unmoralisch.

Bevor wir uns scheiden lassen konnten, musste unsere Trennung vom Straßenkomitee, das sich aus älteren Hausfrauen zusammensetzte, befürwortet werden. Schon wegen des Kindes rieten sie uns zunächst natürlich, die Ehe aufrechtzuerhalten, stimmten einer Scheidung am Ende aber dann doch zu.

Mein Mann weigerte sich nach der Scheidung, die Verantwortung für unsere Tochter mitzutragen, obwohl er sich beim Scheidungstermin verpflichtet hatte, einmal jährlich Geld für ihren Unterhalt zu schicken. Ein halbes Jahr nach unserer Scheidung bekam ich einen Brief, in dem er über finanzielle Schwierigkeiten jammerte. Nach einem weiteren halben Jahr erfuhr ich, dass er seine junge Verehrerin geheiratet hatte. Obwohl mir bewusst war, dass unsere Trennung richtig war, quälten mich zwiespältige Gefühle, als ich erfuhr, dass er schon wieder verheiratet war. Offensichtlich hatte er seine Tochter und mich schon vergessen, uns aus seinem Leben verbannt.

Nach all den Jahren lebe ich mit meiner Tochter immer noch bei meinen Eltern. Sie ist jetzt 16 Jahre alt, und es gab nie mehr Kontakt zu ihrem Vater. Heute sind wir glücklich, wie sich alles gefügt hat. Hätte er sich um sie gekümmert und sie unterstützt, wäre sie zwischen zwei Welten hin- und hergerissen worden. So wuchs sie bei mir und meinen Eltern auf. Um sie dreht sich unser Leben zu Hause, sie ist das späte Glück meiner Eltern. Mich rührt es, wie mein Vater Anteil an ihr nimmt. Er ist zu scheu, Gefühle offen zu zeigen, und gibt ihr doch alles, was er zu geben vermag. Früher erfand er phantasievolle Märchen nur für sie, die er ihr auf den Spaziergängen im Park erzählte oder vor dem Schlafengehen zuflüsterte. Er gibt ihr mehr, als ein Vater ihr je hätte geben können, und mehr, als er mir je geben durfte. Er hört ihr aufmerksam zu, wenn sie mit ihren kleinen Sorgen zu ihm kommt, erzählt ihr aus unserer schrecklichen Vergangenheit, wenn sie ihm dazu Fragen stellt. Er liest mit ihr die Bücher, die man ihm vor langer Zeit aus den Regalen riss und die er mir nie vorlesen konnte. Meine Mutter umhegt uns und sorgt für unser leibliches Wohl. Sie hat sich ganz in unsere kleine Familie zurückgezogen, doch sie beklagt sich nie, sie scheint mit dem ruhigen Glück ihres Alters zufrieden zu sein.

Ich habe allen Grund, dankbar zu sein für meine Tochter. Als kleines Mädchen war sie ein sehr stilles, in sich gekehrtes Kind, das lange kein Wort sprechen konnte. Während ich abends versuchte zu schreiben, saß sie auf dem Fußboden bei mir, in ihre kleine Welt versunken, spielte mit ihren einfachen Dingen, ihrer Puppe, ihrem Würfelspiel. Sie spürte, dass sie mich nicht stören sollte, und war zufrieden, in meiner Nähe zu sein. Weil sie so zurückhaltend und schweigsam war, erinnere ich mich gerne an einen Abend, an dem mein kleines Mädchen laut und deutlich ihre Stimme erhob.

Wir waren bei Freunden eingeladen, deren Tochter gerade Klavier übte. Da kam sie mit ihren fünf Jahren auf mich zu und meinte sehr bestimmt, sie wolle auch Klavierspielen lernen. »Ich mag Klavier«, sagte sie und schaute mich dabei ganz begeistert an.

Ich suchte sofort nach einem Klavier, aber ein gebrauchtes Klavier war nicht aufzutreiben. Also stürzte ich mich in das kostspielige Abenteuer, ein neues Instrument zu kaufen. Es war ein großes Risiko damals, weil ich ja nicht wusste, ob sie begabt genug war und auch die Ausdauer hatte, genügend zu üben. Trotzdem lieh ich das Geld von meinen Eltern, die etwas erstaunt reagierten, da es in China unüblich ist, innerhalb der Familie Geld zu leihen, man bekommt es geschenkt.

Meine Arbeit als Lektorin macht mir großen Spaß. Ich werde mit den neuesten Texten Chinas konfrontiert, nehme am literarischen Leben teil und kann damit auch noch meine Familie ernähren. Meine Arbeit ermunterte mich, selbst Schriftstellerin zu werden. Über die Jahre habe ich dieses Ziel sehr konsequent verfolgt, obwohl ich in den ersten Jahren kaum zum Schreiben kam. Meine Tochter war noch klein, und in den beengten Wohnverhältnissen meiner Eltern konnte ich mich schlecht zum Schreiben zurückziehen. Wir leben immer noch in unserer alten Zweizimmerwohnung mit ungefähr 50 Quadratmetern. Meine Tochter und ich bewohnen das kleinere Zimmer, das mit einem Doppelbett, einem Schreibtisch und einem Regal voll gestellt ist und somit uns beiden nicht viel Bewegungsfreiheit lässt. Anfangs schrieb ich abends nur Tagebuch, begann dann Kurzprosa zu verfassen, die zunächst in Zeitschriften veröffentlicht wurde. Später konnte ich dann die ersten Texte in Sammelbänden herausgeben. Allmählich wurde ein immer breiter werdendes Lesepublikum auf mich aufmerksam. Eine der führenden Frauenzeitschriften reihte mich nach einer Umfrage unter die zehn besten Autorinnen für Kurzprosa. Als ich in dieser Zeit meinen ersten Literaturpreis überreicht bekam, war ich zum ersten Mal ein bisschen stolz auf mich.

Inzwischen war es möglich, auch westliche Literatur und Philosophie in chinesischer Übersetzung zu lesen. Begeistert begann ich, mich mit der modernen Literatur Frankreichs und Amerikas auseinanderzusetzen. Ich weiß noch genau, wie ich die ersten Zeilen von Marguerite Duras' kleinem Roman »Moderato cantabile« in der chinesischen Übersetzung las. Ich hatte noch nichts veröffentlicht, aber ich wusste, so wie sie wollte ich schreiben können. Ihr Erzählstil war neu für mich. Mir gefiel ihre schmucklose, beinahe asketische Sprache, ihre realistische Beobachtungsgabe, mit der sie alltägliche Dinge und Vorgänge schildert. Gleichzeitig war ich berührt vom Weltschmerz ihrer Heldin, die in einer unbestimmten Erwartung lebt, wie viele andere Heldinnen Duras' auch. Sie leben in der Erwartung einer ganz großen, aber auch irrealen Liebe, die sie aus ihrer alltäglichen Welt erlösen könnte. Die Wirklichkeit lehrt sie dann etwas ganz anderes. Dieser kleine Roman hat mich eigentlich auf den Weg gebracht. Mein zerlesenes Exemplar habe ich immer bei mir. Wenn ich schreibe, liegt es auf meinem Tisch, ich muss nicht darin lesen, aber ich brauche es als sichtbare Inspiration neben mir. Ich muss das Gefühl haben, dass Duras in meiner Nähe ist. Ich las alles von ihr, mir ist bewusst, dass der frühe Roman nicht einer ihrer besten ist, aber mich hat er am meisten beeindruckt. Als sie vor zwei Jahren starb, war es mir, als hätte mich eine Freundin verlassen. Ich konnte nicht schlafen und schrieb in dieser Nacht einen langen Nachruf auf sie.

Meine zweitwichtigste Entdeckung war William Faulkner, dessen Roman »The Sound and the Fury« mir in unserem Verlag in die Hände fiel. Sein Sprachstil und seine Erzählmethode unterschieden sich fundamental von allem, was ich bisher gelesen hatte. Mir war bewusst, dass ich auf einen der ganz großen Erzähler der Moderne gestoßen war. Es gab nichts Vergleichliches in der chinesischen Literatur. Ich kann mich noch erinnern, wie ich mich vom chaotischen Bewusstsein des »Benjy« in die Geschichte seiner Südstaatenfamilie hineintragen ließ. Aus der Perspektive des idiotischen Jüngsten der Familie entstand eine Wirklichkeit, die mich in ihrer Dichte und Exotik vollkommen in Bann hielt.

Kurz danach wurde mir ein Stipendium angeboten, um für ein paar Monate in Iowa in den USA zu leben und dort ungestört zu schreiben. Ich nahm an, Faulkners Welt musste ich unbedingt näher kennen lernen.

Meine Tochter und ich waren nie zuvor getrennt. An dem Tag, an dem ich reisen musste, brachte ich sie sehr früh zur Schule. Sie weinte, war außer sich, gab mir nicht die Hand, riss sich los und drehte sich auch nicht mehr nach mir um. So unglücklich und verzweifelt hatte ich sie nie zuvor erlebt.

Dieser Abschied tat weh, und der Trennungsschmerz legte sich über alles, was mir in Iowa begegnete. Ich erlebte einen wunderbaren Herbst, die Wälder leuchteten in kräftigem Rot und Gelb. Ich suchte Postkarten, die diese Pracht einfingen, schrieb meiner Tochter täglich eine dieser Karten und erzählte ihr, dass ich alles mit ihren Augen wahrnahm. Sie war damals zwölf Jahre alt und so verwachsen mit mir, dass ich sie überall schmerzhaft vermisste.

Eine der Karten schrieb ich ihr aus Oxford, Mississippi, wo Faulkner den größten Teil seiner Bücher geschrieben hatte. Ich stand vor seinem Haus, das er Rowanoak genannt hatte, einem jener im klassizistischen Stil gebauten Herrenhäuser aus der Zeit vor dem Bürgerkrieg. Ich wanderte durch seine Räume, seine Bibliothek und ließ mir eines seiner Bücher zeigen, in das er seinen Namen, den Namen des Hauses und das Datum des Erwerbs eingetragen hatte. Vielleicht bildete ich mir alles nur ein, aber ich wurde das Gefühl nicht los, seine Gegenwart in seinen Räumen noch spüren zu können.

Als ich nach Hause kam, hatte meine Kleine alle Karten, die ich ihr geschrieben hatte, aufgehängt. Heute noch behandelt sie diese Karten wie einen großen Schatz.

Die Veröffentlichung meines ersten Romans nach meiner Rückkehr aus Amerika öffnete mir dann endgültig die Türe zum besseren Leben. Und zugleich gelang es mir, mich im Schreiben mit meiner Vergangenheit und meiner Trauer auseinanderzusetzen. Der Schrecken der vergangenen Jahre trat immer weiter in den Hintergrund. Dass ich mit dieser sehr persönlichen Auseinandersetzung auch noch Geld verdiente, amüsierte mich fast ein bisschen.

Endlich konnte ich so leben, wie ich mir das in den härtesten Phasen meines Lebens erträumt hatte.

Heute schreiben mir meine Leser, dass diejenigen meiner Bücher, in denen Frauen im Mittelpunkt stehen, meine besten sind. Meine Frauengestalten schienen auch Zhang Yimou[10] überzeugt zu haben, der mich bat, einen Roman über Wu Ze Tian[11], die erste Kaiserin von China, zu schreiben, den er verfilmen will.

Wu Ze Tian lebte vor 1200 Jahren in der Tang-Dynastie, und es ist natürlich schwer, ihre Lebensumstände und die wahren historischen Hintergründe zu erfassen. Sie muss eine großartige Frau gewesen sein, was ich in meinem Roman zum Ausdruck brachte. Manche Kritiker warfen mir allerdings vor, die Geschichte zu verfälschen, denn in allen historischen Zeugnissen wurde sie als weibliches Ungeheuer dargestellt, das ihr Land ruinierte. Selbstverständlich waren diese Zeugnisse von Männern, aus der männlichen Perspektive verfasst, während ich ihr mit den Augen einer Frau begegnete. Ich versuchte, mich in sie hineinzuversetzen und die Motive ihres Handelns zu erkennen.

Als eine der Frauen, Konkubinen, die am kaiserlichen Hof lebten, musste sie sich dem streng feudalistischen System des Hofes unterordnen. Sie lebte unter erbitterten Konkurrentinnen um die Gunst des Herrschers und die Vormachtstellung unter den Frauen. Hinter der prachtvollen Fassade eines streng geregelten Wohllebens übten diese ihren Machtkampf gnaden- und hemmungslos aus. Das feudalistische System schaffte eine Atmosphäre des Unfriedens, in der Intrigen gesponnen wurden, Gerüchte und Verleumdungen in die Welt gesetzt wurden, Giftmorde geplant und ausgeführt wurden. Wollte Wu Ze Tian nicht Opfer sein, musste sie handeln. In den Dokumenten erscheinen die Frauen als neidische, eifersüchtige, intrigante Heuchlerinnen, die keine Moral kennen und denen jedes Mittel recht ist, an die Macht zu gelangen. Oft übertrafen die Frauen die Männer am Hof an Brutalität. Diese Atmosphäre der Missgunst und des Misstrauens prägte Wu Ze Tian. Schritt für Schritt ging sie ihren Weg, kämpfte mit allen Mitteln, bis sie als Siegerin aus dem Machtkampf hervorging und erste Kaiserin von China war. Wäre sie nicht Kaiserin geworden, hätte sie ihre Niederlage mit dem Leben bezahlt. Eine Frau, die zu ähnlichen Mitteln greift wie Männer, also ähnlich skrupellos, machtbesessen ihren Weg nach oben geht und auch in Liebesdingen wie ein Mann handelt, kommt in der männlichen Geschichtsschreibung natürlich sehr schlecht weg.

Nicht nur die Geschichtsschreibung, sondern auch die Literatur war bis ins 20. Jahrhundert fest in den Händen von Männern. Nur eine berühmte Lyrikerin in der Song-Dynastie, Li Qing Zhao[12], über die ich auch meine Abschlussarbeit geschrieben hatte, machte eine rühmliche Ausnahme. Sie ist meines Wissens die einzige Schriftstellerin, die sich in ihren Gedichten mit dem erwachenden Selbstbewusstsein der Frauen ihrer Zeit auseinandersetzt.

Ich halte es für ein chinesisches Phänomen, dass es bis zur 4.-Mai-Bewegung[13] in den 20er Jahren keine weibliche Stimme gab, die sich in der Literatur Gehör verschaffte. Erst als sich der westliche Einfluss in der Mädchenerziehung bemerkbar machte, wagten sich auch Schriftstellerinnen an die Öffentlichkeit, begann sich zaghaft in der Literatur eine weibliche Sicht der Dinge zu etablieren. Zhang Ai Ling, eine sehr bekannte Schriftstellerin, war eine der Ersten, die das Thema der Gleichberechtigung der Frau in ihren Romanen aufgriff. Auch Ding Ling schrieb vornehmlich über Frauenthemen.

Nach der »Befreiung« durch Mao konnten diese Themen nicht weiter verfolgt werden. Mao setzte sich zwar vordergründig für die Befreiung der Frau und ihre Gleichberechtigung ein – sie sollte »die

Hälfte des Himmels tragen« – und schuf die Voraussetzungen dafür, dass Frauen als Arbeitskräfte und Lohnempfängerinnen gleichberechtigt waren. Als Individuen aber hatten sie nicht die gleichen Rechte in der Öffentlichkeit. Erst nach der Kulturrevolution wagten Frauen wieder ihrer weiblichen Individualität Ausdruck zu verleihen und sich ihrem Einzelschicksal und ihrer eigenen Entwicklung zuzuwenden. Meine männlichen Kollegen schreiben nach wie vor lieber über politische und gesellschaftliche Themen.

Zu lange war die Frau nur ein Rädchen im Getriebe der Gesellschaft. Heute hat sie den Mut, ihre persönlichen Bedürfnisse zum Ausdruck zu bringen. Das ist für mich ein wirklicher Fortschritt.

In den zehn Jahren nach dem Ende der Kulturrevolution gab es eine Welle von literarischen Neuerscheinungen. Alles, was die letzten 30 Jahre nicht veröffentlicht werden durfte, wurde nun auf den Buchmarkt geworfen. Manches war das Papier nicht wert, auf dem es gedruckt war. Viele Plagiate erschienen. Nach jeder Nobelpreisverleihung erschien garantiert ein stilistisch ähnliches Werk. Manche Texte waren unreif, stilistisch willkürlich und inhaltlich nichtssagend. Trotzdem zeigte diese Flut von Neuerscheinungen, dass China sich langsam veränderte und die Angst vor der experimentellen Literatur kleiner wurde.

Nach dem 4. Juni, dem Massaker am Tiananmen-Platz, zogen sich viele aus der literarischen Szene wieder zurück. Viele verließ der Mut zum Selbstbekenntnis. Andere nutzten die Zeit zur Neubesinnung, begaben sich auf die Suche nach neuen Themen, versuchten ihren Stil und ihre Sprache zu perfektionieren und veröffentlichten nach einer Zeit des Rückzugs Texte, die ein höheres literarisches Niveau erreichten.

Seit 1986 veröffentlichte ich zehn Titel, darunter sechs Romane. Ich bin durch innere Krisen gegangen und habe die emotionalen Erfahrungen und Erkenntnisse während der Zeit der Kulturrevolution, der schrecklichsten Zeit meines Lebens, zum Stoff meiner Romane gemacht. Mein eigenes Leid und die inneren Verletzungen zwangen mich, mich sehr intensiv mit den politischen Irrwegen meines Landes auseinanderzusetzen.

Mein Roman mit dem ironischen Titel »Die Liebende im Paradies« kreist zum Beispiel ausschließlich um die Geschehnisse während der Kulturrevolution. Den Menschen dieser Zeit blieb nur eine Wahl: Entweder sie stellten sich in den Dienst der Revolution oder sie riskierten ihr Leben. In allen Lebensbereichen war dieser menschenverachtende Druck zu spüren. Sogar Kinder wurden vor dem Revolutionskomitee gezwungen, ihre Eltern zu verleumden, sich von ihnen loszusagen, um nicht aufs Land verschickt zu werden. Ehefrauen gaben auf den Wandzeitungen Details aus ihrem Privatleben preis, um bei ihren Kindern bleiben zu können, während der Ehemann ins Gefängnis geschickt wurde. Wer weiß, ob nicht auch ich schwach geworden wäre und mich von meinem Vater losgesagt hätte, wenn ich nicht durch das Ende der Kulturrevolution von diesem erpresserischen Druck befreit worden wäre. Der Maoismus brachte nicht den besseren Menschen hervor, sondern verführte und zwang ihn, korrupter, bösartiger, härter und intriganter zu werden. Menschliche Qualitäten waren nicht mehr gefragt, humanistische und buddhistische Ideale wurden mit den Füßen getreten.

Bei einer Diskussion über mein literarisches Werk sagte mir einer der Kritiker, in den letzten Jahren hätte ich mir schreibend ein solides Haus gebaut, kein Hochhaus, sondern ein Haus mit Erkern und Hofgarten. Dieses Bild hat meine Arbeit treffend charakterisiert. In diesem Haus und um dieses Haus findet mein Leben statt. Meine Leserschaft ist groß, worüber ich mich natürlich sehr freue.

Schreiben ist mein Lebensinhalt geworden. Durch das Schreiben bin ich an meine Wurzeln und an den chinesischen Alltag gebunden, obwohl ich auch schon mit dem Gedanken gespielt habe, ins Ausland zu gehen. Viele Intellektuelle sind nach ihrem Studium im Ausland nicht mehr zurückgekehrt.

Mein neuestes Buch, »Der Lichtgarten«, hat eine Auflage von 100 000 Exemplaren, mit den Raubdrucken kann ich davon ausgehen, dass über 400 000 Menschen mein Buch gelesen haben. Gegenwärtig wird der Roman auch verfilmt. Die erste Ausgabe war schon nach wenigen Wochen vergriffen. Dabei bin ich keine

Trivialautorin, meine Bücher scheinen einfach den Geschmack einer großen Leserschaft zu treffen. Heute zähle ich zu den bestbezahltesten Autoren Chinas, erhalte 150 Yuan pro 1000 Zeichen, bei ungefähr 300 000 Zeichen pro Roman macht das 45 000 Yuan. Was ich damit sagen will, ist, dass ich nie Schwierigkeiten hatte, meine Familie und mich zu ernähren.

Vor zehn Jahren nahm mein einsames Leben als Frau dann doch noch eine Wendung. Ich lernte einen Mann kennen, in den ich mich über die Jahre immer mehr verliebte. Er teilt meine Liebe zur Literatur, ist Chefredakteur im selben Verlag, in dem ich immer noch als Lektorin arbeite, und betreut zwei moderne Zeitschriften, eine literaturkritische und die Kulturzeitung »Der Künstler«. Wir leben nicht zusammen, versuchen aber einen Tag in der Woche miteinander zu verbringen. Als ich ihn kennen lernte, sorgte er allein für sein Kind, seine Frau lebte schon in den USA. Als er das Kind zu seiner Frau brachte, war mir sehr bang, er könnte dort bei seiner Familie bleiben. Hier hat man so wenig Freiheit, verdient wenig, sodass ich es verstanden hätte, wenn er sein Glück im »Land der unbegrenzten Möglichkeiten« versucht hätte. Wir kannten uns zu diesem Zeitpunkt noch nicht lange, und heute staune ich, wie tapfer ich ihn gehen ließ. Ich half ihm, die Geschenke für seine Frau auszusuchen, fand ein schönes Kleid für sie und andere kleine Dinge, die sie in Amerika an China erinnern würden. Seine Frau wusste noch nichts von mir. Ich versuchte, nicht eifersüchtig zu sein, und erinnerte ihn sogar daran, Kondome mitzunehmen. Wenn er schon zu ihr fuhr, sollte sie wenigstens nicht schwanger werden und die Dinge noch komplizierter für uns machen. Mich schmerzte der Gedanke, dass er mit ihr schlafen würde, bat ihn aber aus Rücksicht auf uns, mir am ersten Abend treu zu bleiben. Er hielt sich daran, und seiner Frau war sofort klar, dass es eine andere Frau geben musste. Sie reagierte sehr vernünftig, willigte in die Scheidung ein und gab ihn frei. Während er dort war, stand ich große Ängste aus und wartete voller Sehnsucht auf ihn. Wie immer in schwierigen Zeiten, schrieb ich mir alles von der Seele, was ich nicht offen ausdrücken konnte. »Mein offenes Buch« entstand so, eine Art Tagebuchroman, eine Sammlung von Beobachtungen und Aphorismen.

Mein Freund ist der erste Mann, der mich und meine Lebensweise respektiert. Es gibt wenig Männer in China, die dazu fähig sind, gleich welcher sozialen Schicht sie angehören oder wie gebildet sie sind. Er ist der erste Mann, der mich liebt, wie ich bin, und an meiner Seite ist, wenn ich das wünsche. »Wenn du willst, werde ich dich begleiten«, sagt er immer. »Wenn ich dir helfen kann, sag es nur, ich bin für dich da.« Er meint das, wie er es sagt, sehr praktisch oder auch im übertragenen Sinn. Ein bisschen erinnert er mich an meinen Vater, der mir auch jeden Wunsch von den Augen abgelesen hat.

Da ich nur die Wochenenden in seiner Wohnung verbringe, ist diese Zeit etwas Besonderes für uns. Mein Freund lässt mich an den Sonntagen immer lange schlafen. Ich wache meistens erst auf, wenn ich ihn in der Küche hantieren höre. Er bereitet dann schon eines meiner Lieblingsgerichte für den Mittag vor und macht nebenbei das Frühstück, so wie ich es gerne habe. Eine Tasse starken Kaffee und Spiegeleier, etwas Brot, für Chinesen ein untypisches Frühstück. Wenn ich ihn dann verschlafen frage, ob ich ihm etwas helfen könnte, lächelt er mich nur an und fragt: »Bist du sicher, dass du mir helfen willst?« Er weiß natürlich, dass meine Frage nur eine höfliche Geste ist, und beruhigt mich. »Du solltest es dir einfach gemütlich machen und kein schlechtes Gewissen dabei haben.«

Wenn ich sein Gast bin, brauche ich mich um nichts zu kümmern. Bis ich bei ihm bin, hat er schon eingekauft, kleine Gerichte vorgekocht und das Zimmer mit Blumen geschmückt. Wie alle Chinesen genieße ich schönes Essen. Ich bin nicht gerade eine gute Köchin, und mir scheint, dass ich in meinem Leben den heimlichen Vorsatz gefasst habe, nie kochen zu müssen. Zu Hause kocht meine Mutter, und wenn ich mit meinem Freund zusammen bin, macht er sich einen Spaß daraus, mir zuzuschauen, wie mir seine Wan Tans oder sein süßsaurer Fisch schmecken.

Nach all den schweren Jahren genieße ich es, von ihm verwöhnt zu werden.

Wenn wir an den Wochenenden genügend Zeit haben, fahre ich gern mit ihm ins Grüne. Wir nehmen dann einen Zug in einen Vorort, den ich besonders idyllisch finde. Wir radeln an einem Flusslauf entlang, an dessen Ufer alte Weiden stehen. Im Frühjahr spiegeln sich die zarten Blättchen im Wasser lindgrün. Die Flusslandschaft sieht aus wie eine zarte Tuschezeichnung von einem der alten Meister aus dem 18. Jahrhundert.

Wir treten in die Pedale und atmen die gute Luft ein, fahren nebeneinander her und plaudern. Manchmal lassen wir uns den ganzen Tag treiben. Wenn es etwas Besonderes zu feiern gibt, gehen wir in eines der Teehäuser draußen oder in einem der Gartenlokale am Fluss essen. Ich weiß nicht, wie unsere Zukunft aussehen wird, aber solange wir zusammen sein können, genieße ich jeden Moment mit ihm.

Seit ein paar Monaten mache ich mir ein Vergnügen daraus, Wohnungen mit ihm anzuschauen, die zum Verkauf stehen. Viele Chinesen kaufen sich heute Wohnungen, wenn sie es sich leisten können. Wir schlendern durch die frisch renovierten, lichten Wohnungen, die heute mit großen Fenstern ausgestattet sind, ein Bad und eine Küche haben, dazu ein Wohnzimmer, manchmal zwei Schlafzimmer. Ein unbeschreiblicher Luxus, wenn man wie ich ein Leben lang eine enge Zweizimmerwohnung mit Tochter und Eltern teilt. Wir wandern von Zimmer zu Zimmer, in Gedanken richte ich schon die Wohnung ein, aber meistens sehe ich in den Räumen nur mich und meine Tochter. Es fällt mir schwer, mir vorzustellen, mit meinem Freund einzuziehen. Schon einige Male kam die Frage auf, ob wir uns nicht gemeinsam eine Wohnung kaufen sollten. Diese Frage beinhaltet eine grundsätzlichere nach unserer Zukunft als Paar. Mein Freund schlug vor zu heiraten, merkte aber sehr schnell, dass ich Angst davor habe. Im Grunde gefällt es mir, wie wir jetzt leben. So fühle ich mich frei, und er ist es auch. Ich bin an dieses Leben gewöhnt und es geht uns ja gut dabei. Unsere Liebe braucht keinen Trauschein.

Die Menschen in den Großstädten sind viel toleranter geworden. Und als Schriftstellerin unter Intellektuellen bin ich nicht so streng den banalen gesellschaftlichen Konventionen unterworfen. In unserem Milieu kann ich als Frau weitgehend so leben, wie es mir beliebt. Wir sind beide beruflich sehr engagiert und ich ziehe es vor, ihm an einem oder zwei Tagen der Woche entspannt zu begegnen und den Alltag außerhalb der Beziehung zu leben.

Vor nicht allzu langer Zeit machten wir eine Reise nach Sichuan. Wie andere Paare auch waren wir jeden Tag zusammen, und ich muss sagen, mir kamen die Tage des uneingeschränkten Zusammenseins beinahe ereignislos vor. Danach musste ich wieder in meine Abgeschiedenheit eintauchen.

Er kennt meine ambivalenten Gefühle und meine Angst vor dem Ehetrott und lacht nur über mich. Er kann nicht glauben, dass ich über eine gemeinsame Wohnung oder eine gemeinsame Reise gleich eine langjährige Beziehung infrage stelle. Er hat ja Recht, ich bin jetzt 45 Jahre alt und lebe immer noch bei meinen Eltern. Es ist ihr Zuhause, und es wird für mich Zeit, mein eigenes zu haben. Meine Tochter wird bald erwachsen sein, nun sollte ich auch einmal an meine Zukunft denken. Was ist es, was mich zögern lässt? Es gibt keinen besseren Mann für mich, so vieles spricht für ihn. Er versteht mich als Frau, schätzt und kennt meine Arbeit als Schriftstellerin. Er weiß, wie aufreibend es ist, neben der Lektorentätigkeit Bücher zu schreiben. Wenn er kann, hält er mir auch im Verlag den Rücken frei, vertritt meine Interessen und schließt die Verträge für mich ab. Seiner Umsicht habe ich es zu verdanken, dass meine ganze Energie ins Schreiben fließen kann.

Eigenartig, denke ich bei mir, nun ist dieser Mann seit zehn Jahren an deiner Seite und räumt dir alle Hindernisse aus dem Weg und du fragst dich immer noch, ob dies alles Bestand haben wird, wenn du mit ihm zusammenleben wirst. Doch vielleicht ginge es uns wie vielen Paaren, die sich so sehr aneinander gewöhnen, dass sie sich nicht mehr wahrnehmen können. Vielleicht ist es auch nur meine Angst, dass mir alles schal wird, wenn ich immer mit ihm zusammen sein kann.

Er lächelt nur milde, wenn ich wieder einmal voller Zweifel bin, und sagt: »Du wirst es nur herausfinden, wenn du uns eine Chance gibst.«

Wenn ich heute auf die letzten 20 Jahre meines Lebens zurückblicke, überkommt mich eine Art Wehmut. Wie besessen habe ich ein halbes Leben mein Ziel, Schriftstellerin zu werden, verfolgt. Auf dem steinigen Weg zu diesem Ziel habe ich viel verloren, Gefühle verdrängt, manche Sehnsüchte nicht gelebt. Wie oft verspürte ich den Wunsch, das Leben einer ganz normalen Frau zu führen, in Ruhe zu kochen, den Tisch schön zu decken, die frisch gebügelte Bluse ohne Hektik in den Schrank zu hängen. Wie fühlt man sich, wenn man die Muße hat, einen Pullover zu stricken oder ein Kleid zu schneidern? Meine pragmatische Mutter hat auf diese Zweifel natürlich eine sehr einleuchtende Antwort: »Wenn du einen Morgen lang schreibst, kannst du dir mit dem verdienten Geld sehr bequem ein Kleid kaufen.« Ich hätte manchmal gern Zeit gehabt für die einfachen Dinge des Lebens. Ich hetze zwischen meinen zwei Welten hin und her, überfordere mich mit meinen eigenen Ansprüchen. Ich bin ständig überarbeitet und erschöpft und habe oft das Gefühl, weder in meiner Familie noch an meinem Schreibtisch ganz bei mir zu sein. Diese Doppelbelastung und die Widersprüchlichkeit der daraus resultierenden Gefühlswelt wurden Grundlage eines Buchs mit dem Titel »Gedanken einer Vierzigjährigen«.

Am meisten schmerzt mich, dass ich nicht genügend Zeit für meine Tochter hatte. Morgens hastete ich mit ihr zur Schule, anstatt den Weg mit ihr zu verplaudern, ihr das Gefühl zu geben, die ganze Wegstrecke nur für sie da zu sein. Früher wäre sie das glücklichste Kind gewesen, hätte ich mich abends zu ihr auf den Fußboden gesetzt und mit ihr gespielt. Meine Veröffentlichungen konnten ihr sicher meine Zuwendung nicht ersetzen.

Das Schreiben beginnt seine zentrale Bedeutung in meinem Leben zu verlieren, und die Liebe und Geborgenheit, die meine Familie, meine Tochter und der Mann an meiner Seite mir so selbstverständlich all die Jahre gegeben haben, rücken in den Mittelpunkt.

Jiao Yang

Jiao Yang
Beamtin

Ziemlich bald nach meiner Geburt war meiner Großmutter klar, dass ich das ruhigste unter ihren Enkelkindern sein würde, da ihr sogar mein Weinen angenehm in den Ohren klang, und sie nannte mich Wenya, die »Sanfte«. Diesen Namen trug ich, bis ich in die Schule kam, dann wollte ich Jiao Yang gerufen werden, wie meine Eltern mich bei meiner Geburt genannt hatten. Jiao Yang vereint die beiden Namen von Vater und Mutter. Gleich am ersten Schultag wurde klar, dass ich die richtige Entscheidung getroffen hatte. Die Lehrerin sagte mir, Mao habe seiner Exfrau in einem seiner Gedichte diesen Namen gegeben und sie sei überzeugt, dass auch aus mir eine tüchtige Revolutionärin werde.

Meine Eltern kamen aus der Shandong-Provinz und gehörten beide dem Militär an. Zu Beginn der Kulturrevolution wurden sie mit allen Angehörigen zur körperlichen und geistigen Umerziehung aufs Land verschickt. Wir wussten nicht, wie lange wir dort leben sollten, deshalb wurde ich auf die Dorfschule geschickt. In der Region wurde Kohle abgebaut, und meine Mitschüler kamen fast alle aus Bergarbeiterfamilien. Gleich zu Beginn ließen mich die Lehrer spüren, dass ich aus einer der »guten« Familien kam, aber uns Kindern waren diese Dinge nicht wichtig. Ich genoss das freie Leben im Dorf und zog mit den anderen Kindern am Nachmittag die Dorfstraßen entlang, sprach den Dialekt der Region und hatte das Gefühl dazuzugehören. Das Dorf lag inmitten von bewaldeten Bergen und grünen Hügeln, auf denen es Weiden und üppige Obstgärten gab. Vater arbeitete oben in den Obstgärten, schnitt die Bäume und war für die Obsternte zuständig. Nach der Schule stieg ich zu ihm hoch, um ihm das Essen zu bringen. Mutter hatte es schon fertig gekocht in drei Lackschachteln verpackt, die genau ineinander passten und die ich zu einem Paket verschnürt unter dem Arm hochtrug. Ich liebte den schmalen Weg, der gesäumt war von blühenden Matten und wilden Maulbeerbäumen. Oben empfing mich ein hungriger Vater, der die drei Lackschachteln auseinander schnürte, sie nebeneinander stellte und neugierig die Nase über die Köstlichkeiten hielt, die Mutter gekocht hatte. Es gab immer zwei Gemüsegerichte und aus der dritten Schachtel dampfte der Reis. Während er aß, stieg ich auf einen der Bäume, pflückte mir einen Apfel oder eine Birne. Sobald eine von Vaters Schachteln leer war, füllte ich sie mit Maulbeeren, die ich für mein Leben gern aß. Je nach Jahreszeit sammelte ich wilde Beeren, Pilze oder Wildgemüse, das ich Mutter mit nach unten brachte. Den Weg zurück nahm ich in weiten Sprüngen, um den restlichen Nachmittag mit den Dorfkindern zu verbringen. Ich war zufrieden mit unserem Leben und war nicht begeistert, als man meinen Eltern eröffnete, dass sie wieder in die Stadt zurückkehren konnten.

Noch heute bin ich erstaunt, wie ich meinen Willen durchsetzte und einfach im Dorf blieb. Eine alte Frau, die ich zu meiner »Oma« erkoren hatte, nahm mich gern bei sich auf, und meine Eltern mussten mich wohl oder übel zurücklassen, wenn sie ihrer störrischen Tochter nicht den Willen brechen wollten.

Sie ahnten, dass ich von allein aufgeben würde. Von einem Tag auf den anderen beschloss ich, dass es Zeit war, zu ihnen zurückzukehren. Nach ein paar Monaten war ich einsam geworden und es schmerzte, nicht bei ihnen zu sein. Es gab kein Telefon, so machte ich mich allein auf den Weg. Alles, was ich nicht tragen konnte, schenkte ich Oma, den Rest packte ich in eine kleine Tasche und bestieg den Bus in die Stadt.

Meine Eltern trauten ihren Augen nicht, als ich plötzlich vor ihrer Tür stand. Nun hatte mich meine Familie wieder, doch das Leben in der Stadt fiel mir anfangs sehr schwer. Ich war froh, das Gymnasium besuchen zu können, dessen Aktivitäten mich bald ganz in Anspruch nahmen. Der Musiklehrer, der vor der Kulturrevolution Mitglied eines bekannten Symphonieorchesters war, verstand es, unseren Tatendrang sinnvoll zu nutzen. Er gründete ein Orchester, einen Chor und eine Ballettgruppe. Natürlich kamen nur revolutionäre Stücke zur Aufführung. Ich wurde Mitglied der Ballettgruppe und verbrachte nun meine Nachmittage mit Tanzübungen. Anfangs gab es schmerzhafte Momente, weil ich diese Art von Bewegung nicht gewohnt war. Meine Fesseln waren vom stundenlangen Üben geschwollen, nach ein paar Wochen lösten sich nach und nach alle Fußnägel, und nachts zuckten meine Beinmuskeln im Schlaf. Ich wurde Opfer meines Ehrgeizes, ich war wie besessen vom Tanzen und träumte davon, eine große künstlerische Karriere vor mir zu haben. Ganz allmählich konnte ich meine Technik verbessern und mein Körper wurde geschmeidiger.

Wir konnten nur tanzen, was vor dem kritischen Auge von Maos Frau Bestand hatte. Im Grunde waren nur zwei Stücke zugelassen: »Die Frau mit den weißen Haaren« und »Die rote Frauenarmee«.

Ich durfte die Hauptrolle in der »Frau mit den weißen Haaren« übernehmen, eine Geschichte, die sich wirklich so zugetragen haben soll. Sie handelt von einem Mädchen aus einer armen Familie, deren Vater beim Grundbesitzer des Dorfes hoch verschuldet war. Da er seine Schulden nicht zurückzahlen konnte, verlangte der Gutsbesitzer seine Tochter. Sie wusste, welches Schicksal sie erwartete, und flüchtete in die Berge, wo sie ihr Leben als Einsiedlerin fristete. Sie lebte von den Früchten des Waldes und den Opfergaben, die die Dorfbewohner im Bergtempel hinterließen. Als sie jemand aus dem Dorf nach Jahren zu Gesicht bekam, waren ihre Haare schneeweiß geworden, da es ihr sowohl an Salz als auch an Öl mangelte. Im Dorf erzählte man sich, dass in der Nähe des Bergtempels eine Waldfee lebe.

Die Leiterin der nationalen Ballettgruppe unserer Provinz hatte von unserer Arbeit gehört und kam an unsere Schule, um Ausschau nach neuen, begabten Tänzerinnen für ihre Truppe zu halten. Ihre Wahl fiel auf mich. Das entsetzte Gesicht meiner Mutter sprach Bände, als ich ihr sagte, dass ich das Angebot annehmen wollte. Als Tänzerin hätte ich keine soliden Berufsaussichten, meinte Mutter, und man könne nur tanzen, solange man sehr jung sei. Gegen ihren erklärten Willen konnte ich natürlich nicht Tänzerin werden, und dieses Mal wagte ich es nicht, mich ihrem Willen zu widersetzen.

Ich war schon immer eine Perfektionistin, nicht nur was das

Tanzen betraf, sondern auch in der Schule musste ich immer die besten Zensuren bekommen. Wenn mein Leben nicht dem Tanz gehören sollte, wollte ich es der Revolution widmen. Ich war gerade 17 Jahre alt, hatte das Gymnasium abgeschlossen und war eine sehr gehorsame Schülerin von Maos Lehren geworden. Wir waren alle sehr naiv und nahmen alles, was man uns sagte, kritiklos auf. Man hatte uns lange genug erzählt, wie wichtig es sei, aufs Land zu gehen und dort Maos Lehren zu verwirklichen. Ich meldete mich also freiwillig. Meine Eltern hatten nicht viel einzuwenden. Ich hatte Glück, manche meiner Mitschüler wurden in die Innere Mongolei verschickt, während ich in ein Dorf nicht weit von unserer Stadt durfte. Auf keinen Fall wollte ich, dass mich meine Eltern an den Lastwagen begleiteten, der uns zu unserem Landeinsatz bringen sollte. Ich muss sagen, sie nahmen den Abschied erstaunlich gelassen – weil sie wussten, dass ich sehr gut allein zurechtkam. Wie oft hatte ich für meine Geschwister gesorgt, wenn die Eltern während der Ernteunterstützung aufs Land beordert wurden. Wir waren es gewohnt, hin und wieder getrennt zu leben, schon allein deshalb, weil ich häufig über Wochen mit meiner Tanzgruppe unterwegs war.

Ich sehe mich noch auf dem Lastwagen sitzen, um den sich eine große Menschenmenge versammelt hatte, die uns feierlich verabschiedete und uns alles Gute wünschte. Die Mütter weinten, die meisten meiner Mitschüler auch. Ich saß nur da, war froh, nicht mit den Tränen kämpfen zu müssen, und machte mir keine großen Gedanken darüber, was mich erwarten würde.

Viele der Mütter begleiteten uns ins Dorf, um ihren Kindern den Abschied leichter zu machen. Das Gegenteil war der Fall. Ich war froh, allein zu sein. Um mich herum wurde herzzerreißend geweint, während wir die Betten herrichteten und die Moskitonetze aufspannten.

Von allen Seiten hörte ich gute Ratschläge, die, dem Himmel sei Dank, nicht mir galten. »Achte besonders darauf, dass du dich immer warm anziehst. Pass auf, wo du hintrittst. Hier soll es viele Schlangen geben. Vergiss nicht zu schreiben, damit wir uns nicht so viele Sorgen machen müssen.«

Ich stand etwas abseits, als der Parteivorstand des Dorfes auf mich zukam und mit mir plaudern wollte. Er hatte bemerkt, dass ich allein war, und wollte mich offensichtlich etwas aufheitern. Er fragte mich, ob ich als Vertraute meiner Schülergruppe aus der Stadt nicht Lust hätte, am Abend vor einer kleinen Filmvorführung eine Rede zu halten. Ich war froh über diese Aufgabe, nun konnte ich die Trauergemeinde allein lassen und mich zurückziehen, um mir zu überlegen, was ich sagen wollte.

Am nächsten Morgen wurden wir unserer Arbeitsgruppe zugeteilt. Als einziges Mädchen aus der Stadt meldete ich mich zu den »Eisenmädchen«, die für die besonders harten Arbeiten herangezogen wurden. Als die Gruppenleiterin mich zu Gesicht bekam, musterte sie mich kritisch von oben bis unten. Sie wollte kein Stadtmädchen in ihrer Gruppe, ich war ihr zu klein und zu zart. Das wollte ich nicht auf mir sitzen lassen. Ich wog zwar nur 40 Kilogramm und war nur 158 cm groß, aber durch das Tanzen war ich an hartes Training gewöhnt und hatte kräftige Muskeln. Ich würde ihr schon zeigen, dass ich die Zähne zusammenbiß und hart arbeiten konnte, wie es sich für eine gute Revolutionärin gehörte.

Sie ließ sich erweichen, nahm mich mit aufs Feld und meinte, für den Anfang hätte sie uns eine sehr einfache Arbeit ausgesucht. Sie zeigte, wie man die jungen Weizenpflänzchen ausdünnte, um ihnen mehr Raum zum Wachsen zu geben. Nach einer Woche hatte ich die Finger voller Blasen. Meine Glieder schmerzten von dem langen Bücken, am Abend konnte ich kaum mehr aufrecht gehen. Mein langjähriges Tanztraining nützte mir gar nichts bei dieser Arbeit.

Um fünf Uhr morgens wurden wir geweckt und marschierten sofort aufs Feld, wo wir zwei bis drei Stunden arbeiteten, um gegen acht Uhr zu einem kargen Frühstück zurückzukehren. Danach verrichteten wir für weitere acht Stunden Feldarbeit. Am Anfang suchte ich immer die Nähe der Gruppenleiterin. Machte sie keine Pause, wollte ich auch keine, war sie erschöpft, arbeitete ich weiter, um ihr zu beweisen, wie tüchtig ich war. Am Abend, wenn sich die meisten schon auf den Nachhauseweg gemacht hatten, streckte ich mich auf der bloßen Erde aus. Ich konnte nicht mehr. Ich blieb eine Weile liegen, schaute in den Himmel und hoffte, dass sich meine kaputten Glieder wieder in Gang bringen ließen. Auf meinem Weg zurück ins Dorf wäre es mir am liebsten gewesen, wenn mich niemand in meinem Zustand gesehen hätte. Mir war es peinlich, wie sehr mich die Feldarbeit anstrengte.

Während der Ernte blieben wir Tag und Nacht auf dem Feld, um den Weizen vor dem Regen einzubringen. Wir schliefen im Freien und begannen bei Sonnenaufgang mit der Arbeit. Der Weizen wurde von Hand geschnitten, dann gebündelt und gedroschen. Eine Gruppe trennte die Spreu vom Weizen, füllte den Weizen in Säcke und schleppte sie in die Lagerhäuser.

Die Feldarbeit war ein Wettlauf mit der Zeit, man musste jede Stunde nutzen, solange der Regen noch nicht eingesetzt hatte. Wenn das chinesische Volk mit dem Himmel kämpfe, werde es Freude ohne Ende erleben, hatte Mao einmal gesagt. Ich war überzeugt davon.

Pflüge gab es nicht, deshalb mussten wir die Erde nach der Ernte von Hand umgraben. Stunde um Stunde grub ich mechanisch vor mich hin, manchmal fielen mir vor Erschöpfung die Augen zu. Verbissen kämpfte ich weiter und kam mir vor wie ein Maulwurf, der blindlings vor sich hin schaufelte.

Sobald die Erde umgegraben war, wurden vor Wintereinbruch noch die Felder gedüngt. Aus den Latrinen und Ställen füllten wir den wertvollen Dünger in Eimer, die wir an die Enden einer Bambusstange hängten und auf die Felder balancierten. Mit der Zeit lernte ich, die Stange geschickter von einer Schulter auf die andere zu wechseln, ohne dass mir der Inhalt der Eimer über Kleider und Schuhe schwappte. Inzwischen war es bitterkalt geworden. Die wattierte Steppjacke, die mir meine Mutter genäht hatte, tat gute Dienste und polsterte am Anfang das Gewicht der Eimer etwas ab. Dennoch hatte ich nach ein paar Tagen zwei dicke blutunterlaufene Beulen auf den Schultern, die nach einem weiteren Tag aufbrachen. Die Jacke war am Abend an den Schultern festgeklebt. Ich musste die Jacke einweichen, um sie unter Schmerzen vorsichtig von den Schultern abzulösen. Nach einigen Wochen schützte mich eine dicke Hornhaut vor allzu schweren Lasten.

Meine Plackerei lohnte sich. Am Ende eines jeden Monats wurde unsere Arbeit bewertet. Ich bekam ebenso viele Punkte wie einer der besonders tüchtigen jungen Männer, der mir schon aufgefallen war, weil ihm nichts zu viel wurde.

Viele Mädchen meiner Schule waren nach der ersten harten Bewährungsprobe zum Weben oder in die Küche geschickt worden. Ich weigerte mich, leichtere Arbeit zu machen, das hätte meinem Bild von einer überzeugten Revolutionärin widersprochen. Außer mir waren nur noch Bauernmädchen in meiner Gruppe, die an diese Arbeit von klein an gewöhnt waren.

Im Winter, wenn es auf den Feldern nichts mehr zu tun gab, arbeiteten wir »Eisenmädchen« am Fluss unten. Das war die schlimmste Arbeit, an die ich mich erinnern kann. Wir standen im eiskalten Flusswasser und stachen Lehm aus, um einen Kanal zu bauen. Vom langen Stehen im Wasser kroch die Kälte von den Füßen hoch in alle Glieder. Viele wurden sehr krank, fiebrige Erkältungen und Blasenentzündungen waren an der Tagesordnung.

Ich war zwar zäh, aber für diese Arbeit zu klein. Wenn ich den nassen, schweren Lehm ausgestochen hatte und mit der Schaufel zwei Meter über mir wieder abwarf, dachte ich bei jeder Lehmladung, dass ich die nächste nicht mehr schaffen würde. Mein Arme brannten vor Anstrengung, mein Rücken schmerzte, an schlechten Tagen zitterten meine Beine vor Kälte.

Am beschwerlichsten war es, wenn man seine Tage hatte, weil man in dieser Zeit auf nasse Kälte am empfindlichsten reagierte.

Das ist auch der Grund, warum in der chinesischen Tradition eine Frau während ihrer Tage niemals mit kaltem Wasser in Berührung kommen sollte, auch die Wäsche bleibt an diesen Tagen liegen. Doch keines der Mädchen ließ sich etwas anmerken, die Revolution ging vor. Gute Revolutionärinnen stählten ihren Körper und genehmigten sich keine bürgerlichen Wehleidigkeiten.

Um die Arbeit nicht unterbrechen zu müssen, aßen wir in der bitteren Kälte am Fluss unten. Meistens gab es Maisbrötchen, die kalt besonders zäh waren, dazu etwas Lauch oder in Salz eingelegte Karotten und kaltes Wasser. Es schmeckte nicht, reichte aber zum Überleben. Wie ich diese Tortur überstand, weiß ich nicht mehr. Mein einziges Ziel war, Mitglied in der Partei zu werden, und dieses Ziel vor Augen gab mir wahrscheinlich den eisernen Willen durchzuhalten.

Ich erreichte mein Ziel schneller, als ich dachte. Dem Parteivorstand des Dorfes war nicht verborgen geblieben, dass ich mich in besonderer Weise bewährt hatte. Ich wurde Leiterin des kommunistischen Jugendverbandes des Dorfes und man nahm mich in den Kader auf. Das war die größte Auszeichnung, die ich mir vorstellen konnte, mit der ich noch nicht gerechnet hatte. Ich arbeitete wie bisher auf dem Feld oder am Fluss, nahm aber auch an den Parteisitzungen teil, die nun Teil meiner Aufgabe waren.

Entlohnt wurden wir mit Getreide und elf Yuan monatlich, die eigentlich nur symbolischen Wert hatten. Wir brauchten kein Geld, im Dorf gab es keine Möglichkeit, Geld auszugeben, nur einen kleinen Laden, in dem man Öl und Salz kaufen konnte. Wir aßen in der Kantine, und für alle Bedürfnisse des täglichen Lebens war gesorgt. Meistens konnte man schon auf der Straße vor der Kantine riechen, was es gab. Es war immer dasselbe: Gedampfte Maisbrötchen und ein großer Topf mit Chinakohl. Jeder konnte sich satt essen. Das Leben war einfach. Jeder besaß gleich viel, keiner verlangte mehr. Wir kannten nichts anderes.

Da wir ohne Strom lebten, zogen wir uns abends mit kleinen Öllampen in unsere Schlafräume zurück. Irgendjemand war auf die Idee gekommen, aus alten Tintenfässchen Lampen zu basteln. Wir befestigten an den leeren Fläschchen einen Draht, an den man einen Docht binden konnte. Dann wurde Öl in die Flasche gegossen, und schon war man stolzer Besitzer einer Lampe. Mit diesem Lämpchen in der Hand verzog ich mich, sobald es dunkel war, in mein Bett unter das Moskitonetz, um mich dem abendlichen »Studium« zu widmen. Sechs Bücher von Marx und Lenin gehörten zur Pflichtlektüre. »Das Kommunistische Manifest« und »Der historische Materialismus« sollte jeder gelesen haben. Sobald ich unter meinem Moskitonetz lag, überfiel mich eine bleierne Müdigkeit. Ich zwang mich, die Augen offen zu halten und noch ein bisschen zu lesen. Nach der harten Feldarbeit flimmerten die Zeilen vor meinen Augen. Ich verstand nichts, Wortwahl und Satzbau hätten mich aber auch am frühen Morgen überfordert. Schreiben fiel mir viel leichter, weil ich schon in der Schule Spaß daran hatte. Wir mussten eine Art Tagebuch führen, »revolutionäres Tagebuch« wurde das damals genannt. Nun saß ich da und grübelte, was mir Schlimmes unterlaufen war. Hatte ich mich genug eingesetzt? War ich eigennützig gewesen? Gewissenhaft listete ich auf, wo ich mich noch bessern konnte. Unter meinem Moskitonetz war mein kleines Zuhause, hier hatte ich das Gefühl, einmal am Tag ganz für mich zu sein. An Abenden, an denen ich nicht zu erschöpft war, fing ich an, kleine Propagandaartikel über besondere Ereignisse in unserer Jugendliga zu schreiben. Als ich kurz darauf durch das Dorf ging und hörte, wie einer meiner Texte über Lautsprecher im ganzen Dorf verlesen wurde, war ich richtig glücklich. Nun schrieb ich fast jeden Abend, und manchmal, wenn ich bis spät in die Nacht geschrieben hatte, war meine Nase am anderen Morgen ganz schwarz vom Ruß der Öllampe. Nachdem ich etwas mehr Routine hatte, wurde ich auch in andere Dörfer gerufen, um über eine besonders gute Leistung oder ein politisches Ereignis dort zu berichten. Einer meiner Artikel wurde sogar von der Tageszeitung in meiner Heimatstadt übernommen.

Mit der Zeit fühlte ich mich in der Dorfbevölkerung und dem Landleben immer mehr verwurzelt. Der Einfluss der Parteipropaganda machte sich allmählich bemerkbar. Wir Stadtmenschen wurden der Dorfbevölkerung immer ähnlicher. Klassenunterschiede sollten durch das Zusammenleben und die gemeinsame Arbeit verschwinden und wir wurden aufgefordert, sesshaft zu werden und unsere Familien im Dorf zu gründen.

Ein Mädchen aus der Stadt mit dem Namen »Xing Yan« wurde uns von der Propaganda in ganz China als besonderes Vorbild gepriesen. Aus ihr war eine richtige Bäuerin geworden, sie arbeitete wie ein Pferd, sah aus wie eine Bäuerin und hatte einen der Bauern des Dorfes geheiratet und zwei Kinder bekommen.

Ehen zwischen Städtern und der Dorfbevölkerung blieben aber eine Ausnahme. Die Mädchen aus meiner Gruppe verliebten sich eher in junge Männer mit ähnlichem Hintergrund. So früh heiraten wollte ich auf keinen Fall. Mir war aber auch noch niemand über den Weg gelaufen, den ich hätte lieben können.

Ich war eine der Ersten, der man anbot, zurück in die Stadt zu gehen. Für den Aufbau der Industrie brauchte man junge, leistungsstarke Arbeiter. Ich wäre als Mitglied des Kaders für die politische Schulung der Arbeiter und in der Verwaltung tätig geworden. Meine Akte war schon in die Stadt geschickt worden, weil man sicher war, dass ich das Angebot annehmen würde. Meine Absage löste in der Partei einiges Erstaunen aus. Ich schrieb, dass ich wie »Xing Yan« mein Leben lang auf dem Dorf bleiben wollte, weil ich hier eine sinnvolle Aufgabe hatte.

Allmählich war ich die Älteste in der Jugendliga und wurde von den anderen »ältere Schwester« genannt. Die Bauernmädchen, die ich politisch unterweisen sollte, waren mir sehr ans Herz gewachsen, sodass ich mir nicht vorstellen konnte, sie im Stich zu lassen. Ich arbeitete mit ihnen nach wie vor auf dem Feld oder besuchte sie zu Hause am Webstuhl und bei der Haus- und Näharbeit. Obwohl sie sehr wortkarg waren, wurden sie offener mit der Zeit, kamen mit ihren privaten Sorgen und Fragen zu mir. Wir waren eine kleine verschworene Gemeinschaft, die sehr harmonisch zusammenlebte und arbeitete.

Auch äußerlich glichen wir uns. Alle trugen Maojacken, entweder in Grau oder Blau. Alles, was auch nur entfernt an Mode erinnerte, war verdächtig und bourgeois. Ich wollte dennoch hübsch aussehen. Ich trug immer eine alte Militärjacke meiner Mutter, die ich besonders kleidsam fand, weil sie tailliert war. Etwas Ähnliches nähen konnte ich nicht, sonst hätte ich als eitel gegolten. Eine alte Militärjacke wurde akzeptiert. Im Winter trug ich stolz den Offiziersmantel und die dazugehörige Mütze meiner Mutter und gefiel mir sehr darin. Wenn ich ehrlich bin, war ich stolz, aus einer Familie hoher Militärs zu kommen, was in meiner Stellung durchaus von Vorteil war.

Die Partei verließ sich immer mehr auf meine journalistischen Fähigkeiten. Ein Interview mit einer vorbildlichen Bäuerin aus dem

Nachbardorf war mir besonders gut gelungen und in der Tageszeitung meiner Heimatstadt erschienen sowie vom Provinzradio ausgestrahlt worden. Es gab damals noch kein Fernsehen, diese Radiosendung war also eine große Sache für mich. Man wurde auf mich aufmerksam, und immer wenn es etwas zu schreiben gab, hieß es, wir haben jemand in unserem Dorf, die das sehr gut kann. Postwendend kam ein Angebot der Parteizentrale, über eine Konferenz der Jugend in der Stadt zu berichten. Der Chef der Propagandaabteilung, der ebenfalls anwesend war, las meine Texte und notierte sich meinen Namen. Kurze Zeit später forderte mich die Staatsregierung der Shandong-Provinz auf, sechs Monate für ihre Zeitung zu arbeiten. Im Turnus von sechs Monaten sollten die Redaktionsmitglieder wieder ausgetauscht werden. Da ich nur für kurze Zeit mein Dorf verlassen sollte, willigte ich ein. Ich fuhr mit dem Fahrrad über die Dörfer, machte Interviews mit Parteivorständen und einfachen Bauern, berichtete über besondere Leistungen, Versammlungen und Dorfprojekte. Die Arbeit machte mir Spaß, und die Redaktion war zufrieden mit mir. Als meine Zeit abgelaufen war, wollten sie mich behalten, da sie es leid waren, immer wieder mit Anfängern von vorne zu beginnen. Nun trat das ein, was meine Bauernmädchen prophezeit hatten. Sie hatten schon bei meinem Abschied befürchtet, dass ich nicht zurückkehren würde.

1976 kam das Gerücht auf, die Viererbande sei verhaftet worden. Es zeichnete sich ab, dass die Kulturrevolution ihrem Ende zuging. Die Hochschulen öffneten wieder ihre Tore. Wir in der Redaktion spielten mit dem Gedanken, nun endlich Journalismus studieren zu können. Unser Chef fand das Studium überflüssig. Was erwarteten wir, eine bessere Stellung würden wir auch mit Studium nicht bekommen, wozu also noch Jahre mit einem Studium vergeuden?

Zwei Jahre schob ich meine Entscheidung vor mir her, bis man mir 1979 zu verstehen gab, dass mein Jahrgang sich nur noch in diesem Jahr zur Aufnahmeprüfung anmelden könne. Das also war der letzte Zug, auf den ich aufspringen konnte. Ich meldete mich zur Aufnahmeprüfung an. Meine Redaktionsmitglieder hatten alle Wort gehalten und bereiteten sich mit mir vor. Wir konnten uns keinen Lehrer leisten, aber wir lernten immer gemeinsam und unterstützten uns gegenseitig. Ich schaffte den besten Abschluss von uns allen.

Kurz darauf wurde ich 24 Jahre alt, und mein Geburtstag war schon immer ein Glückstag für mich. Wichtige Dinge gingen für mich genau an diesem Tag in Erfüllung. Ich hatte ein paar Freunde eingeladen, um mit ihnen ein bisschen zu feiern, da klopfte es an die Tür. Ich wunderte mich noch, da ich keine weiteren Gäste erwartete. Ein Bote stand draußen, der mir einen Brief durch die Türe reichte. Ich öffnete und hielt die Luft an, es war meine Zulassung an die Fu-Dan-Universität in Schanghai, die bekannteste und beste Universität für Journalismus.

Danach lief in meinem Leben nur noch alles glatt. Es kam mir schicksalhaft vor, wie ich damals aus unserem Dorf in die Stadt geholt wurde, um in der Zeitung der Staatsregierung mitzuarbeiten. Genauso gut hätte ich damals doch das verlockende Angebot annehmen können, als Arbeiterin in die Stadt zu gehen. Vielleicht hätte ich dann mein ganzes Leben als Arbeiterin in einer Fabrik verbracht.

Mit viel Begeisterung begann ich mein Studium. Nach ein paar Monaten bekam ich eine Stelle als wissenschaftliche Hilfskraft und hatte bald 70 Studenten zu betreuen. Verschiedene Aktivitäten mussten koordiniert werden: eine Lyrikgruppe, eine Mal- und Fotoklasse und eine Tanzgruppe. Außerdem war ich zuständig für persönliche und politische Fragen der Studenten.

Während einer Fotoausstellung in einer Schule, die ich mit meiner Fotoklasse besuchte, fiel mir der Name des Fotografen auf, der mir irgendwie bekannt vorkam. Ich rätselte noch, wer sich hinter dem Namen verbarg, als ein junger Mann sich vor mich hinstellte und sich als der Fotograf vorstellte. Er hatte mich wieder erkannt. Wir waren früher Nachbarskinder, waren unzertrennlich gewesen und hatten uns in den vergangenen 14 Jahren aus den Augen verloren. Aus dem dünnen Jungen von damals war ein Mann geworden. Zuallererst fiel mir auf, wie schön er war. Ich erkannte seine Augen wieder, der Schalk des kleinen Jungen blitzte immer noch aus ihnen. Jeder entdeckte im anderen Gesten, die uns vertraut waren und die es uns leicht machten, uns sehr schnell nahe zu sein. Wie Pingpongbälle flogen die Sätze zwischen uns hin und her, manche sehr direkt und zielgerichtet, andere verspielt und einander neckend. Manchmal wusste ich, bevor der Ball aufprallte, wo er auftreffen würde. Gespräche, wie sie mit ihm möglich waren, hatte ich nie zuvor führen können. Ich hatte nie jemanden getroffen, der so anregend war, den so vieles anregte. Dinge, die alltäglich waren, erhielten durch ihn eine andere Bedeutung.

Eines Abends nahm er mich mit in die Aula und spielte mir eine Invention von Bach vor. Bach war dekadent, hatte man uns erzählt. Es musste an seinem Spiel liegen, dass ich nicht verstand, warum man uns diese Musik vorenthalten hatte.

Wir hatten uns kaum wieder gefunden, als mein Kinderfreund für zwei Tage verschwand. So unerwartet, wie er gegangen war, stand er wieder vor mir und hielt ein Foto in der Hand, das er gerade entwickelt hatte. Mit großer Geste überreichte er mir das Bild einer aufgehenden Sonne. Zwei Nächte hatte er auf dem Gipfel eines Berges bei Schanghai gewartet, bis sie sich ihm im richtigen Licht gezeigt hatte. Ich betrachtete lange das Bild, hob meinen Kopf und schaute ihm geradewegs in die Augen. In diesem Moment wurde mir bewusst, dass ich ihn liebte.

Er studierte Französisch und hatte zwei Jahre vor mir mit dem Studium begonnen. Nach den kargen und ernsten Jahren auf dem Dorf, das ich zum Mittelpunkt meiner Welt gemacht hatte, fand ich mich plötzlich im Paradies wieder. Ich studierte mein Lieblingsfach an einer der besten Universitäten des Landes, und ich war der großen Liebe meines Lebens begegnet.

Mein Freund kam aus einer intellektuellen Familie, die sich vor der Kulturrevolution noch die Freiheit genommen hatte, sich am Westen zu orientieren. In seiner Welt hatte es viel weniger Zwänge gegeben. Seine Familie hatte ihm genügend Raum gelassen, sich frei zu entwickeln, ihn ermuntert, Fragen zu stellen, und half ihm, die Antworten darauf zu finden. Seine Eltern hatten ihm gezeigt, dass es immer mehrere Möglichkeiten gab, sich zu entscheiden. Absolute Wahrheiten existierten nicht. Wir kamen aus verschiedenen Welten, und diese beiden Wirklichkeiten mussten aufeinander prallen.

Täglich schickte er mir kleine Briefchen, verspielte kleine Nachrichten, versteckte Liebeserklärungen, die ich manchmal heimlich hervorholte, las und betrachtete.

Kurze Trennungen waren unerträglich für mich. Sehnsüchtig erwartete ich ihn zurück, wenn er sich ein paar Tage nicht gemeldet hatte. Plötzlich war er dann wieder da. Eines Abends war ich auf dem Weg in mein Wohnheim, es war schon dunkel geworden, da hörte ich Schritte hinter mir, die ich kannte. Er war es und legte von hinten den Arm um mich, drehte mich zu sich und küsste mich einfach auf den Mund. »Wir gehören zusammen«, sagte er. Ich war kein junges Mädchen mehr und hatte meinen ersten Kuss bekommen.

Dieser erste Kuss war wie ein gegenseitiges Versprechen für mich, für immer zusammenzubleiben. Deshalb fiel ich aus allen Wolken, als mich mein Freund später einmal neckend fragte, ob ich vorher schon einmal geküsst hätte. Ich fand seine Frage unerhört und fragte ihn wütend: »Und du, hast du schon geküsst?« Zu meiner Überraschung schaute er mich frech an und konterte: »Aber sicher.« Heute ist diese Offenheit selbstverständlich, aber damals wagten wir uns in ein ziemlich peinliches Gebiet vor.

Als ich in meinem Studentenzimmer ankam, schienen mich alle anzustarren. Ich bildete mir ein, dass sie mein Glück sehen mussten. Ich tat so, als sei nichts gewesen, niemand durfte merken, was ich soeben erlebt hatte, es war verpönt, sich zu verlieben, das galt als bourgeois.

In meiner Verliebtheit durfte ich auf keinen Fall meine politischen Pflichten vergessen. Schließlich musste ich Vorbild sein, ich war Parteimitglied und gehörte dem Kader an. Zhang Wei, der Klassensprecher unseres Jahrgangs, schaute mich schon immer prüfend an, wenn ich zu den Besprechungen kam, auf denen wir unsere Arbeit der nächsten Wochen, die Schulungsveranstaltungen und Freizeitgruppen koordinierten. Zhang Wei war in meinem Alter. Politisch herrschte ein großes Einverständnis zwischen uns. Die Studenten mochten ihn, er war sehr warmherzig und hilfsbereit. Er war überhaupt kein Romantiker, im Gegenteil, er war sehr praktisch veranlagt. Seine Hilfsbereitschaft war schon legendär, da er nie nein sagen und niemandem Grenzen setzen konnte. Es gab auf dem ganzen Universitätsgelände kein Fahrrad und keinen einzigen Regenschirm, den er nicht schon geflickt hatte. Die Studenten kamen mit allem zu ihm. Er war zuständig für persönliche Probleme, für die politischen Fragen, für die Regenschirme.

Er merkte immer sofort, wenn ich mit meinen Gedanken woanders war, und bemerkte meine Verwandlung als Erster. Er konnte meinen Franzosen, wie er ihn nannte, nicht ausstehen. Die Briefchenschreiberei fand er lächerlich, und als Revolutionärin machte ich mich zur Närrin. »Na, was macht dein Blumen-Blumen-Junge?«, empfing er mich schnippisch, wenn niemand im Raum war.

Lange Zeit wollte ich mir nicht eingestehen, wie es um mich stand. Ich hatte mich Hals über Kopf in einen Menschen verliebt, der kein Maoanhänger war. Wie konnte das gut gehen? Ich schwebte auf Wolken, solange wir uns nicht über Politik unterhielten. Dann wieder stellte er mir Fragen, über deren Naivität ich nicht mehr lachen konnte. »Warum sollten wir die Partei und unser Land lieben? Kannst du mir einen vernünftigen Grund dafür nennen?« Das klang in meinen Ohren wie Verrat, für mich war die Liebe zu meiner Partei und meinem Land so selbstverständlich wie die Liebe zu meiner Mutter. Wenn mir dieses Gefühl fremd gewesen wäre, hätte ich niemals meine politische Arbeit in dieser Konsequenz machen können. Ohne die Partei konnte es kein neues China geben. Immer häufiger gerieten wir in heftigen Streit, sobald wir uns über politische Fragen unterhielten. Ich wollte später als Journalistin in der Propagandaabteilung arbeiten, wie konnte ich da mit einem Mann verheiratet sein, der meine Überzeugungen ständig hinterfragte und lächerlich machte. Ich spürte, dass die erste Verliebtheit vorbei war und unsere Glasglocke, unter der wir gelebt hatten, die ersten Risse bekam.

Ich wollte später über politische Themen schreiben, während er an das Leben seine sehr persönlichen Fragen stellte. Ich sah keine Zukunft für uns. Während der Winterferien fuhr mein Freund nach

Hause. Ich blieb in Schanghai zurück und wollte meine Gedanken ordnen und mir über meine widersprüchlichen Gefühle klar werden. Sobald er abgereist war, fiel ich in eine tiefe Traurigkeit. Mein Verstand sagte mir, dass ich ihn mir aus dem Herzen reißen musste, mein Herz wusste, dass das nicht ging. Alles sprach für ihn: Ich liebte ihn, wie ich noch nie jemanden geliebt hatte. Er war der erste Mann, dem ich vertraute. Ich fühlte mich geborgen bei ihm wie damals während unserer Kindheit. Ich bewunderte ihn, kannte niemanden, der sich so begeistern konnte für Dinge, die er schätzte. Seine Eltern hatten mich ins Herz geschlossen und sahen in mir ihre Tochter.

Um mich abzulenken, ging ich jeden Tag in die Bibliothek. Ich saß dort, starrte in die Bücher und verstand kein Wort. Ich konnte nichts essen, fand keinen Schlaf mehr. Er saß in meinem Herzen und ich war zu ängstlich, zu dieser Liebe ja zu sagen. Als er aus den Winterferien zurückkam, konnte er nicht verstehen, warum ich mich von ihm trennen wollte. Ich hatte aber meinen Entschluss gefasst und schützte mich, indem ich ihn nicht mehr sehen wollte, aus Angst, schwach zu werden. Später hörte ich, dass er es irgendwie geschafft hatte, nach Paris zu gehen, wo er heute noch lebt und für eine der bekanntesten Fotoagenturen Frankreichs arbeitet.

Ich brauchte lange, bis ich mich von dieser großen Liebe verabschiedet hatte. Jahrelang träumte ich von ihm. Jedes Mal wenn ich im Traum seine Augen sah, war ich sofort hellwach. Viele Jahre später, ich war schon mit meinem jetzigen Mann verheiratet, besuchte er mich. Er hatte sich angemeldet, und die Nacht davor tat ich kein Auge zu. Was ich befürchtet hatte, trat aber nicht ein. Er hatte seine Macht über mich verloren, alles, was noch da war, war ein Gefühl der Freundschaft, aber die Schmetterlinge im Bauch hatten ihre Flügel verloren.

Zhang Wei hatte viel von meiner Trauer mitbekommen. Er ging sehr behutsam mit mir um. Plötzlich riss er keine burschikosen Witze mehr und machte sich nicht mehr lustig über mich. Er wurde ein Freund im Hintergrund, auf den ich mich verlassen konnte, wenn ich ihn brauchte.

Sehr langsam, wie er mir später verriet, kam er ans Ziel. Er gestand mir nach Jahren, dass es bei ihm Liebe auf den ersten Blick gewesen sei: Ich war gerade mit dem Zug in Schanghai angekommen, ein großer Koffer stand neben mir und ich schien mir zu überlegen, was zu tun war. Mit meinem großen Koffer in der Hand und kleinen energischen Schritten sei ich auf ihn zugekommen. Ich trug meinen alten Militärmantel, meinen langen Zopf hatte ich ein paar Mal um den Kopf gelegt. Das ist sie, habe er bei sich gedacht. Er habe mir nachgeschaut und ich sei ihm nicht mehr aus dem Sinn gegangen. Ich konnte mir das vorstellen, ich war jung und fühlte mich wunderbar, die Welt gehörte mir.

Zhang Wei war damals ebenfalls von einem langjährigen Landeinsatz zurückgekehrt und hatte sich schon einer Frau auf dem Land versprochen. Er war Parteimitglied und es hätte ihn sein Studium und die Parteimitgliedschaft kosten können, dieses Eheversprechen nicht zu halten. Mich im Herzen, habe er zwei Jahre lang die Trennung vorbereitet. Endlich habe die Frau zugestimmt und ihn gehen lassen. Ich war ahnungslos, hatte nichts gespürt, weil mir nie in den Sinn gekommen wäre, Gefühle dieser Art mit Zhang Wei in Verbindung zu bringen. Er war der warmherzige Kamerad, den alle mochten. Er war so beliebt, dass er jährlich erneut zum Klassensprecher gewählt wurde. Mit der Zeit lernte ich seine Art, seinen geraden Charakter immer mehr schätzen. Wir hatten eine reine Arbeitsbeziehung, deshalb verbrachte ich viel Zeit mit ihm. Er war zurückhaltend und ging nach der Trennung von meinem Freund sehr mitfühlend mit mir um. So nahm er mich für sich ein, und aus der Freundschaft wurde Zuneigung. Als er mich nach Jahren fragte, ob ich seine Frau werden wolle, vertröstete ich ihn. Ich hatte es nicht eilig. Zehn Jahre hatte ich auf eigenen Füßen gestanden, doch allmählich begann ich mich nach einer starken Schulter zum Anlehnen zu sehnen. Manchmal war auch das Verlangen nach der Geborgenheit einer eigenen kleinen Familie da. Von Zhang Wei ging kein Glanz aus, er war nicht einmalig, aber auf ihn würde ich mich verlassen können. Er ist ein guter Mensch.

Als ich endlich ja sagte, waren wir beide nicht mehr ganz jung, er war 30 und ich 27 Jahre alt. Ich hatte das Studium abgeschlossen und wir heirateten. Unsere Hochzeitsfeier fiel ins Wasser, weil wir überhaupt keine Ersparnisse hatten. Nachdem wir Hausrat für 560 Yuan gekauft hatten, blieb nicht einmal genügend für Glücksbonbons für die Nachbarn und deren Kinder übrig. Meinen Eltern war die lange Reise aus der Shandong-Provinz zu beschwerlich. Wir zogen bei Zhang Weis Eltern ein, weil wir noch kein eigenes Zimmer zugeteilt bekommen hatten. Geld hatten wir beide nie zurückgelegt. Als ich in der Stadt ein Gehalt von 36 Yuan bezog, schickte ich die Hälfte in mein altes Dorf. Heute muss ich über so viel Idealismus lächeln, niemand käme mehr auf eine derartige Idee.

Während des Studiums stellte ich mir immer vor, später als Journalistin zu arbeiten. Doch meine politische Arbeit war mir genauso wichtig, sodass ich ein Angebot der Stadt Schanghai annahm, die für ihre Propagandaabteilung junge gut ausgebildete Leute suchte. Sie hatten sich sehr bemüht um mich, da meine politische Arbeit als Leiterin der Jugendliga der Fu-Dan-Universität, an der damals ungefähr 30 000 Studenten studierten, sehr anerkannt war.

Heute bin ich die Leiterin des Presseamts der Stadtregierung Schanghai, eine Arbeit, die mir großen Spaß macht, da ich fast ausschließlich mit Menschen zu tun habe. Steht zum Beispiel ein Staatsbesuch an, organisiere ich den Aufenthalt der Delegation, ihre Besichtigungen und Pressetermine.

Außerdem gibt mein Büro eine Zeitschrift heraus, die über alle wichtigen politischen und kulturellen Ereignisse der Stadt berichtet. Über die bedeutendsten internationalen Veranstaltungen, Konferenzen und Messen schreibe ich selbst und kontrolliere die Texte der anderen Journalisten, bevor sie bei uns veröffentlicht werden oder an die in- und ausländische Presse weitergehen.

Ich bin auch die Kontaktperson der Journalisten des Senders »Sound of America«, USA, der über die ganze Welt berichtet und ein spezielles Programm über Schanghai hat. Ich gebe vor, wen sie befragen und über welche Projekte sie berichten können.

Will eine ausländische Firma die Investitionsmöglichkeiten in der Stadt erkunden und eine Marktanalyse erstellen, vermittle ich die Kontakte zwischen der hiesigen Bürokratie und der Firma. Ich helfe bei der Erkundung möglicher Standorte, beantworte Fragen in Bezug auf Verkehrsinfrastruktur und Logistik. Ich kläre über künftige Vorhaben der Stadtverwaltung im Straßenbau und über öffentliche Nahverkehrskonzepte auf, liefere die demographischen Daten und kläre die gegenseitigen Interessen zwischen der Stadt und dem Investor ab.

Am Anfang meiner Karriere trat ich auch gern in Fernsehsendungen auf, inzwischen halte ich mich lieber im Hintergrund. »Ein Schwein sollte nicht zu dick werden, sonst wird es geschlachtet«, besagt ein chinesisches Sprichwort. Daran halte ich mich.

In meinem Büro gelte ich als »starke Frau«, eine Sichtweise, die mir zu männlich ist. Natürlich bin ich als Vorgesetzte, der fast ausschließlich Männer unterstellt sind, sehr exponiert. Der Weg an die Spitze war auch entsprechend mühsam. Als Frau durfte ich mir nie eine Blöße geben, musste immer besser informiert und vorbereitet als die Männer sein. Wenn es nötig war, arbeitete ich länger, zeigte mehr Engagement, war diplomatischer. Ich versuchte nie, die Männer zu imitieren, kämpfte aber auch nicht mit den Waffen einer Frau. Im Grunde blieb ich mir treu, da ich immer sehr pflichtbewusst und leistungsorientiert war und dabei immer Frau sein konnte. Ich habe durchaus an ähnlichen Dingen Spaß wie andere Frauen. Wenn ich in dem Bewusstsein das Haus verlasse, hübsch angezogen zu sein, behalte ich den ganzen Tag gute Laune. Eine Frau kann es sich schließlich nicht leisten, schlecht gekleidet zu sein. Einem Mann sieht man schlechte Manieren und nachlässige Kleidung eher nach.

Meine Arbeitstage verlaufen meistens sehr hektisch, sind angefüllt mit Konferenzen, Telefongesprächen, Sitzungen mit den Mitarbeitern und sonstigen Terminen. Monatlich fallen einige große Pressekonferenzen an, auf denen ich die Stadt vertrete und die aktuellen Fragen der Leiter der Radio- und Fernsehsender beantworte. Manchmal organisiere ich auch Pressekonferenzen mit ausländischen Journalisten. Ihre Fragen betreffen oft die Entwicklung von Schanghai, die Stadtplanung und Umweltprobleme.

Sobald ich mit meinen Mitarbeitern auf dem Podium Platz genommen habe und deutlich wird, dass ich die Konferenz leite, begegnet mir häufig Verwunderung. In China scheint es immer noch selten zu sein, dass eine Frau in meinem Alter in einer derartigen Position anzutreffen ist.

Die Abende versuche ich mir freizuhalten, damit unser Familienleben den Raum bekommt, der mir wichtig ist. Obwohl es nicht den Anschein hat, steht meine Familie an erster Stelle. Unsere Tochter Tian Tian, die »Süße«, die zwei Jahre nach unserer Heirat auf die Welt kam, ist heute 13 Jahre alt. Die ersten drei Jahre lebte ich mit ihr allein, weil Zhang Wei beruflich in Peking zu tun hatte. Das war eine harte Zeit, weil ich mit den Kindermädchen großes Pech hatte. Viele Bauernmädchen versuchen ihr Glück in der Stadt, suchen eigentlich nur ein Dach über dem Kopf. Da sie keine Ausbildung haben, arbeiten sie meistens im Haushalt. Kaum hatte ich eine eingearbeitet, ließ sie mich wieder im Stich, sobald sich eine bessere Arbeit bot. Ich bin dann dazu übergegangen, meine Kleine in einen Kindergarten zu geben.

Als sie vier Jahre alt war, bekam ich ein sehr interessantes Angebot einer Honkonger Tageszeitung. Der Verleger der Zeitung kam für drei Tage nach Schanghai, um mich zu überreden. Ich habe schweren Herzens abgelehnt, weil ich meine Tochter nicht mit nach Hongkong hätte nehmen können und ich Zhang Wei nicht allein lassen wollte. Er ist auch wenig geeignet, Vater- und Mutterpflichten zu übernehmen, und ich wollte mein Familienleben nicht gefährden.

Zhang Wei wäre nie ins Ausland mitgekommen, weil es ihm hier in China gelungen ist, eine Existenz aufzubauen. Er fing mit einer kleinen Möbelfabrik und einem Startkapital von 100 000 Yuan an. Dann ließ eine amerikanische Firma bei ihm Abenteuerspielplätze für den Export herstellen. Heute ist er Vorsitzender des Vorstands dieser Firma und reist zwischen den USA und China hin und her, wenn wichtige Entscheidungen zu treffen sind. Sein Kapital ist auf 400 Millionen Yuan angewachsen. Ich hätte nie gedacht, dass aus Zhang Wei einmal ein erfolgreicher Unternehmer würde.

Ich arbeite sechs Tage in der Woche, versuche aber, meine Abende von Geschäftsessen und Terminen freizuhalten. Mein Familienleben ist mir wichtiger. Die ganzen Haushaltspflichten hängen an mir. Natürlich könnten wir ein Mädchen einstellen, aber ich lebe lieber ohne Dienstboten. Solange ich auf ein Kindermädchen angewiesen war, machte ich so schlechte Erfahrungen, dass ich lieber alles selbst mache. Erst auf dem Weg nach Hause komme ich dazu, mich auf mein anderes Leben einzustellen. Ich überlege mir, was ich kochen könnte, entspanne mich bei dem Gedanken an unseren gemeinsamen Abend. An einem der Marktstände lasse ich anhalten, kaufe frisches Gemüse, etwas Fisch oder Geflügel ein. Manchmal steht meine Tochter schon an der Tür, streckt ihr Gesicht in den Flur und begrüßt mich ungeduldig. Bevor ich duschen gehe, lege ich das Gemüse ins Wasser. Meistens komme ich in meinem bequemen Hauskleid zurück, rufe die Kleine, damit wir miteinander das Essen vorbereiten. Sie ist schon recht geschickt beim Gemüseschneiden und hat immer viel zu erzählen, von der Schule, ihren Freundinnen, den Lehrern. Auf diesen Moment freue ich mich den ganzen Tag. Oft bekommen wir gar nicht mit, wenn sich der Schlüssel im Schloss dreht und Zhang Wei plötzlich hinter uns steht. Meistens sieht er müde und abgespannt aus, aber zufrieden, bei uns zu sein. Zhang Wei könnte niemals allein leben. Er begrüßt uns kurz, schaut hungrig in den Wok und geht in Richtung Bad. Er lässt seine Kleider von sich fallen und geht duschen. Die Schmutzwäsche bleibt da liegen, wo er sie fallen lässt. Danach sieht man ihn in seinem Sessel sitzen, hinter der Zeitung verschwunden, wo er sich ausruht, bis wir ihn zum Essen rufen. Natürlich könnten wir es uns leisten, jeden Abend zum Essen auszugehen. Aber ich brauche diese Abende, die nur meiner Familie gehören. Während ich koche, habe ich das Gefühl, einmal am Tag richtig für sie sorgen zu können. Nach dem Abendessen setze ich mich zu unserer Tochter und helfe ihr bei den Hausaufgaben.

»Lass sie doch ihren Aufsatz allein schreiben«, ruft dann Zhang Wei.

Zhang Weis Lieblingsbeschäftigung am Abend ist Fernsehen. Er will sich entspannen und denkt sich nichts dabei, wenn ich mich abhetze. Er findet mein Pflichtbewusstsein übertrieben, würde es vorziehen, ich würde mich zu ihm setzen und mit ihm einen Spielfilm anschauen oder den Abend verplaudern. Er hat ja Recht, aber ich kann mich nicht ändern. Zhang Wei sieht die Dinge viel entspannter als ich und lässt alles auf sich zukommen.

Die Erziehung unserer Tochter ist meine Sache. Er ist überzeugt, dass sie ihren Weg gehen wird, auch wenn ich mich nicht viel einmische. Ich dagegen möchte ihr all das bieten, was ich nicht hatte. Sie soll auch die schönen Dinge des Lebens kennen lernen. Trotz meiner vielen Termine bringe ich sie selbst zum Klavier- und Tanzunterricht. Meistens bleibe ich während der Klavierstunden bei ihr sitzen, falls sie sich nicht alles merken kann, möchte ich ihr helfen können.

Zhang Wei meint, ich mache viel zu viel Aufhebens um sie. Sie würde sich nicht besser entwickeln oder mehr leisten, wenn ich mich noch mehr um sie kümmern würde. Wir beide seien doch der beste Beweis dafür, dass Kinder selbst etwas aus sich machen. Um ihn habe man sich überhaupt nicht gekümmert, und das Ergebnis sei doch überzeugend.

Ich teile seine Meinung, dass die Kinder von heute viel zu verwöhnt sind. Unsere Kleine möchte zwar tanzen lernen, aber das Üben ist ihr schon zu anstrengend, die zarten Füßchen sind den Strapazen nicht gewachsen.

Neulich verbrachten wir unsere ersten Ferien am Meer, die erste freie Zeit, die wir überhaupt zusammen hatten. Ich genoss diese freien Tage so sehr, leider hatte ich seither keine Gelegenheit mehr, ähnlich unbeschwerte Tage zu verbringen. Wir bewohnten ein einfaches Zimmer auf einem Berg, von dem man einen weiten Blick über die Bucht hatte. Ich beobachtete unsere Tochter und fragte mich, ob sie einen Sinn für die Schönheit dieser bizarren Landschaft entwickeln würde. Doch ihr Hauptproblem war der abendliche Stromausfall, weil sie dann nicht fernsehen konnte. Wie hätte sie meine Zeit auf dem Land erlebt? Ich muss über mich selbst lächeln, weil ich meine Eltern höre, die mir immer erzählten, wie hart ihre Jugend war. Nun erzähle ich die gleichen Geschichten.

Ich bereue keineswegs, dass ich einen extrem steinigen Weg gegangen bin und meine besten Jahre geopfert habe. Mein politisches Engagement und die harte Landarbeit haben mich geprägt und mich auf das Leben vorbereitet, das ich heute führen kann. Wir bekamen die schwierigste Phase unseres Volkes am eigenen Leib mit. Ich möchte diese wichtigen Jahre des Aufbaus nicht missen.

Ich kann zufrieden sein, in meinem Alter habe ich beruflich und privat mehr erreicht, als ich jemals erträumt habe.

Lan Ding

Lan Ding
Schneiderin

Mein Name hat mir eigentlich immer gefallen, auch den Klang beider Zeichen mag ich. Vater setzte einfach Zeichen seines und Mutters Namens zusammen, so entstand Lan Ding. Wahrscheinlich gefiel ihm das Bild, das sich so ergab. Lan bedeutet Blau und Ding ist das Zeichen für weiße Wolken. Wenn ich zum Himmel hochschaue, finde ich dort meinen Namen wieder.

Diese Zeichen hätten mir Glück bringen können, zumindest etwas Freiheit. Bei meiner Geburt schien mir noch alles in die Wiege gelegt zu sein.

Ich habe einen wunderbaren Vater, den ich bis heute sehr verehre. Er war Karikaturist und Künstler und erst 1948 aus Taiwan nach China zurückgekommen, weil er sich nach seiner Heimat sehnte und sich von der kommunistischen Partei ein neues China erhoffte. Er reiste gern, hatte sich für Fremdsprachen interessiert, ein junger Mann voller Unternehmungsgeist, der bereit war, all seine Begabungen und Fähigkeiten in den Dienst Maos zu stellen und beim Aufbau seines Landes mitzuhelfen. In den ersten Jahren übersetzte er chinesische Texte ins Esperanto, um Maos Lehre draußen in der Welt zu verbreiten. Er galt als sehr belesen, und weil er auf beinahe alle Fragen seiner Freunde eine Antwort wusste, nannten sie ihn die wandelnde Bibliothek. Dabei blieb er sehr bescheiden und hilfsbereit und seine Freunde verglichen ihn mit einer Kuh, die sich mit Gras zufrieden gibt und dabei kostbare Milch liefert.

Vater war ein richtiger Familienmensch und bereitete mir eine überaus glückliche Kindheit. Bei uns ging es fröhlich und lebendig zu, wir hatten, was wir brauchten, vor allem einander.

1966 veränderte die Kulturrevolution unser Leben dramatisch. Ich war gerade elf Jahre alt. Sozusagen über Nacht war ich isoliert in meiner Klasse, meine Freunde wollten nichts mehr mit mir zu tun haben. Ich war eine Ausgestoßene[14], nichts war mehr so wie früher. Man gab mir zu verstehen, dass ich aus einer »schlechten Familie« kam. Das war ein Schock, weil ich bisher sehr stolz auf meine Familie, insbesondere auf meinen Vater, war. Ich verstand nicht, was passiert war, ich war verunsichert und verletzt. Früher war ich ein fröhliches Kind, nun zog ich mich zurück, wurde schweigsam und verschlossen.

Es sollte noch schlimmer kommen. Wir wurden in die He-Nan-Provinz, in eine der ärmsten ländlichen Gegenden bei Lan-Kao verbannt. Meine Klassenkameraden, die aus »guten« Arbeiterfamilien kamen, konnten in Peking bleiben. Dieser Wechsel war zu viel für mich. Ich spürte selbst, dass mit mir etwas nicht in Ordnung war. Heute würde man das vielleicht eine Psychose nennen. Ich saß stundenlang in einer Ecke und blickte starr vor mich hin. Ich kann mich noch daran erinnern, dass ich mitbekam, welche Sorgen sich meine Mutter um mich machte. Sie war immer in meiner Nähe, versuchte zu mir durchzudringen, stellte Fragen, wollte wissen, was in mir vorging. Sie meinte es gut, schlug mir vor, auf die Straße zu gehen, um mit den anderen Kindern zu spielen. Es gab keine Kinder draußen für mich, ich fühlte mich von allen verlassen. Die Bauernkinder waren ganz anders als meine Klassenkameraden in Peking. Ich war ihnen fremd und verdächtig, und sie wollten nichts mit mir zu tun haben. Die Schule war schlecht, und ich langweilte mich. Den Lehrern schien es gleichgültig zu sein, ob wir etwas lernten. Mich beachteten sie nicht, ich saß in einer der letzten Bänke und starrte vor mich hin.

Eines der Bauernkinder verriet mir einmal, warum wir so feindselig behandelt wurden. Der Parteichef des Dorfes hatte von den angeblichen Vergehen meines Vaters erzählt und sich damit gebrüstet, dass er uns eigenhändig mit dem Traktor überfahren würde, sobald der Feind, die Russen oder die Amerikaner, in unserem Dorf einmarschieren würden, damit mein Vater, der Verräter, sich nicht auf die Seite der Feinde schlagen könnte.

Aber auch die Bauernkinder hatten ein hartes Los, viele von ihnen mussten schon morgens um vier Uhr aufstehen, um Gras zu schneiden, das sie verkauften, um das Geld für die Schule und die Schulbücher zusammenzubringen. Meiner Familie ging es zwar nicht ganz so erbärmlich, aber auch ich stand morgens sehr früh vor Schulbeginn auf, um Dung von den Pferden und Eseln zu sammeln. Die paar Fen[15], die ich dafür erlöste, legten wir für mein Schulgeld zurück.

Mein Zustand verschlimmerte sich und ich war nur noch von dem Gedanken beherrscht, He Nan zu verlassen, dann würde alles gut werden. Meine Eltern waren verzweifelt, weil sie hilflos zusehen mussten, wie ich mich immer merkwürdiger verhielt. Woher ich den Mut nahm, weiß ich nicht mehr, aber ich schaffte es heimlich, nach Wuhan zu meiner Tante zu kommen. Vielleicht könnte sie mir helfen.

Vor der Kulturrevolution besaß die Familie meiner Tante eine schöne geräumige Villa, in der sie, als sie mich aufnahmen, nur noch ein Zimmer bewohnen durften. Der Mann meiner Tante war früher ein bekannter Ingenieur, der die größte Brücke Chinas, die Jangtsekiang-Brücke entworfen hatte. Diese Verdienste spielten nun keine Rolle mehr. Im ganzen Haus herrschte ein großes Chaos, weil so viele Menschen dort lebten. Die Rotgardisten hatten dort übel gehaust, viel zerstört und alles, was wertvoll war, mitgenommen. Ich konnte nicht lange bleiben, weil die Familie ebenfalls der Spionage bezichtigt wurde und auch ich in Verdacht geriet, ihr kleiner Kurier zu sein. Meine Tante machte dann einen Cousin in den Bergen von Jiu Jiang ausfindig, ein einfacher Arbeiter, dessen politische Vergangenheit und Lebensumstände unbedenklich waren. Bei ihm sollte ich zur Ruhe kommen und mich erholen.

Im Januar 1970 bestieg ich mit fünf Yuan im Geldbeutel und einer kleinen Tasche ein Schiff, um zu meinem Cousin zu reisen. Eine Nachbarin meiner Verwandten hatte mich zum Schiff gebracht, für meine Tante war es zu gefährlich, mich dorthin zu bringen, weil sie keine Erlaubnis hatte, mich zu begleiten. Mir war auch nicht ganz wohl zumute, als ich ohne Ausweis das Schiff verließ und keine Ahnung hatte, wie ich meinen Cousin finden sollte.

Nach drei Tagen endlich stand ich vor seiner Zimmertür. Mir gefiel es bei ihm. Jiu Jiang liegt in einer wilden Berglandschaft, die mich an die Kulisse eines Films erinnerte, den ich als Kind gesehen hatte. Ich wäre gern bei ihm geblieben, er hatte aber Bedenken, weil es in dieser armen Gegend keine passende Schule für mich gab. Auch meine Eltern drängten mich, nach He Nan zurückzukommen.

Was nach meiner Rückkehr geschah, weiß ich nicht mehr genau. Ich erinnere mich nur, dass mich das alte Elend wieder überfiel. Ich hielt es nicht aus und lag meiner Mutter in den Ohren, mir zu erlauben, die Sommerferien bei Freunden in Peking zu verbringen. Sie machte sich nach wie vor große Sorgen um mein seelisches Gleichgewicht, und so ließ sie mich ziehen.

Mir fällt es schwer, mich in diese Zeit zurückzuversetzen, weil ich Angst habe, noch einmal meine Gefühle von damals durchleben zu müssen. Ich war erst 15 Jahre alt und hing noch sehr an meinen Eltern. Sie zu verlassen war schrecklich, mit ihnen in der Verbannung zu leben hielt ich nicht durch. Wahrscheinlich glaubte ich, in unserer gewohnten Umgebung aus meinem inneren Schrecken wieder herauszufinden. In Peking lebte ich bei Freunden meiner Eltern, die mich nach den Sommerferien wieder nach Hause schicken wollten. Ich weigerte mich einfach. Ein Ereignis aus dieser Zeit ist mir noch sehr deutlich im Gedächtnis geblieben. Zu Schulbeginn suchte ich mir in unserer alten Wohngegend eine Schule aus und setzte mich einfach in das Klassenzimmer meiner Altersstufe. Lehrer und Schüler beäugten mich misstrauisch. Der Lehrer bat mich, aufzustehen und zu gehen. Als ich sitzen blieb, zerrten sie mich aus dem Klassenzimmer. Der Schulleiter hielt mir eine Standpauke und erklärte mir, dass ich mir nicht einfach eine Schule aussuchen könne. Ich gab nicht auf. Jeden Morgen bei Schulbeginn stand ich etwas abseits auf der gegenüberliegenden Straßenseite der Schule und beobachtete, wie die Schüler hinter dem Schulportal verschwanden. Ich musste es schaffen, eine von ihnen zu sein.

Da fiel mir der frühere Vorgesetzte meines Vaters ein, der zu uns Kindern immer so freundlich gewesen war. Er erkannte mich sofort wieder, war aber etwas ratlos, was er mit mir anfangen sollte, als ich ihn in seinem Büro besuchte. Er war nicht gerade begeistert, als ich ihm sagte, was ich von ihm wollte. Natürlich war es riskant für ihn, mir zu helfen, aber einfach wegschicken wollte er mich auch nicht. Er brachte mich zunächst in unsere verlassene Wohnung, in der er mir in einem der leer geräumten Zimmer ein Bett, einen Tisch und einen Stuhl aufstellen ließ. Ein paar Tage später sagte er mir, dass er es tatsächlich geschafft hätte, mich in einer Schule unterzubringen. Meine Mutter schickte mir einen Koffer mit Kleidung und meinen Büchern. Die erste Zeit fühlte ich mich elend und einsam, aber ich hatte erreicht, was ich wollte. Wenn keine Schule war, verkroch ich mich stundenlang im Bett.

Ich denke heute, dass ich Glück hatte, dass in jener Zeit Deng Xiaoping begann, politischen Einfluss zu haben, und schon eine gewisse Liberalisierung zu spüren war. Die neue Schule war tatsächlich meine Rettung, mein Zustand besserte sich zusehends, wie ein Schwamm nahm ich wissbegierig alles auf, was mir die Lehrer anboten. Ich bekam gute Noten und wollte unbedingt das Gymnasium beenden. Wegen der politischen Vergangenheit meines Vaters fand man aber Mittel und Wege, mir die weitere Ausbildung zu verwehren. Mit 16 Jahren musste ich die Schule verlassen und mich als Arbeiterin in einer Textilfabrik melden. Die Lehrer bedauerten dies insgeheim, weil sie in mir eine gute Schülerin verloren.

Die meisten Arbeiterinnen in der Fabrik kamen aus einfachen Arbeiterfamilien, waren mir also herkunftsmäßig überlegen. Mein familiärer Hintergrund sprach sich schnell herum, und das war Grund genug, dass sie mich übel traktierten und mir die unangenehmsten Tätigkeiten überließen. Wenn man aus einer »schlechten« Familie kam, musste man alle anderen an Fleiß übertreffen und täglich beweisen, eine gute Revolutionärin zu sein. Wenn ich damit mein Schicksal wenden konnte, wollte ich gern den Beweis liefern. Ich schuftete mich durch alle Abteilungen, schnitt Tausende von Maojacken zu, nähte genauso viele Ärmel ein, schloss Kragennähte, steppte die Kragen auf die Jacken. Das war eine der schwierigsten Arbeiten. Ich stand schweißüberströmt am Bügeltisch und plättete sie, eine nach der anderen, immer nach dem gleichen Schema. Jeden Tag machte ich dieselben Handgriffe, führte dieselben Bewegungen aus, immer im gleichen Takt, der vom ohrenbetäubenden Rattern der Nähmaschinen begleitet wurde. Die mechanischen Handgriffe, die immer gleichen Arbeitsschritte machten zwar eine perfekte Schneiderin aus mir, aber keine überzeugte Revolutionärin. Ich passte mich bis zur Selbstverleugnung an, opferte alles, meine Jugend, meine Sehnsüchte, und verbrachte viele Abende mit unnützem Zeug wie politischer Bildung und gesellschaftlicher Arbeit. Mir blieb keine Zeit, auch einmal an mich zu denken. Spät nachts fiel ich nur noch todmüde ins Bett. Heute tut es mir Leid, dass ich nach der Kulturrevolution nicht wenigstens versuchte, mich auf die Hochschulprüfung vorzubereiten. Ich hätte mir ein Studium zugetraut, das war auch durchaus üblich in meiner Familie. Doch wer weiß, ob ich danach überhaupt eine Zulassung zum Studium bekommen hätte. Mein Arbeitseinsatz jedenfalls veränderte nichts, man hat mir die Aufnahme in die Partei verweigert. Nach all den Jahren stand ich in jeder Beziehung mit leeren Händen da. Das sehe ich im Nachhinein als die erste folgenschwere Niederlage meines Lebens, die zweite war meine Ehe.

Mit 22 Jahren lernte ich meinen Mann kennen, der mir mächtig imponierte, weil ich ihn für klug hielt. Mir kam er sehr gebildet vor, wahrscheinlich war er nur eingebildet, und ich glaube, am Anfang verehrte ich ihn sogar. Seine Mutter prahlte damit, er sei der Beste seiner Schule gewesen.

Von der Liebe hatten wir beide keine Ahnung. Ich muss blind gewesen sein, weil ich so naiv in diese Ehe schlitterte. Ihn zu heiraten war sehr einfach, danach war ich ihm ausgeliefert. Sehr bald wurde mir bewusst, dass zwischen uns etwas nicht stimmen konnte. Es gab keine Zärtlichkeiten, keine Nähe, keine liebevollen Worte, es war ganz anders, als ich mir die Liebe als junges Mädchen vorgestellt hatte. Er konnte seiner Mutter beim Abschied einen Kuss geben, mir nicht. Er konnte ihr sagen, dass er sie liebt, mir nicht. Während dieser ganzen Ehe bekam ich keinen einzigen Kuss von ihm. Er war nicht sehr gesprächig, er lebte einfach neben mir her. Niemand kann sich vorstellen, wie traurig mich das machte. Ich begann zu ahnen, dass er Probleme hatte. Er gestand mir einmal, dass er vom zweiten Tag seiner Geburt an bis zu seinem 28. Lebensjahr das Bett mit seiner Mutter geteilt hatte. Bis er zum Militär musste, schlief er jede Nacht bei seiner Mutter. Das ist doch nicht normal! Heute sehe ich diese Mutterbeziehung als den Ursprung unserer Probleme.

Mir war schon vor unserer Heirat aufgefallen, dass er und seine Mutter wie ein Liebespaar wirkten. Er herzte sie sogar vor mir und meiner Mutter, der dies sehr unangenehm war. Auf dem Heimweg nach dem Besuch bei Mutter und Sohn sagte sie nur kurz zu mir: »Du bist aber sehr großzügig.« Damals dachte ich mir nichts dabei. Für mich war das eher ein gutes Zeichen, wenn er ein zärtlicher Sohn war, würde aus ihm sicher auch ein zärtlicher Ehemann werden.

Es gab niemanden, mit dem ich darüber hätte sprechen können. Bücher oder Therapeuten, die einem bei psychologischen Problemen helfen konnten, gab es damals nicht. Ich war noch so jung und von ihm und dem Leben enttäuscht. Er konnte mir nicht geben, wonach ich mich sehnte. Alles, was ich angefangen hatte, war mir misslungen, so jung schien ich überall gescheitert zu sein. Schon nach einem Jahr wusste ich, dass ich ihn verlassen würde.

Da mein Mann beim Militär war, war es sehr schwierig, eine Erlaubnis für eine Scheidung zu bekommen. Er war dagegen, ihm war es wichtiger, den äußeren Schein zu wahren. Wenn er nicht wollte, musste ich mich notgedrungen fügen. Alles blieb beim Alten, mein Mann änderte sich nicht, in Wirklichkeit war er mit seiner Mutter verheiratet. Jede Woche an seinem freien Tag besuchte er sie. Mir gegenüber blieb er kalt und gefühllos. Seine Gleichgültigkeit war schon schwer genug zu ertragen, noch schlimmer war, dass er zunehmend feindseliger wurde und bösartige Züge bekam. Ich begann Angst vor ihm zu haben. Damals stand ich tagsüber acht bis zehn Stunden am Fließband, saß noch einmal drei bis vier Stunden im Bus, um nach Hause zu kommen. Mir war alles zu viel, abends brachte ich keinen Bissen mehr herunter und ließ mich nur noch auf einen Stuhl fallen. Meinen Mann kümmerte mein Zustand nicht, auch wenn wir uns nur kurz sahen, entstand kein Gespräch zwischen uns. Ich könne ihn sowieso nicht verstehen, meinte er.

Uns fehlte die gegenseitige Zuneigung und Achtung voreinander, deshalb gab es kein Verständnis und kein Mitgefühl füreinander, von einer erotischen Beziehung ganz zu schweigen. Im Chinesischen gibt es das Sprichwort: »Auf eine Liebesnacht folgen hundert Tage in Liebe und Harmonie.« Zwischen uns gab es nur Leere.

In all den Jahren schliefen wir nur ein paar Mal miteinander, weil er nicht konnte. Einmal, ich erinnere mich mit Schrecken daran, bekam er danach solche Herzprobleme, dass ich einen Arzt holen musste. Es war schrecklich zwischen uns.

Trotzdem wurde ich schwanger. Zuerst hatte ich die Hoffnung, dass sich nun alles zwischen uns ändern würde. Doch er blieb gleichgültig. Selbst am Ende meiner Schwangerschaft, als es schon sehr beschwerlich für mich war, auf den Markt zu gehen und Gemüse, Obst und den Reisvorrat heimzuschleppen, half er mir nie beim Tragen. Wenn seine Mutter einkaufen musste, war er zur Stelle und konnte schwerste Lasten schultern.

Als ich meinen kleinen Sohn in den Armen hielt, fühlte ich mich zum ersten Mal während dieser Ehe beschenkt. Er brachte mir so viel Glück, und mein alter Lebenswille kehrte zurück, sodass ich mir durchaus vorstellen konnte, ihn allein großzuziehen. Für ihn und mich wollte ich ein besseres Leben erkämpfen, die Scheidung wäre der erste Schritt in diese Richtung gewesen, doch sie wurde mir erneut verweigert. In meiner Verzweiflung dachte ich daran, den Gashahn aufzudrehen, um uns alle zu vergiften. Diese Ehe war die Hölle für mich und es war unmenschlich, so zu leben. Man konnte mich nicht zwingen, in dieser Ehe auszuharren. Liebesverhältnisse hielt man für unmoralisch, für mich waren Ehen wie meine unmoralisch. Als ich mich endlich nach acht Jahren scheiden lassen konnte, stand ich vor dem Nichts. Ich hatte weder Wohnung noch Arbeit. Ich verzichtete auf alles, ich wollte nur mein Kind. Es gab auch keine andere Möglichkeit für mich, da mir als Ehefrau eines Militärs die juristische Scheidung verweigert wurde. Ich bekam eine Trennung in gegenseitigem Einverständnis nur unter der Bedingung, auf alle Rechte zu verzichten. Mir war bewusst, welchem gesellschaftlichen Druck ich ausgesetzt sein würde, weil immer die Frau schuld war, wenn eine Ehe zu Bruch ging. Da war sicher ein Liebhaber im Spiel, munkelte man.

Ich packte mein Kind in eine Tasche, zog mit ihm von Familie zu Familie und bot meine Dienste als Schneiderin an. Das war sehr bitter, aber manche meiner Freunde hatten Mitleid und ließen mich eine Zeit lang bei sich wohnen und arbeiten. Ich stopfte Socken und Unterwäsche und nähte neue Hemden und Kleider. Der Korb mit meinem kleinen Sohn stand immer neben mir, er tröstete mich, er war vergnügt, in meiner Nähe zu sein. Ich fühlte mich befreit. Was hatte ich noch zu verlieren, mein Leben konnte nur noch besser werden.

Sicher, es war schwer, als allein stehende Frau ohne Geld und Wohnung wieder von vorn zu beginnen. Mein Kind hielt mich in dieser Zeit über Wasser. Es war ein fröhliches und gutes Kind. Mein Sohn trug keinen Schaden davon, weil seine Mutter allein für ihn sorgen musste. Kinder müssen nicht notgedrungen darunter leiden, wenn eine Ehe scheitert. Es kommt ganz darauf an, wie man sein Kind erzieht. Er musste schon sehr früh selbständig sein. Gleichzeitig verwöhnte ich ihn, wenn ich Zeit für ihn hatte. Als mein Sohn sieben Jahre alt war und immer noch in meinem Bett schlief, merkte ich genau, dass er da nicht mehr hingehörte. Er war kein Kleinkind mehr, sondern ein kleiner Junge, der sein eigenes Bett brauchte. Gerade ich sollte den Fehler meiner Schwiegermutter nicht wiederholen. Ich versuchte ihm vorzuleben, wie man Schwierigkeiten überwinden kann. Wenn ich das als Frau schaffte, würde er das später als Mann auch meistern. Ich denke, dass ihm heute bewusst ist, dass man viel erreichen kann, wenn man die Zähne zusammenbeißt.

Bis heute konnte ich nicht einmal mit meinen Freunden über das Scheitern meiner Ehe sprechen. Ich hätte meinen Schmerz damals laut hinausschreien mögen, wusste aber, dass mir das nur schaden würde. Jeder dachte insgeheim, dass es mein Problem war, wenn ich mich nicht anpassen konnte. Ich hielt besser den Mund. Es gehörte sich nicht, meinen Mann vor den anderen schlecht zu machen.

Für uns war es damals sehr schwierig gewesen, eine Erlaubnis für unsere Heirat zu bekommen, weil man es nicht gern sah, dass ein Angehöriger des Militärs eine Frau mit meiner politischen Vergangenheit heiraten wollte. Nun erwartete man von mir, bei ihm auszuharren.

Damals wurden Ehen aus praktischen Gesichtspunkten geschlossen. Viele verließen sich darauf, dass sich die Liebe dann schon von selbst einstellte. Die meisten Frauen fügten sich in ihr Schicksal und waren realistisch genug, keine romantischen Gefühle zu erwarten.

Erst viel später, in den 90er Jahren, traute ich mich, über diese unselige Ehe zu sprechen. Das *Time Magazine* wollte eine Dokumentation veröffentlichen mit dem Thema »Mein Mann hat mich nie geküsst«. Ich war überrascht, wie viele Chinesinnen es gab, die bereit waren, darüber zu sprechen. Unter anderem auch ich. Wie die Journalisten mich ausfindig gemacht hatten, weiß ich nicht. Viele chinesische Frauen hatten also ähnliche Erfahrungen gemacht. Nun waren einige wenige mutig genug, darüber zu sprechen, und ich finde, wir hatten auch das Recht dazu.

Meine schlimmste Vorstellung war damals, jemals wieder von einem Mann abhängig zu sein. Als sich mir 1991 die Gelegenheit bot, in Japan zu arbeiten, entschloss ich mich sehr spontan dazu, um für mich und meinen Sohn etwas Geld zurücklegen zu können. Ich reiste mit einem Reisepass ein, in dem ein Visum für 15 Tage eingetragen war, konnte aber dann doch bis 1993 bleiben und arbeitete als Tellerwäscherin in einem Restaurant. Es hätte auch andere Arbeitsmöglichkeiten gegeben, zum Beispiel in einer Bar. Aber das hätte nicht zu mir gepasst, ich konnte ja mit ansehen, wie das Geld in Japan andere Chinesinnen verführte, und ich wollte mir treu bleiben. Ich stand bis zu 15 Stunden am Spülbecken, die Haut meiner Hände wurde so dünn, dass ich mich durch die kleinste Berührung verletzte. Ich spürte natürlich, dass mich die Japaner gesellschaftlich in der untersten Klasse ansiedelten. Das war schwierig, aber gleichzeitig war die Zeit für mich interessant und lehrreich. Man muss sich vorstellen, eine einfache chinesische Schneiderin kommt in ein westlich geprägtes asiatisches Land, dessen Volk sich dem ihren überlegen fühlt. Ich hatte viel Gelegenheit, die Japaner sehr genau zu beobachten, vor allem die Frauen.

Zwischen Japanern gibt es keinen Gefühlsaustausch. Ich konnte nach einiger Zeit etwas Japanisch, es war aber kaum möglich, an die Menschen heranzukommen. Bei den Japanern weißt du nie, was sie wirklich denken und empfinden. Die Menschen aus dem Westen sind dagegen sehr offen und drücken alles aus, was ihnen auf dem Herzen liegt. Mir fiel auf, mit welcher Leichtigkeit sie ein Gespräch aufnehmen können. Sie sind ehrlich, auch wenn es etwas Unangenehmes zu sagen gibt. Es gibt keine geheimen Winkel in ihrem Herzen, alles liegt offen da. Selbst wenn sie nichts sagen, sprechen sie mit den Augen zu dir. Dieser direkte Augenkontakt war mir neu und ich mag ihn.

Die Menschen in China sind viel mehr nach innen gerichtet, aber die Japaner sind es noch mehr, oft hatte ich das Gefühl, durch eine Wand von ihnen getrennt zu sein. Gespräche mit ihnen waren sehr ermüdend für mich. Ich bin sicher, es gibt auch Ausnahmen, aber ich hatte nicht das Glück, ihnen zu begegnen.

Mir fiel auf, dass die japanischen Frauen sehr auf ihr Äußeres achten. Sie wissen genau, wie sie sich schminken und anziehen müssen, um schön auszusehen. Ich finde die chinesischen Frauen im Grunde hübscher, aber sie wissen es nicht und können sich weder schminken noch gut kleiden. Jahrzehntelang war es verboten, sich derartigen bourgeoisen Verführungen hinzugeben. Wie sollten sie also auf einmal wissen, was ihnen gut zu Gesicht steht. Ich schaute nun immer genauer hin und dabei kam mir die Idee, nach meiner Rückkehr Frauen in China zu beraten, wie sie sich vorteilhaft kleiden und schminken könnten.

Als meine Freunde in China mich später fragten, welchen Frauentyp die Japaner bevorzugten, sagte ich, ohne es mir vorher groß zu überlegen, ich glaubte, es seien Frauen, die sehr sanft und zärtlich sein können. Denn ich hatte beobachtet, dass die japanischen Frauen sich bemühten, diesem Typ zu entsprechen. Ich fand sie aber in ihrem Inneren eher hart, obwohl sie nach außen vorgaben, weich zu sein.

Die ganze wirtschaftliche Macht in der Familie liegt in den Händen der Frauen, die Männer haben manchmal nicht einmal genügend Geld, um auszugehen. Sie verdienen das Geld und liefern es brav zu Hause ab. Die Frauen entscheiden dann, was gekauft wird und wofür das Geld ausgegeben wird. Früher kam es oft vor, dass japanische Männer ihre Frauen verprügelten, aber diese Zeiten sind vorbei. Die westliche Kultur hat Einzug gehalten, und die Männer haben sich brav angepasst.

Während dieser Zeit gab es einen japanischen Mann, mit dem ich gelegentlich ausging. Meine Bedingung war, dass er mich nicht berühren durfte, und erstaunlicherweise hielt er sich daran. Das gibt es in China nicht, ein chinesischer Mann würde auf jeden Fall den Versuch machen, einer Frau näher zu kommen, auch wenn sie ihm sagt, dass das nicht geht.

Dieser Japaner machte mir sehr lange den Hof, aber ich hätte nie einen Japaner heiraten können. Wir wurden Freunde und er brachte mich oft mit dem Auto nach Hause. Ich vertraute ihm und fühlte mich sehr frei ihm gegenüber.

Manchmal, wenn ich auf der Fahrt nach Hause sehr müde war, fragte ich ihn, ob ich meine Beine hochlegen könnte. Natürlich hatte er nichts dagegen. Japanische Frauen würden sich nie so gehen lassen. Sie sind sich ihrer Wirkung auf Männer sehr bewusst. Sie achten sehr auf ihren Gang, ich bin sicher, sie üben sogar vor dem Spiegel ein, wie sie sich hinsetzen.

Ich legte also die Beine hoch, und er schaute zu mir herüber. »Nun gut«, sagte ich, »du darfst sie streicheln, aber nur bis zum Knie.« Er hielt sich brav daran, kein chinesischer Mann würde ein derartiges Verbot ernst nehmen. Chinesische Männer sind Rüpel, sie haben nie gelernt, wie man einer Frau zart begegnet.

Das war wahrscheinlich auch der Grund, warum ich mich nach meiner Rückkehr in einen Kanadier verliebte. Freunde stellten mir beim Essen in einem Lokal einen freundlichen Kanadier vor, ungefähr in meinem Alter, vielleicht sogar etwas älter als ich. Ich sprach kein Wort Englisch, er kein Wort Chinesisch, aber er war mir vom ersten Moment an sehr angenehm. Sein Freund übersetzte, sodass wir uns ein bisschen unterhalten konnten. Ihm ging es wie mir, er fragte mich, ob er mich an einem der nächsten Abende zum Essen einladen dürfte. Ich lehnte ab, da ich wusste, dass er in Kanada eine Familie hat, und ich Angst hatte, mich in ihn zu verlieben.

Nachdem er gegangen war, schimpfte mich meine Freundin aus. Sie denkt sehr praktisch und meinte, in meinem Alter könne man solche Einladungen nicht mehr ausschlagen. Er sei mir doch sympathisch und irgendwann sei der Zeitpunkt gekommen, mein Glück in die Hand zu nehmen. Wie lange wollte ich noch warten, mein Leben auch ein bisschen zu genießen?

Der Kanadier gab nicht so schnell auf, weil er gespürt hatte, dass er mir nicht gleichgültig war. Er machte noch einen Versuch, mich einzuladen, und dieses Mal konnte ich nicht mehr nein sagen. Er holte mich ab, und durch die Art und Weise, wie er mich behandelte, gab er mir das Gefühl, eine Frau zu sein. Er hielt mir die Tür auf, half mir im Lokal aus dem Mantel, rückte mir den Stuhl zurecht, Dinge, die einem chinesischen Mann nicht einfallen würden. Er würde sich nie Gedanken darüber machen, wie er einer Frau eine Freude machen könnte. Nach diesem Abend hatte ich schon alle Vorbehalte aufgegeben.

Eric ist Ingenieur und kam im Auftrag seiner Firma monatlich zwei bis drei Tage nach China. Die freie Zeit, die er hatte, wollte er mit mir verbringen, machte mir aber von Beginn an nie Hoffnung auf mehr, da er sich nicht scheiden lassen wollte. Bis er wiederkam, lernte ich Englisch.

Das ergab sich so gut wie nebenbei. Ich hatte mir inzwischen in Peking eine kleine Nähstube eingerichtet, genauso wie ich mir das in Japan vorgenommen hatte. Es sprach sich schnell herum, dass ich einen guten Geschmack hätte und außerdem eine perfekte Schneiderin sei. Über zu wenig Kundschaft kann ich mich also nicht beklagen. Die Frauen kommen zu mir und bringen ein Kleidungsstück mit, das sie kopiert haben wollen, oder wir blättern einige westliche Magazine und Modehefte durch und lassen uns anregen, was der Kundin am besten stehen würde. Wir stimmen den Schnitt ab und suchen den Stoff aus, der in der Farbe am besten zu Gesicht und Haaren passt. Bis sie zur ersten Anprobe kommt, ist das Kleid zugeschnitten und zusammengeheftet, sodass man schon erkennen kann, wie es später aussehen wird. Ich stecke die Nähte ab, achte darauf, dass es gut fällt und nicht zu eng ist. Wenn sich meine Kundin dann im fertigen Kleid zum ersten Mal vor dem Spiegel dreht, biete ich meistens an, ihr Gesicht in ihren Farben zart zu schminken. Ich mag diese Arbeit, weil ich den Frauen wirklich eine Freude mache und die meisten sehr beschwingt meine kleine Stube verlassen.

Wie oft hatte ich mir in Japan vorgestellt, meine Idee in die Tat umzusetzen. Mich macht es so glücklich, dass ich das erste Mal in meinem Leben die Freiheit habe, das zu tun, was mir Spaß macht. Es ist eine besinnliche Arbeit, die mir Zeit lässt, meinen Gedanken nachzuhängen.

Seit ich Eric kannte, dachte ich während der Näharbeit viel an ihn. Wenn ich den englischen Sender einschaltete, rückte er mir näher und ich versuchte nebenbei seine Sprache zu lernen. Ich war gespannt, wie er auf meine ersten englischen Worte reagieren würde.

Er kam tatsächlich Monat für Monat für zwei, drei Tage zu mir zurück. Den ganzen Monat lebte ich in der Vorfreude auf diese paar Tage, die zum Höhepunkt in meinem Leben wurden. Die Zeit, die wir zusammen verbringen konnten, verging viel zu schnell, jeder Abschied war schmerzhaft und die Zeit danach traurig. Wenn ich sehr viel Sehnsucht hatte, rief ich in Kanada an, was eigentlich zu teuer war für mich. Ich wusste nicht, ob das schon Liebe war, was ich für ihn empfand, aber diese Beziehung bestimmte mein ganzes Fühlen und Denken und ich genoss es, eine Frau zu sein. Er achtete mich und das machte mich glücklich. Es sind einfache Dinge, die er zu genießen weiß. Manchmal schaute er mir nur zu, wie ich den Tisch deckte oder wie ich nähte. Das rührte mich, ich spürte, dass er mich gern hatte, ohne viel darüber zu reden. Im Hintergrund war leise Musik zu hören, Eric las seine Zeitung, ich säumte ein Kleid, und wir genossen diese ruhigen Stunden zusammen.

Unsere Verständigungsschwierigkeiten spielten keine Rolle, was wir nicht ausdrücken konnten, schauten wir im Lexikon nach. Wenn es nichts half, verstanden wir uns auch ohne Worte. Eric war der erste Mann, der mir gegenüber so gefühlvoll war.

Ich machte mir keine Hoffnung auf eine gemeinsame Zukunft, weil ich wusste, dass er seine Familie nie aufgeben würde. Wenn er sich nicht scheiden lassen wollte, hieß das ja gleichzeitig, dass er

Verantwortungsgefühl hatte und seine Familie nicht im Stich ließ. So wartete ich geduldig auf ihn, war zufrieden und genoss das Gefühl, jemanden gern zu haben. Ich schätzte meine Selbständigkeit, solange ich nähen konnte, stand ich auf eigenen Beinen. Die kurze Zeit, die ich mit ihm zusammen war, machte mich glücklich. Manchmal waren wir schon wie ein altes Ehepaar, das sich verstand, ohne viel Worte zu machen, und in manchen Momenten sogar die gleichen Gedanken hatte. Nach all dem, was ich erlebt habe, war ich in meinen Ansprüchen bescheiden geworden. Ich bin sicher, viele Frauen hätten Mühe mit dieser Art von Beziehung. Ich dagegen schien gefunden zu haben, wonach ich mich gesehnt hatte. Eric ist ein herzlicher und natürlicher Mann und für mich war es ein Segen, mit ihm ein paar Tage im Monat zusammenleben zu können. Das Schicksal meinte es gut mit mir und ich wollte es annehmen, auch wenn mein Glück nur zwei oder drei Jahre dauern sollte. Dieses Mal wollte ich nicht verzichten.

Mit einem chinesischen Mann hatte ich mich nie als Frau gefühlt, weil sie Frauen nicht achten. In der Zeit, in der ich wirklich Unterstützung brauchte, stand keiner zu mir wegen meines Sohnes. Keiner wollte die Verantwortung für ein Kind übernehmen. Bei den chinesischen Männern kam ich mir immer wie auf dem Tomatenmarkt vor, jede einzelne wird befühlt und bei Nichtgefallen zur Seite gelegt. Dem Himmel sei Dank, dass ich über all die Jahre mein Selbstbewusstsein nicht verloren habe. Ich weiß, dass ich tüchtig bin, ich bin keineswegs hässlich und ich kann jemanden wirklich lieben. Nur weil ich geschieden bin und ein Kind habe, blieb ich chancenlos.

Nach einiger Zeit kehrte auch bei Eric und mir der Alltag ein. Seine Firma nahm ihn immer mehr in China in Anspruch und er lebte jetzt praktisch hier und fuhr nur ein paar Mal nach Kanada zu seiner Familie. Er bat mich, eine Wohnung für ihn zu suchen, damit er nicht nur im Hotel leben müsste. Mir machte es Spaß, für ihn zu sorgen, ich fand bald eine geeignete Wohnung, die ich für ihn einrichtete, als sei es unsere gemeinsame. Ich stellte eine Frau ein, die ich anhielt, Erics Lieblingsgerichte zu kochen und regelmäßig bei ihm Ordnung zu halten. Über die Zeit war ich für alle Kleinigkeiten seines Alltags zuständig geworden. Ich übernahm seine Behördengänge, stimmte die Beamten milde, wenn ich für ihn wieder etwas genehmigen lassen musste. Ich stand in langen Schlangen, um seine Telefonrechnung, seine Stromrechnung zu bezahlen, weil es noch keine Überweisungsmöglichkeiten gab zu jener Zeit. Wenn er Ärger bekam oder die Leute mit ihm unhöflich waren, dann kämpfte ich für ihn. Taxifahrer versuchten ihn oft über das Ohr zu hauen, und mischte ich mich dann ein, wurde ich zum Dank als Prostituierte beschimpft.

Ganz allmählich war aus unserer unverbindlichen Beziehung für mich etwas anderes geworden. Ich zog zu ihm und betrachtete seine Wohnung als unser Zuhause.

Mein Englisch war so gut geworden, dass wir uns inzwischen flüssig unterhalten konnten, und auch Erics Chinesisch war ausreichend, sodass er sich problemlos im chinesischen Alltag durchschlagen konnte. Mein Sohn machte sich schon lustig über unser Mischmasch aus Englisch und Chinesisch, das nur wir beide verstünden.

In dem Maße, wie sich unsere Sprachschwierigkeiten legten, schlichen sich ganz allmählich immer mehr Meinungsverschiedenheiten zwischen uns ein. Eric wurde zunehmend gereizter, und ich lernte eine Seite an ihm kennen, die mir bislang verborgen geblieben war. Aus uns war ein Paar geworden, das sich sehr vertraut war, aber auch in ganz typischen Situationen den üblichen Streit bekam.

Auf einer Autofahrt durch Schanghai saß ich neben Eric mit dem Stadtplan auf den Knien. Ich sollte aufmerksam mitlesen und ihm rechtzeitig die Abzweigungen sagen. Ich gebe ja zu, dass Kartenlesen nicht unbedingt zu meinen Stärken gehört, zudem ist das Straßengewirr von Schanghai schwer zu durchschauen. Es geschah das Unvermeidliche, ich schickte Eric in die falsche Richtung. Er reagierte so ungeduldig und genervt auf meinen Fehler, geriet regelrecht außer sich, dass ich in Tränen ausbrach, weil ich ihn noch nie so erlebt hatte. Ich war entsetzt, dass er so mit mir umgehen konnte.

Diese Ausbrüche häuften sich, wir gerieten wegen jeder Kleinigkeit in Streit, sodass ich ihm letzte Weihnachten, als er mir sagte, dass er nach Hause fahren wolle, die Trennung vorschlug. Er schaute mich entsetzt an und verstand nicht, warum. Ich sagte ihm, dass ich sehr traurig darüber war, dass er mir gegenüber so gereizt geworden sei und ich das nicht länger ertragen könnte. Aus lauter Angst, etwas falsch zu machen und seinen Zorn zu erregen, war ich ihm gegenüber vorsichtig und ängstlich geworden. Manchmal zitterte ich innerlich in der bangen Erwartung vor dem nächsten Gewitter. Wenn wir zusammenbleiben wollten, sollten wir dies doch aus Freude und nicht aus Bequemlichkeit tun. Wenn er keine Freude mehr hatte an unserem Zusammensein, warum sollte ich dann bei ihm bleiben. »Nein, nein«, rief Eric, »wie kommst du darauf, dass ich mich von dir trennen könnte?«

Ich war wieder einmal den Tränen nahe: »Du verhältst dich aber so. Du weißt nicht, was du willst, vielleicht solltest du dir ein paar Gedanken über dein Leben machen, du bist nicht mehr zufrieden damit.«

Eric war ganz betroffen nach unserer heftigen Auseinandersetzung und ging seinen kanadischen Freund besuchen, um sich bei ihm auszusprechen. Das Gespräch muss gut gewesen sein, jedenfalls kam er wie verwandelt zurück und war sehr liebevoll zu mir, sagte mir aber gleichzeitig, dass er im kommenden Jahr viermal nach Kanada reisen wolle, um seine Familie zu besuchen. Im letzten Jahr hatte er seine Familie nur zweimal besucht. Ich bin sicher, dass er seiner Familie versprochen hatte, sich mehr um sie zu kümmern.

Vergangenen März kündigte sein Sohn seinen Besuch an. Von einem Tag auf den anderen sagte mir Eric, ich müsse unsere gemeinsame Wohnung während seines Besuches verlassen. Er teilte mir das vollkommen kalt mit und stellte mich einfach vor vollendete Tatsachen. Meine Vergangenheit holte mich wieder ein, während der Kulturrevolution wusste man auch nie, was einen am nächsten Tag erwartete. Man konnte über Nacht vor dem Nichts stehen. Eric begründete den Hinauswurf mit der Rücksicht, die er auf seinen Sohn nehmen müsse, der von unserer Beziehung nichts wisse, nur seine Frau sei eingeweiht. Sein Sohn sei drogenabhängig gewesen und sehr labil, er wolle ihn nicht unnötig verunsichern. Nun, dieser Sohn hatte immerhin seine Kindheit hinter sich gelassen, warum meine Gefühle nicht zählten, verstand ich nicht.

Den letzten Abend vor der Ankunft seines Sohnes verbrachten wir noch zusammen. Am nächsten Morgen sollte ich gemeinsam mit Eric in aller Frühe die Wohnung verlassen. Ich hatte meine paar Habseligkeiten in zwei Koffern verstaut, sie nach unten getragen und schaute ihm nun traurig nach, wie er allein zu seinem Auto ging. Er spürte genau, wie traurig ich war, er wusste, was er mir antat, und trotzdem hatte er kein Wort des Trostes für mich. Er stieg ohne einen Blick zurück in sein Auto, und ich schleppte meine zwei Koffer zur Bushaltestelle und fuhr niedergeschlagen in meine alte Wohnung zurück. Hätte er mich nur kurz in den Arm genommen oder sich entschuldigt, hätte ich mich viel besser gefühlt. Dass er so rücksichtslos sein konnte, hätte ich nie gedacht. Ich sah sein Gesicht, das zu sagen schien, jetzt kommt meine Familie, jetzt bist du unwichtig und kannst gehen. Es hatte schon vorher einige Auseinandersetzungen zwischen uns gegeben, weil ich mich so ausgenutzt fühlte und mein inneres Gleichgewicht zu verlieren begann. So wie er mich neuerdings behandelte, hatte er keinen Respekt mehr vor mir. Dieser letzte Abend war wie ein Schlag ins Gesicht für mich. Er hatte mich einfach benutzt, er wollte nicht allein sein, ließ für sich sorgen, und sobald seine Familie auftauchte, stieß er mich von sich. Ich hatte mich in ihn verliebt und hatte all diese Dinge aus Liebe zu ihm gemacht. Das Verhältnis zu seiner Putzfrau war klarer, sie bekam ihre Dienste bezahlt. Er hätte sich wirklich mit unserer Tradition auseinandersetzen sollen, dann wäre ihm vielleicht klar gewesen, dass für mein Volk die Tugend des Mitgefühls seit 5000 Jahren etwas sehr Wichtiges ist. Ihm war offensichtlich nicht mehr bewusst, dass er sich glücklich schätzen konnte, mir begegnet zu sein, und nun behandelte er mich so. Es ging mir nie um materielle Dinge, es war eine reine Herzensverbindung. Ich habe nur gegeben und mich dabei verloren.

Auch dieses Mal dauerte mein Groll nicht lange, wir versöhnten uns wieder.

Unser Zusammenleben war aber nicht ganz ungefährlich für mich, es war nicht legal, mit Eric zusammenzuleben. Wenn ich unterwegs Probleme bekam, rief ich sofort meine Freundin an, damit sie nach mir forschen könnte, falls ich nicht nach Hause käme. Einmal gab es eine besonders unangenehme Situation für mich. Eric war in einen kleinen Unfall verwickelt. Ich weiß nicht mehr, wie das passieren konnte, jedenfalls war ein Bauer vom Fahrrad gestürzt, und Eric hielt sofort an. Es sah nicht schlimm aus, der Bauer hatte nur eine kleine Wunde am Bein. Eric stieg aus und bot ihm an, ihn in ein Krankenhaus zu bringen oder, falls es nicht so schlimm war, ihm Geld zu geben. Als der Bauer sah, dass es sich um einen Ausländer handelte, wollte er sofort 1500 Yuan von ihm haben. Ich mischte mich ein und sagte ihm, dass das unverschämt sei. Wenn er zur Polizei ginge, würde er vielleicht nur 100 Yuan bekommen. Eric wurde die Sache zu kompliziert, er wollte die Polizei holen. Schließlich sei er versichert, warum sollte er dann 1500 Yuan aus eigener Tasche bezahlen. Er war im Begriff, die Polizei zu rufen, als der Bauer Angst bekam und davonlief. Eric verstand das nicht und wollte seine Adresse ausfindig machen. Ich war dagegen, weil es mir ebenfalls unangenehm war, mit der Polizei in Berührung zu kommen. Mir war bang vor ihren Fragen. Sie konnten leicht herausbekommen, dass Eric verheiratet war. Eine Prostituierte ist wenigstens in einer eindeutigen Lage. Ich konnte nie stolz sagen, das ist mein Mann oder mein Freund. Eric wusste nicht, was in mir vorging, er schaute mich nur erstaunt an und sagte: »Du hast mir doch beigebracht, dass man ehrlich sein sollte. Ich möchte nicht, dass der Bauer einen Schaden davonträgt.« Ich war ganz gerührt und übersetzte das dann dem Polizisten, der auf einmal freundliche Augen bekam. Ich sei eine typische Chinesin für ihn, sagte Eric zu ihm, in mir sei das Beste unserer Kultur lebendig.

Wenn ich zurückblicke, haben wir trotz der Auseinandersetzungen und Missverständnisse eine sehr schöne Zeit miteinander verbracht. Eric ist ein sehr zärtlicher Mann, er kann seine Gefühle zeigen und hat mir Geborgenheit gegeben. Wie oft sagte er mir, wie sehr er mich lieb habe und wie schön ich sei. Ich weiß, dass ich nicht schön bin, aber seine Komplimente kamen so von Herzen, dass ich mich wirklich geliebt fühlte und obendrein auch noch schön fand.

Sein Chinesisch mochte noch etwas unbeholfen sein, aber seine Worte trafen mich mitten ins Herz. Seine Liebeserklärungen hörten sich ungefähr so an: »Dein Fleisch ist schön, dein Herz ist schön, du bist ein gelber Mensch.« Dabei hielt er seinen Arm an den meinen und sagte. »Und schau, ich auch.« Er konnte verspielt sein wie ein Kind. Ich hielt dagegen, dass ich Sommersprossen hätte und eine flache Nase. »Gegen die Sommersprossen gibt es Makeup und deine Nase habe ich gestern aufgegessen, ist dir das nicht aufgefallen?« Er mochte meine Stimme und wenn wir telefonierten, wollte er mich schon wegen ihres Klangs umarmen. Unseren Freunden wurde unser Geturtel manchmal zu viel. Ihnen bräuchten wir doch nichts vorzuspielen, meinten sie.

Ich kann sie gut verstehen, weil es gerade in der Liebe zwischen unseren Kulturen so große Unterschiede gibt. In China zeigt man seine Gefühle anders als im Westen. Für das verliebte Spiel wäre der einfache chinesische Mann viel zu linkisch und zu schüchtern. Er kann sehr verklemmt sein und gleichzeitig dreist und egoistisch, wenn es um seine Bedürfnisse geht, die er auch gegen den Willen der Frau durchsetzt. Er denkt in der Liebe zuerst an sich, dass er auf die Gefühle der Frau eingehen könnte, käme ihm erst gar nicht in den Sinn.

Der gebildete chinesische Mann ist sehr scheu und zurückhaltend und vermeidet, selbst wenn er verliebt ist, den direkten Blickkontakt mit einer Frau. Er liebt aus der Ferne, bis er seine Scheu überwunden hat, kann es ihm passieren, dass seine Angebetete längst mit einem anderen verheiratet ist.

In der Erotik gibt es ähnliche Unterschiede. Es ist kaum zu glauben, wie es Mao geschafft hat, daraus ein Tabu zu machen, wenn man schon einmal einen der alten erotischen Romane in der Hand gehabt hat und die entsprechenden Bilder gesehen hat. Auch zu Maos Zeiten gab es sicher erotische Naturtalente, aber die Masse tappte im Dunkeln. Von einem Vorspiel haben die meisten Männer noch nie etwas gehört. Dass man eine Frau in der Liebe glücklich machen kann, dämmert ihnen erst allmählich.

Wie wunderbar die Liebe sein kann, hat mir erst Eric gezeigt. Er weckte die Leidenschaft in mir, dass ich so intensiv empfinden könnte, wusste ich vorher nicht. Auch deshalb könnte ich mich, seit ich mit Eric zusammen bin, nicht mehr in einen asiatischen Mann verlieben. Meine Freunde können das nicht verstehen. »Sind denn alle chinesischen Männer für dich gestorben«, necken sie mich, »dass du dich ausgerechnet in einen Ausländer verlieben musstest?«

Dann folgen die üblichen Witze, über die sich die Chinesen den Bauch halten vor Lachen. »Wie hältst du das überhaupt aus, neben einem Weißen einzuschlafen? Weckst du ihn eigentlich nachts, damit er sich unter die Dusche stellt?« Den »Lao Wei«[16] sagt man hier nach, einen unangenehmen Körpergeruch zu haben. Dazu muss ich sagen, dass Asiaten kaum riechen, auch wenn sie ins Schwitzen kommen. Deshalb ist China auch kein guter Absatzmarkt für Parfum.

Ich kann den Freunden auch nicht richtig erklären, warum ich mich ausgerechnet in Eric verliebte. Wenn ich mich verliebe, brennt mir das Herz, und genau das passierte mir bei Eric. Mir entspricht das, wie frei Mann und Frau im Westen miteinander umgehen.

Neulich schaute ich mir »Titanic« an. Das Liebespaar steht am Bug des Schiffes, sie sehen aus wie ein Vogelpaar, das sich vor lauter Glück und Freiheitsdrang gleich in die Lüfte erhebt. An dieser Stelle musste ich so sehr an Eric denken. Am Anfang unserer Beziehung gab es dieses Gefühl des großen Glücks zwischen uns. Wie ein Vogelpaar hätte ich mich gern mit ihm in den blauen Himmel gestürzt. Den Chinesen sind diese Gefühle eher fremd, das wurde mir auch bei einer anderen Szene bewusst. Jack, in den sich Rose verliebt hat, ist unten im Schiffsraum mit Handschellen an ein Stahlrohr gekettet, weil man ihn für den Dieb ihres Halsbandes hält. Das Wasser reicht ihm schon an die Brust. Sie sucht verzweifelt auf dem ganzen Schiff nach ihm und findet ihn endlich. Anstatt ihn sofort zu befreien, küsst sie ihn und umarmt ihn. Die Chinesen grölten vor Lachen, weil sie das so komisch fanden. Sie hätte doch Besseres zu tun gehabt in diesem Moment, als ihn zu küssen. Ich hätte Eric in dieser Situation auch zuerst geküsst. Chinesen denken aber viel praktischer, sie können sich nicht vorstellen, dass man solche Gefühle hat. Ich sehe diese Szene mit anderen Augen, ich kann verstehen, warum sie ihn zuerst küssen musste. Wenn man verliebt ist, kann man nur so handeln. Mich störte es, dass die Chinesen darüber nur lachen können, meine Gefühle waren verletzt und ich fühlte mich hart in die Wirklichkeit zurückgestoßen. Ich liebe diese Geschichte, in schönen Momenten fühlte sich mein Leben an wie in diesem Film. Auch chinesische Frauen sehnen sich nach Romantik, aber ihre Männer können ihnen das nicht geben und machen sich lustig über sie, dass sie diese Bedürfnisse überhaupt haben. Allein deswegen könnte ich mich in keinen chinesischen Mann mehr verlieben. Ich genoss es sehr, dass Eric zeigen konnte, wie sehr er mich liebt. In Asien geschieht das immer heimlich. Draußen zeigt man nie, dass man zusammengehört. Ich sprach im Freundeskreis darüber, und ein chinesischer Mann sagte, wenn ihr das wollt, können wir euch das auch bieten. Das käme doch nicht von Herzen, sie würden das nur nachahmen.

Immer wenn ich Eric auf dem Flughafen abholte, umarmte und küsste er mich. Alle starrten uns an, doch mir war das egal, ich war glücklich, Eric endlich wieder im Arm zu halten. Weil er Ausländer ist, wird das nicht so verurteilt wie bei einem chinesischen Paar. Wenn sich Chinesen lange nicht gesehen haben, lächeln sie sich allenfalls an, und das wäre mir zu wenig. Komischerweise steckt diese Scheu so tief in uns, dass selbst ich eigenartig berührt bin, wenn ich ein chinesisches Paar sehe, das sich in der Öffentlichkeit küsst.

Natürlich bekommen gemischte Paare wie wir auch Schwierigkeiten im Alltag. Die Chinesen behaupten, dass Frauen, die keinen Mann abbekämen, sich in Ausländer verlieben. So würden oft die hässlichsten Frauen einen ganz passablen Ausländer abbekommen, weil sie ein anderes Schönheitsideal hätten als die Chinesen. Auch über mich wird viel geklatscht, aber ich werde mein Leben doch nicht vom Klatsch beherrschen lassen. Ich gebe einfach vor, es nicht zu hören. Viele Chinesinnen haben es auf einen Ausländer abgesehen, um in den Westen zu kommen. Eric weiß, dass das nie eine Rolle spielte zwischen uns. Ich wünschte mir, dass er immer hier leben könnte. Er schlug mir einmal vor, mir zu helfen, nach Kanada auszuwandern, weil ich dort besser leben könnte. Ich weiß nicht, wie er sich das vorstellt, ich würde nur mit ihm zusammen auswandern. Da er seine Familie nie verlassen wird, schlage ich mir das aus dem Kopf.

Inzwischen fällt es mir zunehmend schwerer, mit Eric keine Zukunft zu haben. Er betrügt sich und mich, da er keine Entscheidung treffen kann. Ich weiß, dass wir uns trennen müssten, weil mich diese Ungewissheit auf die Dauer unglücklich macht. Als ich ihm wieder einmal die Trennung vorschlug, schien Eric sehr verzweifelt. Er brach in Tränen aus, schluchzte laut vor sich hin und versicherte mir immer wieder, dass er sich nicht von mir trennen könnte. Noch nie hatte ich einen Mann gesehen, der seinen Gefühlen in dieser Heftigkeit freien Lauf ließ. Doch am nächsten Morgen war alles wieder beim Alten. Da packte mich doch die kalte Wut, ich wurde laut und schlug auf ihn ein. Eric fasste sich plötzlich ans Herz, wurde ganz blass, während ich es mit der Angst zu tun bekam. Wir fuhren zusammen ins Krankenhaus und waren uns wieder ganz nahe. Ich konnte gar nichts anderes tun, als bei ihm zu bleiben. Sein Herz erholte sich sehr schnell, der Alltag holte uns wieder ein, und die alten Probleme tauchten wieder auf.

Auf einer Autofahrt, ich kann leider sehr impulsiv werden, wenn er den kühlen Mann spielt, geriet ich wieder außer mich, zog meinen Schuh aus und trommelte ihm damit während der Fahrt auf den Kopf. Ich weiß noch, dass es mich störte, dass ich im Auto nicht richtig ausholen konnte, weil das Autodach einfach nicht genügend Raum gab. Der Himmel war mein Zeuge, wie wütend ich war. Ich schrie und beschimpfte ihn laut. Eric schaute mich erschreckt an, fuhr zur Seite, hielt das Auto an und nahm die Brille ab. »Nun kannst du weitermachen«, sagte er in aller Ruhe. Als er mich vor meiner Wohnung absetzte, war ich immer noch außer mir und vollkommen erschöpft. Kaum war er bei sich zu Hause angekommen, rief er mich an und sagte, dass er mir eine Frage stellen müsste. Ich war erleichtert, seine Stimme zu hören, und wollte mich entschuldigen. »Du brauchst dich nicht zu entschuldigen, ich wollte nur wissen, ob du deinen Sohn auch schlägst, wenn er einen

Fehler gemacht hat.« »Ja, sicher, wenn es ein schlimmer Fehler war, dann bekommt er Schläge.« »Nur das wollte ich wissen, dann war es richtig, dass du mich geschlagen hast.«

Während der vielen Auseinandersetzungen wurde mir klar, dass ich mich nach einem Mann sehne, der zu mir steht und mir Mann und Freund zugleich ist. Eric hat mich oft sehr verletzt, weil er mich unsicher machte, welche Rolle ich in seinem Leben spielte. Ich war nicht seine Sekretärin, nicht seine Putzfrau, ich war nicht seine Freundin, was war ich ihm eigentlich? Wenn er einen Bekannten traf, wurde er jedes Mal unsicher, wie er mich vorstellen sollte.

Meinen Bekannten konnte ich auch nie sagen, dass er mein Freund sei, weil alle wussten, dass er in Kanada Frau und Familie hat. Ich weiß nicht, was aus uns werden wird. Woher soll ich nur die Kraft nehmen, mich von ihm zu trennen, solange er noch hier in meiner Nähe ist?

Xue Ya
Kauffrau

Es gibt ein Sprichwort bei uns, das als Motto über meinem Leben stehen könnte. »Der Zugvogel, der an der Spitze fliegt, wird leicht abgeschossen.« Ich wagte mich immer weit nach vorn und darf mich nicht beklagen, wenn ich in stürmischen Zeiten sehr viel Gegenwind abbekam. Ich weiß, dass es über mich sehr widersprüchliche Aussagen gibt. Manche reden sehr freundlich über mich, andere misstrauen mir. An meiner Person scheiden sich wirklich die Geister.

Es gab einige Brüche in meinem Leben. 1989 ging ich durch meine schlimmste Krise, mir war buchstäblich alles unter den Füßen weggebrochen, was mir bislang Halt gegeben hatte. Meine Ehe war gescheitert, ich musste über Nacht meinen Arbeitsplatz räumen, ich sah mich Verleumdungen und Anfeindungen ausgesetzt, die alles, was ich bisher erreicht hatte, zunichte machten. Es fällt mir heute noch schwer, darüber zu sprechen. Wenn man alles verloren hat, kann man noch nicht sehen, dass Katastrophen dieses Ausmaßes auch ihre gute Seite haben. Man ist gezwungen, noch einmal ganz von vorn zu beginnen.

Ich sprang ins kalte Wasser und ging nach Hongkong. Ich verließ ein China, in dem es damals schon gewisse Freiheiten gab, in dem aber jemand wie ich chancenlos bleiben würde. Die Verleumdungen hatten mir schwer zugesetzt und geschadet, und in China konnte mir das erneut passieren. Ich hatte nichts mehr zu verlieren. Es bestand die Möglichkeit, auch in Hongkong zu scheitern, aber ich hatte immerhin die Chance, in dieser Stadt Erfolg zu haben und mir einen Platz in der Zukunft zu sichern. In China konnte man nie in die Zukunft planen, man lebte immer im Heute, weil man nie sicher war, welche Überraschungen der Morgen bereithielt.

Als ich Schanghai den Rücken kehrte, war ich 33 Jahre alt. Mei-

Xue Ya

ne erste Zeit in Hongkong glich einer Katastrophe. Die meisten Schanghaichinesen sind stolz und fühlen sich den Hongkongchinesen überlegen, weil sie glauben, dass Hongkong in der kulturellen Wüste liegt. Wir sind stolz auf unsere Tradition und halten uns im klassischen Sinne für gebildet. Dieser Dünkel half mir nichts, weil in Hongkong andere Dinge zählten. Ich merkte sehr bald, dass ich ohne Geld ein Niemand war.

Ich war mit 800 Hongkongdollar[17] in die Millionenstadt gekommen und machte mich zuerst auf die Suche nach einem kleinen Zimmer. Das billigste, das ich fand, nahm ich. Obwohl ich 100 Dollar Anzahlung hinterlegen musste, war es vollkommen kahl, ein deprimierendes Verlies ohne Möbel, nicht einmal ein Bett stand darin. Es war gerade groß genug, um eine Matratze hineinzulegen und einen Koffer. In der Küche, die ich mitbenutzen konnte, durfte ich nur Tee kochen. Bis ich eine Schlafmatte aufgetrieben hatte, schlief ich die ersten Nächte auf dem nackten Fußboden in meinen Mantel gewickelt. Ich war ganz unten angekommen, ich lebte in einem Loch, meine paar Dollar, die ich in China mühsam gespart und teilweise zusammengeliehen hatte, würden bald aufgebraucht sein.

In Hongkong ist es wichtig, wie groß dein Auto ist, wo du wohnst, wie viel Geld du zur Schau trägst, mit welchen Leuten du gesehen wirst und von welchem Designer deine Kleider sind. Von den Hongkongchinesen sagt man auch, dass sie kalt und berechnend sind und nicht sehr hilfsbereit. Wenn du nicht fragst, hilft dir niemand. Ich hatte nur meinen Ehrgeiz und starken Willen und keine Angst, das Gesicht zu verlieren. Ich hatte keine Scheu, jeden um Rat zu fragen, auch wenn ich mich lächerlich machte, das Schlimmste, was einem Chinesen passieren kann.

Zunächst waren es die kleinen Dinge des Alltags, die mir den Schweiß ins Gesicht trieben. Ich brauchte Wochen, bis ich mich in dem tosenden Verkehrs- und Straßengewühl der Stadt einigermaßen zurechtfand. Bis ich herausgefunden hatte, dass man die Kleinbusse heranwinken muss, wenn man mitfahren wollte, vergingen einige Tage. Wollte man wieder aussteigen, musste man klingeln, doch bis ich wusste, wo ich abspringen wollte, war der Bus schon im nächsten Stadtteil. Ich gewöhnte mir an, alles zu erfragen.

Nachbarn, Mitfahrer, Passanten: alle hielt ich an, fragte, prüfte nach und ließ mir die einfachsten Dinge erklären, um mich durchzuschlagen. Das hatte ich gelernt. Wer sich wie meine Generation durch die entbehrungsreiche Zeit der Kulturrevolution durchgekämpft hatte, der hat seine Lektion fürs Leben gelernt. Die Schwierigkeiten konnten noch so groß sein, es gab immer ein Schlupfloch, durch das man kriechen konnte, um auf der anderen Seite wieder von vorn zu beginnen. Wir waren durch diese harte Schule dem Westen in gewisser Weise überlegen. Die jüngere Generation musste nie kämpfen und hat nie erfahren, dass man sich gegen die große Masse durchsetzen und besser sein muss als sie.

Ein paar Mal wurde ich von den Leuten, die ich auf der Straße angesprochen hatte, spontan zum Essen eingeladen, eine freundliche Geste, da Chinesen einfach für ihr Leben gern essen. Sie boten mir aber nie an, mir bei meiner Stellensuche zu helfen oder in ihrer Firma nachzufragen, ob für mich etwas frei wäre. Manchmal hinterließen sie eine Telefonnummer, in der sicheren Gewissheit, dass ich nicht anrufen würde, weil Chinesen lieber verhungern, als jemanden um Hilfe zu bitten. Ich war in einem dauernden Zwiespalt, weil wir Chinesen so erzogen sind, ja niemandem nahe zu treten. Ich benahm mich also dauernd daneben.

Man gab mir den Rat, ein Bankkonto einzurichten, bevor ich auf Stellensuche ging. Ich wusste aber nicht, wie ich das anstellen sollte. In China hatten wir keine Ersparnisse, also gab es auch keine Bankkonten. Ich ließ mir von drei verschiedenen Leuten erklären, wie man ein Konto eröffnet. Jeden einzelnen Satz hatte ich mir eingeprägt und machte mich mit zitternden Knien auf den Weg in eines dieser Furcht erregenden Glashochhäuser. Das war meine erste Berührung mit dem Kapitalismus.

Viele in meiner Situation enden als Straßenhändlerin, Putzfrau, Kinderfrau oder kleine Angestellte. Mein Vorteil war, dass ich wusste, was ich wollte. Ich hatte mir einen genauen Lebensplan zurechtgelegt. Mein großes Ziel war die Selbständigkeit, da ich wie die Hongkongchinesen vom großen Kuchen naschen wollte. Wenn ich mir einmal ein Ziel gesteckt hatte, verfolgte ich es auch, bis ich dort angelangt war, wohin ich wollte. Vielleicht muss ich nun doch etwas weiter ausholen und erzählen, woher ich, eine ehemalige Stahlarbeiterin, den Mut nahm, derart kühne Pläne zu schmieden.

Gleich nach meinem Schulabschluss 1975 wurde ich einer Raffinerie in einem Vorort von Schanghai als Arbeiterin zugeteilt. Ich hatte noch großes Glück, dass ich in der Nähe meiner Familie bleiben konnte, da mein älterer Bruder schon aufs Land verschickt worden war. Ich packte ein kleines Bündel und zog in ein karges Arbeiterwohnheim in der Nähe der Raffinerie.

Rückblickend muss ich sagen, dass die Arbeit in der Raffinerie die schlimmste Prüfung war, die ich je zu bestehen hatte. Auf Frauen wurde keine Rücksicht genommen, ich wurde von Anfang an in allen drei Schichten eingeteilt und hatte die gleiche Arbeit wie die Männer zu verrichten. An körperliche Arbeit nicht gewöhnt, stand ich bis zu zehn Stunden an den Hochöfen und ahmte bis zum Umfallen die Handgriffe der anderen nach. Das meiste habe ich verdrängt, ich kann mich nur noch daran erinnern, dass ich jeden Morgen dachte, den Tag nicht überstehen zu können. Den anderen ging es sicher ähnlich, aber jeder von uns behielt das für sich, ein guter Revolutionär zeigte keine Schwächen.

Eines Nachts schreckte ich durch eine Feuersirene aus dem Schlaf hoch. Noch halb im Schlaf tappte ich auf den Flur, und eine der Arbeiterinnen sagte mir, dass in einer Halle unserer Raffinerie ein Brand ausgebrochen sei. Ich überlegte nicht lange, sondern rannte barfuß im Schlafanzug mit meiner Bettdecke unter dem Arm in die Richtung der Raffinerie. Mir kam es nicht in den Sinn, dass die Raffinerie jeden Moment in die Luft fliegen könnte, sondern ich dachte nur daran, beim Feuerlöschen zu helfen. Mit dem Fahrrad brauchte ich gewöhnlich zehn Minuten. In dieser Nacht hatte ich das Gefühl, zu Fuß genauso schnell zu sein. Ich rannte wie von Sinnen auf den roten Himmel zu. Als ich ankam, stand unsere Fabrikhalle schon in Flammen. Einige Männer des Löschkommandos versuchten mich zurückzuhalten. Ich befreite mich energisch und stürzte mich mit meiner Bettdecke den Flammen entgegen, um sie mit ihr zu ersticken. Ich war außer mir, ging in einer schlafwandlerischen Sicherheit auf die Flammen zu und kam erst wieder zu mir, als sicher war, dass der Brand gelöscht werden konnte.

Am anderen Tag war in allen Zeitungen zu lesen, wie ein Mädchen im Schlafanzug mit seiner Bettdecke tapfer gegen das Feuer in der Raffinerie angekämpft hatte. Ich war die Heldin unserer 5000-köpfigen Belegschaft.

Meine mutige Tat öffnete mir plötzlich alle Türen. Man nahm mich als Mitglied des Kaders auf und brachte mich in der Jugendarbeit unter. Ich war sehr naiv, schlecht ausgebildet und mir war bewusst, dass ich, um dieser Aufgabe gewachsen zu sein, viel nachzuholen hatte. Wochenende für Wochenende, immer wenn ich bei meinen Eltern zu Besuch war, ging ich in die nahe gelegene Bibliothek und lieh mir vier, fünf Bücher aus, die ich in einer alten Armeetasche am Sonntagabend auf mein Fahrrad packte, um damit ins Arbeiterwohnheim zurückzuradeln. Zunächst las ich alles, was ich in die Hände bekommen konnte. Anfang 1975 konnte man kaum an Literatur herankommen, aber gegen Ende der Kulturrevolution, als an den Universitäten wieder gelehrt werden durfte, standen wieder Romane und Lyrik in den Regalen der Bibliotheken. Nach einiger Zeit konnte man auch klassische Literatur und Philosophie aus dem Westen bekommen. Ich las Balzac und Hugo, versuchte Sokrates zu verstehen, womit ich natürlich überfordert war. In der Raffinerie machte man sich schon ein bisschen lustig über mich. Eine Arbeiterin, die so viel las, war den anderen nicht ganz geheuer.

1979 wurden im Zuge einer Reform alle Chemiefabriken und Raffinerien zusammengeschlossen und ich wurde in die Zentrale versetzt, um dort in der Jugendliga tätig zu sein. Um diese Zeit hatte ich schon einiges über Jugend- und Entwicklungspsychologie gelesen und diese Lektüre beeinflusste natürlich meine Arbeit mit den Jugendlichen. Während der Kulturrevolution wurden die Persönlichkeit und die Gefühle unterdrückt, die Wissenschaft wurde missachtet. Nun war eine leise Toleranz zu spüren, sich diesen Themen wieder zu widmen. Innerhalb des Kaders standen jedoch politische Themen im Vordergrund. Ich war zwar Mitglied des Kaders, war aber nicht so sehr an der politischen Unterweisung interessiert als vielmehr daran, mich mit den ganz persönlichen Problemen der Jugendlichen auseinanderzusetzen. Ich war keine Intellektuelle, sondern eine eher praktisch veranlagte Jugendliche, die wusste, welche Probleme Angehörige meiner Altersstufe am meisten beschäftigten. Ich organisierte eine Vortragsserie, in deren Mittelpunkt psychologische Themen standen wie »Entwicklungspsychologie«, »Jugendliebe«, und besprach mit den Jugendlichen praktische Themen wie zum Beispiel: »Wie lerne ich einen Jungen oder ein Mädchen kennen?« Mir war nicht ganz wohl dabei, weil man so viele Jahre unter großem politischen Druck gestanden hatte und es für mich auch gefährlich werden konnte, vom alten Weg abzuweichen. Innerhalb der Jugendliga war ich aber mit meiner Arbeit sehr anerkannt und beliebt. Dennoch war ich ziemlich überrascht, als das Wahlgremium, das aus 500 Mitgliedern bestand, mich als Kandidatin für den Vorsitz der Jugendliga aufstellte. Ich bekam 498 Stimmen. Ich war überwältigt von dem Wahlergebnis, das so eindeutig für mich ausgefallen war. Nur zwei Stimmen fehlten, meine eigene natürlich und die meines Gegenkandidaten. Nachdem das Wahlergebnis feststand, erhoben sich alle von ihren Plätzen und klatschten vor Begeisterung in die Hände. Ich stand vor ihnen und war von dem Vertrauen und der Unterstützung meiner Arbeit gerührt. Nun hatte ich gar keine andere Wahl, als weiterhin sehr gute Arbeit zu leisten.

Ich half dabei, eine Tanzgruppe aufzubauen, koordinierte verschiedene Sportgruppen und ermunterte junge Leute, sich in einer Musikgruppe zu engagieren. Die Besten der verschiedenen Gruppen übten täglich viele Stunden und traten in Wettbewerben mit anderen Firmen an. Sie bekamen auch die Chance, von der Fabrikarbeit ganz befreit zu werden, um sich ganz ihrer Kunst in den Propagandatruppen[18] zu widmen.

Insgesamt machte ich zehn Jahre, zwischen meinem 22. und 32. Lebensjahr, diese Arbeit. Ich sammelte viel Erfahrung und lernte wichtige Leute in Schanghai kennen. Nach wie vor fuhr ich am Wochenende zu meinen Eltern und brachte immer noch jeden Sonntagabend meine alte Militärtasche voller Bücher mit. Inzwischen las ich nur noch Übersetzungen aus dem Westen. Ich verschlang alles, sei es eine Einführung in die Philosophie oder die Naturwissenschaften, Bücher über Politik oder über moderne europäische Filme. Während dieser Zeit wäre es mir nicht in den Sinn gekommen, Texte zu lesen, die sich mit unserer Kultur auseinandersetzten.

Das änderte sich erst, als ich das Glück hatte, Professor Pan kennen zu lernen. Er war Professor für Philosophie an der Universität in Schanghai und scharte wöchentlich bei sich zu Hause einen kleinen Kreis junger Leute um sich. Die anderen waren Mediziner, Hochschulstudenten, ein Maler war darunter und ein Musiker. Ich war die einzige Arbeiterin unter ihnen.

Als ich mit bangem Herzen das erste Mal vor seiner Tür stand, öffnete mir ein freundlicher alter Herr mit einem runden rosigen Gesicht, das mir sehr weise vorkam. Die schönen weißen Haare hatte er sorgfältig nach hinten gekämmt, er trug die traditionelle chinesische Jacke, in der er sehr würdig aussah. Für sein Alter machte er einen gesunden, gepflegten Eindruck. In ruhigen gesetzten Schritten ging er mir voraus. Überall an den Wänden standen Regale voller Bücher. So viele Bücher hatte ich noch nie in einer Privatwohnung gesehen. Er stellte mich seiner Frau vor, die er sehr zu achten schien. Die Harmonie, die zwischen den beiden zu spüren war, tat uns allen wohl. Mir war etwas bang, ob ich in den illustren Kreis passen würde, aber er verstand es, mir jede Scheu zu nehmen. Er hatte keine Kinder und öffnete jedem von uns sein großes väterliches Herz. Nun waren wir seine Kinder, denen er einen Teil seines großen Wissens mit auf den Weg geben wollte.

In seinem ersten Vortrag referierte er über den Philosophen Zhuang Zi[19], der im vierten Jahrhundert vor unserer Zeitrechnung gelebt hatte und sein Leben dem Taoismus des Laotse gewidmet hatte. Ich verstand zunächst recht wenig, war innerlich aufgewühlt von dem, was ich hörte, und spürte, dass Professor Pan im Begriff war, mir die Tür zu einer neuen Welt zu öffnen. Bislang hatte ich wahllos die Abende mit Lesen verbracht, ohne jemanden zu haben, mit dem ich darüber hätte reden können, geschweige der mir geholfen hätte, das Gelesene in einen Zusammenhang zu bringen.

Nach diesem Abend trat ich ganz aufgeregt ins Freie. Es war

Frühsommer, ich sog die Luft ein und spürte eine ungeheure Freude in mir. Mir war an diesem einen Abend schlagartig klar geworden, welche geistigen Schätze unsere Kultur barg. Warum hatte mir das nie jemand gezeigt? Ich ging zu jedem seiner Vorträge. Ich kann heute noch seine Stimme hören, die mir so angenehm war und mir viel Energie und Zuversicht gab. Er hatte die seltene Gabe, das Beste aus seinen Schülern herauszuholen. Er forderte uns heraus, an unsere geistigen Fähigkeiten zu glauben. Ich war nicht mehr das dumme Mädchen, die Fabrikarbeiterin ohne Ausbildung, er gab jedem von uns das Gefühl, ihm ebenbürtig zu sein.

Nach ein paar Wochen begann er, mit uns Qi-Gong-Übungen zu machen, damit die Energien in unserem Körper besser zum Fließen kämen. Nach seiner ersten Unterweisung lag ich abends im Bett und hatte wie so oft kalte Füße. Da begann ich meinen Atem zu kontrollieren, wie er es uns beigebracht hatte. Auf einmal spürte ich, wie sich in meinen Füßen eine wohlige Wärme breit machte. Wie oft hatte ich wegen meiner kalten Füße nicht einschlafen können, und nun konnte ich diesem Übel selbst abhelfen.

Professor Pan hatte meinem Leben eine neue Wendung gegeben. Ich glaubte, wenn ich mir mehr Wissen aneignete, dann könnte ich aus meinem Leben etwas machen. Er steckte uns mit seiner Zuversicht an und ich erlebte eine Zeit, in der mir alles machbar schien.

Genau in dieser Zeit lernte ich bei einem Arbeitsessen den Personalchef des obersten Kaders von Schanghai kennen. Er war bestens informiert über meine Arbeit in der Raffinerie und sagte ganz nebenbei, ohne vom Essen aufzuschauen, dass er mich zu sich ins Büro holen werde. »Innerhalb der nächsten drei Tage bist du bei mir.« Ich glaubte ihm nicht, aber er hielt Wort. Ich konnte es nicht fassen, ich durfte meinen Arbeitsplatz in der Raffinerie eintauschen gegen eine Stelle im Personalbüro der Stadt Schanghai.

Er holte mich für die Kaderumschulung in seine Abteilung. Meine Erfahrungen als Leiterin der Jugendliga halfen mir sehr, mich dieser neuen Aufgabe zu stellen.

Inzwischen hatte sich das Wirtschaftsleben in China durch die Öffnung zum Westen verändert und viele Firmen, teilweise auch Joint

Ventures, wurden gegründet. Ich organisierte Seminare und Vortragsreihen, die sich mit den neuen wirtschaftlichen Erkenntnissen, die uns aus dem Westen erreichten, auseinandersetzten. Eine dieser neuen Firmen, eine Computer-Software-Firma, die ein Programm entwickelt hatte, mit dem man die chinesischen Schriftzeichen in die lateinische Schrift konvertieren konnte, bot mir eine beratende Tätigkeit in ihrer Import-Export-Abteilung an. Sehr schnell bekam ich dann das Angebot, ganz in diese Firma zu wechseln. Es war eine schwere Entscheidung, mich zwischen der politischen Arbeit und der neuen Herausforderung zu entscheiden. Viele meiner Mitarbeiter im Kader waren ebenfalls hin- und hergerissen, ob sie die neuen Chancen wahrnehmen oder weiterhin ihre politische Arbeit machen sollten.

Ich entschied mich für den neuen Weg, immerhin war ich 32 Jahre alt und hatte meine wichtigsten Jahre der Gesellschaft und der Partei gewidmet. Ich wusste, dass ich vollkommen ahnungslos in dieses Abenteuer schlitterte, aber die anderen waren ähnlich naiv wie ich. Zuerst musste ich Englisch lernen, verstand aber am Anfang wenig, wenn ich mit ausländischen Geschäftsleuten verhandeln sollte. Nach einem Jahr war ich wesentlich selbstsicherer, konnte den Standpunkt unserer Firma klar vertreten und bekam Spaß an der neuen Aufgabe und der Sprache. »Learning by doing« wurde meine Devise. Es gab zu dieser Zeit noch keine Gesetze für das Import- und Exportgeschäft. Ich lernte viel bei den Verhandlungen und begann mich für die juristische Seite zu interessieren. Ich beschloss, juristische Kurse an der Nachtuniversität zu belegen, die zwar nicht die gleiche Anerkennung genoss wie die Universität, aber auch mit einem Diplom endete und Berufstätigen wie mir eine ordentliche Weiterbildung anbot.

In meiner Abteilung gab es offensichtlich auch einige Neider, die mit meinem Erfolg schlecht umgehen konnten. Ich hatte lange Zeit nicht bemerkt, dass meine Zielstrebigkeit und meine Art, Probleme direkt anzugehen, von ihnen misstrauisch beäugt wurden. Es wäre mir aber nie in den Sinn gekommen, mit meinen Kollegen einen vorsichtigen Umgang zu pflegen. Für diese Naivität musste ich teuer bezahlen. Einer der Kollegen verleumdete mich in einem anonymen Brief an die Partei. Bis die Untersuchungen abgeschlossen waren, musste ich acht Monate meine Arbeit unterbrechen und bekam kein Gehalt ausbezahlt.

Verleumdungen wie diese konnten Leben zerstören, Unschuldige für Jahre in Arbeitslagern verschwinden lassen. Ich kam noch glimpflich davon, obwohl mir bewusst war, dass immer etwas von den Gerüchten an einem haften bleibt.

Alles, was ich mir in den letzten 14 Jahren aufgebaut hatte, lag in Scherben.

Heute ist mir klar, warum auch meine Ehe in dieser Zeit in die Brüche ging. Ich hatte meinen Mann auf einem der Feste meiner Freunde kennen gelernt. Ein schöner, junger Mann, der einen schüchternen Eindruck machte, saß da und beobachtete aufmerksam, was sich um ihn herum ereignete. Ihn umgab eine Aura des Besonderen. Alle, besonders die Frauen, schienen ihn zu mögen und sein Schweigen interessant zu finden. Wir kamen dennoch ins Gespräch, und der zurückhaltende junge Mann entpuppte sich als geistreicher Gesprächspartner, mit dem ich die Welt, die ich bei Professor Pan kennen gelernt hatte, teilen konnte. Wir waren beide sehr einsam und uns sehr schnell einig, dass wir zusammengehörten.

Nach ein paar Wochen heirateten wir sehr schlicht, wir luden nur seine und meine Eltern zu einem Abendessen ein. Wir hätten gern ein eigenes kleines Zimmer bezogen, der Wunschtraum vieler junger Paare damals. Stattdessen zogen wir zu seinen Eltern und trennten mit einem Vorhang einen kleinen Teil ihres Zimmers ab, wo unser Bett und ein Tisch standen und unsere Bücher Platz fanden. Seine Eltern wunderten sich, dass man unsere Gegenwart in der kleinen Wohnung kaum wahrnahm, und waren neugierig, was wir uns über Stunden flüsternd zu erzählen hatten. Wie sehr höfliche Gäste würden wir miteinander umgehen, bemerkten sie einmal.

Mein zarter Mann war von Kindheit an schwer herzkrank gewesen. Wenn ich neben ihm stand, konnte ich sein Herz laut und manchmal sprunghaft pochen hören. Diese Krankheit, die ihn sehr früh in eine innere Isolation getrieben hatte, bestimmte seinen Alltag. Während seiner Schulzeit konnte er vieles nicht mitmachen, sodass er sich in die Welt der Literatur geflüchtet hatte. Er war ein Kenner der klassischen chinesischen Lyrik und Literatur und schrieb täglich Tagebuch oder kleine Gedichte. Er schrieb nur für sich und nun auch für uns. Er hatte die Hoffnung schon aufgegeben, eine Frau zu finden, die sein zurückgezogenes Leben mit ihm teilen würde. Er wusste, dass die Krankheit ihn psychisch gezeichnet hatte. Schon als kleinem Jungen hatte man ihm gesagt, dass er früh sterben müsste, und mit dieser frühen Gewissheit hatte er sich zu arrangieren versucht. Wenn andere draußen herumtobten oder in die Sporthalle gingen, holte er seine Bücher hervor und lebte sehr früh in einer Welt der Phantasie. Er war sehr feinfühlig und ein genauer Beobachter und Menschenkenner. Er tröstete sich mit seinem Schreiben und es gab ein paar wenige Freunde um ihn, die ein ähnliches Schicksal wie er hatten. Das band sie aneinander und gab ihnen Halt. Auf mich hatte er mit seiner Lebensweise großen Einfluss. Ich wurde ruhiger und genoss seine Aufmerksamkeit.

Drei Jahre lang waren wir sehr glücklich miteinander, wir verstanden uns blind, es gab kein lautes Wort zwischen uns, und wir hatten große Achtung voreinander. Die beengten Wohnverhältnisse schränkten uns am Anfang kaum ein. Wenn sein Tagebuch oder ein Brief, den er noch fertig schreiben wollte, offen da lag, wäre ich nie auf die Idee gekommen, einen Blick zu riskieren. Diese Zurückhaltung ist bei chinesischen Ehepaaren eher ungewöhnlich. Wir lebten über die Jahre vollkommen geräuschlos hinter unserem Vorhang wie die Gäste seiner Eltern.

Meine Schwangerschaft sehe ich im Nachhinein als große Bedrohung unserer Innigkeit. Ich ließ mich von den Ärzten zu einer Abtreibung überreden, da sie mir Angst einjagten, das Kind könnte die Herzkrankheit meines Mannes geerbt haben. Danach fiel ich in ein tiefes Loch. Ich stürzte mich noch mehr in meine Arbeit, um den Schmerz zu betäuben. Ich war täglich drei Stunden nur mit dem Bus zu meinem Büro unterwegs, dazu kamen bis zu zehn Stunden Arbeit. Allmählich bedrückte mich auch unsere Wohnsituation. Über Jahre hatten wir versucht, ein eigenes Zimmer zu beziehen, in der damaligen Zeit eine Unmöglichkeit. Wir waren nie allein, immer waren seine Eltern anwesend. Wir aßen zusammen, lebten zusammen, und hinter unserem Vorhang fehlte mir allmählich ein bisschen Intimität. Ich versuchte jedes Geräusch zu vermeiden und fühlte mich wie eingesperrt. Um mir die lange Busfahrt zu ersparen, ging ich dazu über, wieder im Wohnheim zu schlafen. Wir hatten kaum noch Zeit füreinander, da mir mein Freundeskreis in der Stadt auch wieder wichtiger wurde und ich mich mehr nach dem Leben draußen sehnte. Mein Mann war nur noch im Hintergrund und versuchte mich aus seiner Ruhe heraus zu unterstützen. Als ich merkte, dass ich uns vernachlässigte, war es schon zu spät.

Mein Mann blieb stoisch und trauerte im Stillen um uns. Die Zeit hatte ihn nicht verändert, obwohl die Umstände andere geworden waren. Er blieb sich treu und ging unbeirrt seinen Weg. Ich dagegen war viel zu sehr mit mir beschäftigt, mit meiner eigenen Entwicklung, meinem Ehrgeiz vorwärts zu kommen. Ich hatte am Erfolg gerochen und ihn zum Mittelpunkt meines Lebens gemacht. Es gab keinen Streit, wir trennten uns als Freunde. Im Nachhinein weiß ich, dass uns nicht die große Liebe verbunden hatte, sondern eine Vertrautheit, wie sie unter Geschwistern üblich ist. Es ist erst ein paar Wochen her, dass ich von ihm hörte. Heute ist er vollkommen gesund und führt ein ganz normales Leben. Vielleicht war es mir doch gelungen, ihn aus seiner Isolation hervorzulocken und ihm ein bisschen von meiner Energie abzugeben.

Nach wenigen Wochen in Hongkong lag all das weit hinter mir, obwohl ich immer noch an meinen Mann dachte, wenn ich mich einsam fühlte. In Hongkong gab es niemanden, mit dem ich hätte reden können wie mit ihm. Die Gedanken an meine Arbeit und die Verleumdungskampagne verdrängte ich. Mich hielt meine Stellensuche in Atem. Jeden Morgen kaufte ich mir zuerst einige Zeitungen, sah die Stellenangebote durch und schrieb Bewerbungen. Nach Wochen erhielt ich das Angebot einer Import-Export-Firma, die vor allem an meinen Verbindungen zu China interessiert war. Das Gehalt stimmte, also nahm ich an, wobei ich diese Stelle nur als Sprungbrett benutzen wollte.

Die ersten sechs Monate besuchte ich nebenbei eine Abendschule, um Kantonesisch zu lernen. Ich habe nie das Südchinesische von Schanghai gesprochen, sondern Hochchinesisch, das aber in Hongkong als Kadersprache und damit als »Beherrschungsinstrument« galt. Ich hatte mir vorgenommen, die Sprache der Stadt zu lernen, um mir meinen Platz in der neuen Umgebung zu erobern. Wenn ich Kantonesisch sprach, dachte ich, würde ich mit mehr Respekt behandelt.

Von meinem Gehalt konnte ich monatlich tausend Dollar auf meinem Sparbuch anlegen, obwohl ich meine alten Eltern unterstützte. Das Gefühl werde ich nie vergessen, als ich meinen Reichtum schwarz auf weiß in meinem Sparbuch dokumentiert sah. In meinem ganzen Leben hatte ich noch nie so viel Geld besessen. Nach zwölf Monaten war ich Besitzerin eines Kapitals von 12 000 Dollar und beschloss, dass nun die Zeit reif war, mich selbständig zu machen.

Aber mein eigentliches Startkapital war mein Kopf. Ich bildete mir nicht ein, klüger zu sein als die anderen, aber ich kannte meine Talente. Ich verfügte durch meine Arbeit in der Jugendliga über einige Menschenkenntnis und es fiel mir leicht, auf Menschen zuzugehen und Beziehungen zu knüpfen. Außerdem hatte ich in China über Jahre hinweg ein Beziehungsgeflecht aufgebaut, das mir in Zukunft sehr nützlich sein würde. Vor allem kamen mir die politischen Veränderungen und die wirtschaftliche Öffnung Chinas zum Rest der Welt zu Hilfe.

Erst nach 1989 erfolgte Hongkongs großer Investitionsboom in China, als der Westen den Handel wegen des Tiananmen-Massakers boykottierte. Zwischen 1990 und 1992, während des »achten Fünfjahresplanes«, war der Höhepunkt der Öffnung Chinas für ausländische Investitionen erreicht. Die Hongkonger Industriellen nutzten die Gunst der Stunde. 1990 kam ein Großindustrieller auf mich zu und bot mir an, mit mir zusammen eine Firma zu gründen, um in China zu investieren. Er sah in mir die geeignete Partnerin, in China Beziehungen zu knüpfen. Er hatte sehr genaue Informationen über mich eingeholt, und ausschlaggebend für seine Wahl war mein Diplom der »Freizeituniversität« in Schanghai für Wirtschaftsjura. Das Diplom des zweiten Bildungsweges genoss zwar nicht das Ansehen wie ein Diplom der Universität Schanghais, aber es war in China anerkannt. Er ging also davon aus, dass ich mich mit den Gesetzen Chinas auskannte.

Für eine derartige Partnerschaft hatte ich nicht genügend Geld, was mich aber nicht davon abhielt, die Allianz mit ihm einzugehen. Zu meinen 12 000 Dollar ließ ich mir von meiner Bank noch ein Darlehen geben.

Gleich in der ersten Zeit unserer Partnerschaft gelang es mir, mit einer chinesischen Chemiefirma einen Joint-Venture-Vertrag auszuhandeln. Nach dem erfolgreichen Abschluss dieses Geschäfts hielt ich einen Scheck mit 150 000 Dollar Provision in der Hand. Man muss sich das klarmachen: Eine Chinesin aus Rotchina verfügt auf einmal über ein solches Kapital. Ich wollte das Geld natürlich sofort wieder investieren, aber ich musste mich auch belohnen. Ich wagte mich zum ersten Mal in die glitzernde Einkaufswelt der Reichen und kaufte mir einen goldenen Ring von Cartier, den ich heute noch trage. Ich wollte etwas haben, das mir jeden Tag zeigte, dass ich nicht träumte, und mir sagte, wie viel Glück mir diese Stadt gebracht hatte.

Andere Investoren wurden auf uns aufmerksam, da wir durch meinen guten Draht zu China sehr erfolgreich waren. Unser Kapital hatte sich innerhalb kurzer Zeit verdoppelt und wir hatten uns schöne Büroräume in Hongkong gekauft. Viele wohlhabende Hongkonger wollten bei uns investieren. Wir wurden eine Aktiengesellschaft mit mir als Hauptaktionärin. Offiziell gab es drei Partner und zwei Rechtsanwälte, einen Immobilienmakler und einige Freunde als Investoren. Bis 1993 hatten wir allein im Hongkonger Büro zehn Angestellte, unsere Unkosten beliefen sich auf sechs bis sieben Millionen Hongkongdollar im Jahr.

Ich pendelte zwischen Hongkong und China, um Verbindungen zu verschiedenen Industriezweigen aufzunehmen, und baute bis 1994 allein neunzehn Joint-Venture-Firmen auf. Es gab zwei Schwerpunkte: Ein Hauptzweig war die Nahrungsmittelindustrie, ein Riesenmarkt in China. Es gab schon kleine Cafés, in denen das Eis selbst hergestellt wurde, aber keine Kette, die gutes Eis industriell fertigte. Ich hatte mir in den Kopf gesetzt, China mit einem erstklassigen Speiseeis zu beglücken. Ich kontaktierte eine wichtige Kette in Amerika mit dem Namen Cherry, die seit 1888 einen guten Ruf hatte. Ich kaufte den Namen und ließ das Eis in China nach ihrem Rezept herstellen. Ich nannte das Eis »Xue Xiao Jie«, also Eismädchen. Damit war die Verbindung zu meinem Namen hergestellt. Mein Wahrsager warnte mich aber davor, er meinte, das »Schneemädchen« werde wegschmelzen wie der erste Schnee, der fiel. Er sollte leider Recht behalten.

Außerdem nützte ich meine alten Verbindungen zum Staatsbetrieb, der Raffinerie und angeschlossenen Chemieindustrie. Wir handelten mit Rohstoffen und stellten in einer kleinen Firma in China Bettdecken und wattierte Jacken aus Polyester her. Dafür gab es in China eine große Nachfrage, die Winter sind sehr kalt, und die traditionellen Bettdecken aus Baumwolle waren schwer zu kriegen und zu teuer, weil ein Großteil der Baumwolle exportiert wurde und ein wichtiger Devisenbringer war. Die Chinesen liebten Synthetik, sie war warm, leicht zu waschen, sie trocknete schnell und zugleich war dieses Material unverwüstlich. Der Rest der Welt zog Naturstoffe vor, in Asien waren die synthetischen Stoffe auf dem Vormarsch.

Dies sind nur ein paar Beispiele meiner Aktivitäten. 1991 zählte ich einmal die Stempel in meinem Pass, die mir die Beamten bei meiner Einreise gegeben hatten: es waren 120. Ich arbeitete so hart, funktionierte wie ein Roboter, dass ich nie zur Ruhe kam. Der Erfolg hatte mich süchtig gemacht und ich wollte nie mehr arm sein.

Im Januar 1993 entdeckte ich ein neues Betätigungsfeld. Die Immobilienpreise in Hongkong waren in die Höhe geschnellt und ich investierte zum Spaß in Immobilien, weil ich gerade Kapital zur Verfügung hatte. Ich entdeckte, wie schnell man Geld verdienen konnte, wenn man die Immobilien wieder verkaufte. Es war wie ein Spiel und leichte Arbeit, nicht zu vergleichen mit meinem Einsatz in China, der Hin- und Herfliegerei und der Verantwortung, die dort auf meinen Schultern lastete. Irgendwann entdeckte ich dann noch, wie man mit dem Kauf und Verkauf von Aktien jonglieren konnte, und war wie in einem Rausch, immer noch mehr Geld anzuhäufen. Es war leicht verdientes Geld, barg viele Risiken, aber dieses Spiel mit großen Summen war lange nicht so beschwerlich wie mein Alltagsgeschäft in China, das immer mit großen Unkosten verbunden war.

Leider gab es 1994 drastische Veränderungen in unserer Firma. Für die Joint-Venture-Firmen war es schwierig, in China an weiteres Kapital zu kommen, das sie zum Ausbau notwendig brauchten. Innerhalb von sechs Monaten musste ich zwei Millionen Hongkongdollar investieren, die mir meine Partner verweigerten. Ich bürgte also persönlich dafür und bekam aus China nur wertlose Leihscheine als Sicherheit. Nach den guten Ergebnissen der ersten Jahre stagnierte der Gewinn, und einige der Partner wollten nun aussteigen und aus den chinesischen Firmen ihr Geld abziehen.

Auf der nächsten Vorstandssitzung, ich war die einzige Frau unter ihnen, schlug mir eisige Kälte entgegen. Zwei der Geldgeber hatte ich zu meinem Freundeskreis gezählt, aber plötzlich zählte nur noch das Geld und keiner wollte die Verantwortung mittragen, obwohl sie sich gesetzlich verpflichtet hatten, an Gewinn und Verlust gleichermaßen beteiligt zu sein. Ich fühlte mich derart in die Enge getrieben, dass ich mich bereit erklärte, das Kapital aus meinem Privatvermögen zurückzuzahlen, damit sie sehen konnten, dass ich meine Verantwortung übernahm. Gesetzlich war ich keineswegs dazu verpflichtet. Natürlich hatte ich erwartet, dass sie dieses Angebot niemals annehmen könnten. Es gab keine Reaktion – ich brach in Tränen aus vor Enttäuschung und war am Ende meiner Kräfte. Es war nicht wegen des Geldes, sondern weil eben zwei Freundschaften zerbrochen waren. Ich hatte erwartet, dass wenigstens einer der beiden, sie waren beide Juristen, gesagt hätte, dass ich gesetzlich nicht dazu verpflichtet wäre. Stattdessen lag am anderen Tag ein Vertrag auf meinem Schreibtisch, in welchen Raten und zeitlichen Abständen das Geld zurückzuzahlen sei. Ich schuftete ein volles Jahr für diese Torheit. Ich habe die Beteiligten nie mehr gesehen, vermied jeglichen Kontakt, und mit etwas Abstand wurden meine Gefühle ihnen gegenüber wieder neutral. Ich grübelte nur über mich nach und meine Schwäche, aus lauter Angst, das Gesicht zu verlieren, Dinge auf mich zu nehmen, die meinen geschäftlichen Ruin bedeuten könnten. Andererseits ist mein Name sauber geblieben und ich konnte jeden Abend mit einem reinen Gewissen einschlafen. Mir war aber auch klar, dass mir in diesen Dimensionen, die unser Geschäft angenommen hatte, schlicht die Erfahrung fehlte. Ich hatte keine diesbezügliche Ausbildung genossen und konnte die Vorgänge nicht vorher analysieren, bevor ich sie in die Tat umsetzte. Ich war nur mutig und risikofreudig. Glücklicherweise hatte ich einen sicheren Instinkt, auf den ich mich bisher verlassen konnte. Es hatte in der Geschichte Chinas und auch Hongkongs noch nie so ein Wirtschaftswachstum und solch tief greifende Veränderungen wirtschaftlicher und sozialer Art gegeben. Das waren Dimensionen, die viele überforderten, nicht nur mich. Bei vielen Entscheidungen hatte ich nicht gerade einen kühlen Kopf bewahrt. Vor allem wenn es um Geschäfte mit Freunden oder guten Bekannten ging, vergaß ich regelmäßig die geschäftliche Seite. Wenn ich viel Geld verlor, dachte ich an die Selbstmörder, die sich nach solchen Desastern von einem der Hochhäuser Hongkongs gestürzt hatten. Die Zeitungen berichten täglich darüber. Ich durfte nicht aufgeben, schon weil ich große Verantwortung trug. In Hongkong waren 30 Angestellte von mir abhängig, in China ein paar tausend. Die Angestellten hatten zwar den Eindruck, dass sie für ihre Chefin arbeiteten. Ich wiederum hatte das Gefühl, ihr Sklave zu sein. In den wenigen Jahren hatte ich alles ausprobiert. Die erste Zeit ist »bitter«, wie wir sagen, die folgende wird »süß«. Ich hatte viele Risiken auf mich genommen, enorm viel gelernt und großen Erfolg gehabt.

Glücklicherweise gab es schon in meiner Aufbauphase nicht nur diese Geschäftswelt, sondern auch ein Privatleben für mich. Ich lernte John kennen. Er war Wirtschaftsjournalist und lebte schon lange Jahre in Hongkong. Er war der erste Mann, der mir das Gefühl gab, eine begehrenswerte Frau zu sein. John war wesentlich älter als ich, was mir wegen seines jugendlichen Aussehens nicht auffiel. Als ich das erste Mal sein Gast war, staunte ich, mit welch exquisitem Geschmack sein Haus eingerichtet war. Überall standen erlesene englische oder asiatische Antiquitäten, altes chinesisches Porzellan, seltene asiatische Skulpturen und kleine Sammlungen. Auf den Kommoden funkelte das englische Silber. Wenn er das alles gelesen hat, dachte ich, als ich an den meterlangen Bücherregalen vorbeiging, übertrifft er noch meinen alten Professor Pan. John trat sehr selbstsicher auf und hatte die perfekten Manieren eines englischen Gentleman. Zum ersten Mal lernte ich die Vorteile einer westlichen Erziehung kennen. John hielt mir die Tür auf, nahm mir den Mantel ab, ich genoss seine Zuwendung und Aufmerksamkeit, die in krassem Gegensatz standen zu dem ruppigen Benehmen der meisten chinesischen Männer, mit denen ich bislang zu tun hatte. Manchmal kam mir seine Fürsorge schon übertrieben vor. Wir fuhren im Auto, und einer der tropischen Platzregen setzte alles um uns herum in Sekunden unter Wasser. Für John war es selbstverständlich, mit dem Schirm zuerst auszusteigen, mir formvollendet die Tür zu öffnen und darauf zu achten, dass ich nicht zu viel vom Regen abbekam. Daran konnte ich mich nie gewöhnen, denn am Ende waren wir beide nass, weil er so umständlich war. Diese sintflutartigen Regengüsse konnte selbst John nicht von mir fern halten.

Mit John bewegte ich mich in gesellschaftlichen Kreisen, die mir bisher verschlossen geblieben waren. Er machte mich mit seinen intellektuellen Freunden bekannt und verschaffte mir die Mitgliedschaft in Clubs, die man sonst erst nach Jahren langen Wartens bekam. Ich führte plötzlich das Leben der Reichen und Schönen. Wir lebten in einer großbürgerlichen Gegend, hatten ein philippinisches Dienstmädchen. Vor dem Haus parkten zwei Autos. Die Wochenenden verbrachten wir im Sommer auf unserem Boot.

John legte auch im Alltag Wert auf Etikette. Es wurde grundsätzlich am großen Tisch im Esszimmer gegessen. Ich hätte aus praktischen Gründen auch am kleinen Tisch in der Küche gegessen. Wir hielten immer die gleiche Sitzordnung ein. Er saß wie der Gastgeber an der Stirnseite des Tisches, ich ihm gegenüber. Wir nahmen immer das traditionelle englische Frühstück ein: Toast, Butter, Marmelade und Obstsalat. Aus China war ich ein reichhaltigeres Frühstück gewöhnt, das sich nicht so sehr von den anderen Mahlzeiten unterschied, John zuliebe stellte ich mich um.

Um sieben Uhr in der Frühe hatte das Dienstmädchen schon das Frühstück vorbereitet. Sie brachte uns auf einem kleinen Tischchen eine große silberne Kanne Tee mit Milch ans Bett. Manchmal trank ich auch eine Tasse mit. Gleichzeitig schaltete sich das Radio mit den Sieben-Uhr-Nachrichten ein. Das wiederholte sich jeden Morgen.

Am Wochenende machten wir unser Frühstück selbst und fuhren anschließend nach Stanley am Südzipfel von Hongkong in einen Club zum Tennisspielen oder Schwimmen. Es gab ein westliches und ein asiatisches Restaurant, in denen man zuvorkommend bedient wurde und köstliches Essen serviert bekam. Wir aßen dort zu Mittag, gingen dann wieder nach Hause, um uns ein bisschen auszuruhen bis zur frühen Dämmerung, die über Hongkong schon gegen 18 Uhr hereinbricht. Das ist die ruhigste und angenehmste Zeit des Tages, die ich während der Woche nie genießen konnte, weil ich immer bis spätabends im Büro war. Die ganze Woche über freute ich mich auf diese beschaulichen Stunden mit John. Er legte klassische Musik auf, und jeder hielt eines der großen Sofas im Wohnzimmer besetzt. Ich genoss den Blick nach draußen ins Grün der Bäume und den Himmel, den die untergehende Sonne rot gefärbt hatte. Jeder las gemütlich vor sich hin, John seine englischen Zeitungen, ich ein Buch oder Magazine. Ich genoss sein vertrautes Zeitungsrascheln. Es war so friedlich zwischen uns, jeder achtete den anderen und seine Lebensweise. Diese Stunden waren die besten, die wir zusammen hatten.

Manchmal saß ich nur da und war mit meinen Gedanken in China bei meinen Eltern, meiner Kindheit, bei den Freunden. Wie lange war das alles her.

An einem dieser Nachmittage stand mir eine Szene meiner Kindheit wieder ganz frisch vor Augen. Meine Mutter erzählte immer stolz, dass ich ein besonders mutiges Mädchen gewesen sei, das sich nicht so schnell einschüchtern ließ. Ich erinnerte mich, wie in unserem Kindergarten, ich muss ungefähr sechs Jahre alt gewesen sein, ein Fest vorbereitet wurde. Zur Feier des Tages sollte jedes

Kind eine Anstecknadel mit einer kleinen Papierblume tragen. Keine der Kindergärtnerinnen hatte Zeit, sich um diesen Ansteckschmuck zu kümmern. Ich stellte mich vor meine »Tante« hin und sagte ihr, dass ich das übernehmen könnte. »Oh, das ist viel zu schwierig, man muss zuerst in einem Laden Sicherheitsnadeln holen.« Das schreckte mich nicht ab, ich wollte unbedingt diese Nadeln besorgen und lag ihr in den Ohren, dass ich groß genug sei, mich ganz allein für sie auf den Weg zu machen. Sie erklärte mir ganz genau, wie ich den kleinen Laden finden würde, und rief mir noch nach, ja gut aufzupassen an der nächsten Straßenkreuzung und auf die unberechenbaren Fahrräder zu achten. Schließlich brachte ich die richtigen Nadeln, und ich erinnere mich noch sehr genau daran, wie stolz ich auf mich war. Alle teilten meinen Stolz und die Kindergärtnerinnen belohnten mich mit einem Stück Sahnetorte. Niemand kann sich heute vorstellen, was das zu jener Zeit für ein Luxus war. Eine Sahnetorte verschlang damals ein Monatsgehalt. Unsere Stadt hatte gerade eine Naturkatastrophe hinter sich und wir bekamen kaum genug zu essen. Nun saß ich da und verschlang vor aller Augen ein Stück Sahnetorte. Bis ich wieder einmal das Vergnügen haben sollte, musste ich immerhin 25 Jahre alt werden. Wir waren bitterarm, wahrscheinlich ist mir deshalb dieses Erlebnis so deutlich in Erinnerung geblieben. Wo die Kindergärtnerinnen diese Sahnetorte aufgetrieben hatten, ist mir bis heute ein Rätsel. Die anderen Kinder kamen aus ähnlichen Familien und so fiel uns unsere Armut nicht so auf.

Trotzdem wollte ich einmal etwas ganz für mich allein haben und stibitzte meiner Mutter zwei Feng aus ihrem Geldbeutel. Ich ging heimlich los und kaufte mir dafür getrocknete Radieschen, die ich unbedingt probieren wollte. Als ich die Treppe herunterkam mit meinem Tütchen in der Hand, erwartete mich schon meine Mutter mit bitterbösem Gesicht. Mit der einen Hand riss sie mir das Tütchen aus der Hand, mit der anderen zog sie mich in einen Hofeingang und herrschte mich an, woher ich das Geld hätte. Auf dem ganzen Nachhauseweg sprach sie kein Wort mehr mit mir, und ich schluchzte verzweifelt vor mich hin. Ich konnte sehr schlecht einschlafen an diesem Abend.

Plötzlich war mir dieses kleine Mädchen wieder ganz nah, das seinen Willen durchsetzte, um das zu bekommen, was ihm wichtig war.

Meistens tauchte ich aus meinen Gedanken erst wieder auf, wenn mich John mit seinem Zeitungsgeraschel wieder in die Gegenwart zurückholte. Wenn es Zeit war, sich für den Abend fertig zu machen, faltete er die vielen Blätter wieder sorgfältig zusammen, blickte freundlich über seine Brillengläser und fragte mich: »Und worauf hast du Lust heute Abend?«

Abends gingen wir meistens mit Freunden essen oder auf eine der vielen Partys. Wenn wir wichtige Treffen hatten, gingen wir in den Hongkong Club. Trafen wir Leute zum Tee, bestand ich auf das Peninsula[20], wo ich so gerne in der alten Lobby saß und der Kammermusik zuhörte.

Die Woche über war ich nur mit meiner Arbeit beschäftigt. Ich verließ frühmorgens das Haus, um vor allen Angestellten im Büro zu sein. Das ist die beste Zeit, um sich zu konzentrieren, die Gedanken zu ordnen und den Tag zu planen. Ich führte in dieser Zeit alle Ferngespräche mit China, las die Faxnachrichten und beantwortete sie. Nur während dieser Zeit konnte ich ungestört arbeiten. Gegen neun Uhr kamen der Büromanager und die Sekretärinnen in mein Zimmer, dann besprachen wir die Tagesprojekte. Von zehn Uhr an saß ich in einer Sitzung nach der anderen.

Mittags lud ich meistens meine persönliche Sekretärin zum Mittagessen ein und immer wenn ich aus China zurückkam, ging ich mit der ganzen Belegschaft zum Essen aus.

Da ich häufig in China war, verpasste ich Hongkongs kulturelles Leben, und wenn ich da war, wollte ich so viel wie möglich nachholen. Das war schwierig mit meinem Terminkalender. Die Zeit verging sehr schnell und mein Leben wurde immer luxuriöser. Wenn alles so weiterlief, brauchte ich mir nie mehr Sorgen um Geld zu machen. Wenn ich Lust hatte auf ein neues Auto, stand es innerhalb von zwei Stunden vor der Tür. Für alles war gesorgt. Sogar meine Socken und meine Unterwäsche wurden vom Dienstmädchen gebügelt und sorgfältig aufeinander geschichtet in den

Schrank gelegt. Es war nur wenige Jahre her, seit ich in Hongkong angekommen war und in diesem Loch hausen musste. Damals hätte ich mir mein heutiges Leben nicht einmal vorstellen können. Zwischendurch beschlichen mich auch zwiespältige Gefühle, die ich aber schnell wieder zur Seite schob.

Damals blieb mir nicht viel Zeit zum Nachdenken, da ich nach wie vor viel zwischen China und Hongkong pendelte. Auf einem der Flüge nach Schanghai hatte mein Flugzeug wie so oft Verspätung. Mir fiel auf, dass eine alte Frau in der schwülen Hitze große Schwierigkeiten mit dem Atmen hatte, und niemand schien Notiz von ihr zu nehmen. Ich ging auf sie zu und in diesem Moment kam ebenfalls ein freundlicher Amerikaner zu uns herüber, um ihr zu helfen. Wir kümmerten uns gemeinsam um die alte Frau und kamen ins Gespräch. Er war auf dem Weg nach Schanghai, um auf einer Konferenz einen Vortrag zu halten. Er fragte mich nach einem guten Hotel in der Stadt, worauf ich ihm das Jin-Jiang-Hotel vorschlug. Es war eines der besten Hotels der Stadt, wo ich auch immer, wenn ich auf Geschäftsreise war, Quartier bezog. Ich verabschiedete mich, als der Abflug ausgerufen wurde. Am nächsten Morgen musste ich an einer Konferenz im Hotel teilnehmen. Plötzlich stand der freundliche Amerikaner vom Vortag vor mir und war einigermaßen erstaunt, mich auch unter den Teilnehmern zu finden. Wir waren beide offiziell gekleidet, er in einem blauen Anzug, ich in einem der kleinen Kostüme. Ich dachte, er hätte mich am Tag zuvor überhaupt nicht wahrgenommen. Wir waren beide auf der Reise sehr leger gekleidet und waren verschwitzt und erschöpft. Nun, nach ein paar Stunden Schlaf, machten wir einen ganz anderen Eindruck aufeinander. Mir fiel auf, dass er mir, während ich die Leute begrüßte und miteinander bekannt machte, mit seinen Blicken folgte. Ich schien Eindruck bei ihm zu hinterlassen, weil ich mich auf diesem Parkett so selbstverständlich bewegte und offenbar Beziehungen zu vielen der Kader hatte.

Nach dieser Konferenz stellte er sich mir vor und lud mich zum Essen ein. Seine herzliche, offene Art genoss ich vom ersten Moment an und verliebte mich auf der Stelle in ihn. Ihm erging es ebenso, und nach ein paar Tagen waren wir uns einig, dass wir zusammenleben wollten.

Rick war Physiker an einer naturwissenschaftlichen Fakultät in New Jersey und konnte nicht einfach zu mir nach Hongkong kommen. Ich wiederum hatte meine Firma, die ich mit meinem Partner mühsam aufgebaut hatte und nun nicht von einem Tag auf den anderen im Stich lassen konnte. Zwischen Amerika, China und Hongkong hin- und herzupendeln würde ich auf die Dauer nicht durchhalten.

Und was wurde aus John, dem ich so viel zu verdanken hatte? Erst John hatte mir in Hongkong ein Zuhause gegeben. Heute bin ich überzeugt, dass mein damaliger Erfolg nur möglich war, weil er mir den Rücken stärkte. Er führte mich in die Gesellschaft Hongkongs ein und sorgte dafür, dass ich nicht nur mit Geschäftsleuten zusammen war. Wie oft fing er mich auf, wenn ich vollkommen erschöpft und entmutigt bei ihm ankam. Gleichzeitig war ihm und mir klar, dass aus uns keine Familie werden könnte. Der Altersunterschied war zu groß, und John wollte keine Kinder. Dieser Wunsch war mir über die Jahre beinahe abhanden gekommen, aber ich war Chinesin und wenn ich mir mich als alte Frau vorstellte, war eine große Familie mit Enkeln um mich. Ich ging zu John und erzählte ihm, was geschehen war. Danach gab es nicht mehr viel zu sagen. Während ich ihm alles zu erklären versuchte, blieb John stumm und niedergeschlagen. Er musste mich gehen lassen und er tat dies, wie ich es von ihm erwartet hatte. »Ich wusste, dass du mich eines Tages verlassen würdest«, sagte er mir beim Abschied traurig.

Als ich entdeckte, dass ich schwanger war, beschleunigte sich alles noch mehr. Einerseits war ich überglücklich, mit 41 Jahren noch ein Kind zu bekommen. Ein lang ersehnter Wunsch sollte in Erfüllung gehen. Ich würde eine Familie haben. Doch die nächsten drei Monate waren die schwersten seit meiner Ankunft in Hongkong. War es richtig, alles für Rick und das Kind aufzugeben? Momente des Zweifels wechselten sich mit Momenten großer innerer Sicherheit ab.

Mein Geschäftspartner verstand nicht, wie ich nach so schwierigen Zeiten, in denen wir gemeinsam gekämpft hatten und sehr erfolgreich waren, alles für einen Mann aufgeben konnte. Er war fassungslos, dass ausgerechnet ich ins Privatleben abtauchen wollte. Es gab eine einfache Erklärung, Rick hatte aus mir einen anderen Menschen gemacht.

Es gab kein Zurück mehr. Nun musste ich sehen, wer sich um meine Geschäftsanteile kümmern konnte. Bei der Vorstandssitzung, in der ich meine Anteile meinem Partner übertrug, brach ich dann doch in Tränen aus. Es tat mir sehr weh, aber ich hatte keine andere Wahl.

Eines meiner Hauptziele in meinem Leben war doch immer gewesen, reich zu werden. Ich hatte sehr viel Vermögen angehäuft, und plötzlich war Geld unwichtig für mich und mit einer letzten Unterschrift gab ich alles auf, was ich in China investiert hatte.

Zusammen mit Rick entdeckte ich, dass ich viel zu weit gegangen war. Ich hatte mir nie Zeit genommen, über mein Leben und meine wirklichen Bedürfnisse nachzudenken. Nachdem ich Rick kennen gelernt hatte, stellte ich meine Vergangenheit infrage. Rick führte ein sehr ruhiges, zurückgezogenes Leben auf dem Lande.

Sein Leben ist lange nicht so hektisch und aufreibend, wie meines war. Er hält seine Vorlesungen, und seine Wochenenden und Semesterferien sind für seine Forschungsarbeit und seine Freunde da. Es gibt keine Risiken und keinen ständigen Wechsel zwischen Hoch und Tief. Er ist ein typischer Naturwissenschaftler, für den nur die Objektivität zählt und nicht der schöne Schein. Wenn man etwas beweisen kann, hat es Realität für ihn. Wenn man ihm etwas nicht beweisen kann, wird er es nicht anerkennen. Er liebt das schlichte Leben draußen in der Natur. Solange er Körper und Geist gesund weiß, ist er glücklich. Äußerlichkeiten spielen keine Rolle in seinem Leben. Die Dinge, die ihn umgeben, müssen praktisch und funktional sein. Er trägt Jeans und ein T-Shirt wie alle auf dem Campus. Er wirkt immer sehr locker und entspannt und nie so erschöpft wie ich. Rick ist ein sehr freier Mensch, der gern auf andere zugeht und einen großen Freundeskreis hat, mit dem er seinen Humor teilt und dem er sehr herzlich verbunden ist. Unsere Lebensweisen und Charaktere sind sehr verschieden. Aber Gegensätze sollen sich ja besonders anziehen.

Er hat mir in meiner schwierigen Zeit sehr viel Mut gemacht, meinem Herzen zu folgen. An seinen breiten Schultern durfte ich mich anlehnen und ausweinen und wenn ich Angst hatte, mein altes Leben aufzugeben, nahm er mich einfach in seine Arme.

In Amerika fand ich eine andere Welt vor. Rick half mir, aus seinem Haus ein Nest für uns drei zu machen. Ich hatte plötzlich Lust, all die Dinge zu tun, für die ich nie Zeit hatte. Im Supermarkt um die Ecke, wo ich jetzt einkaufte, traf ich unsere ganze Nachbarschaft. Ich traf Arbeiter, Studenten, Hausfrauen, manche grüßten, wenn sie mich vom letzten Einkauf wieder erkannten. Ich fühlte mich sehr wohl in meiner neuen Umgebung, in mein Leben war eine entspannte Normalität eingekehrt.

In Hongkong hatte ich nur noch exklusive Geschäfte betreten, weil alle, mit denen wir zu tun hatten, auch dorthin gingen. Es war wichtig, dort gesehen zu werden, um das zu kaufen, was auch die anderen attraktiv fanden. In New Jersey scherte sich niemand drum, was man anhatte, wie man sich einrichtete oder wo man aß.

Mindestens zehn Jahre waren vergangen, seit ich das letzte Mal gekocht hatte, doch Rick und seine Freunde ermunterten mich, den Wok auszupacken. Sie versicherten mir, dass sie chinesisches Essen über alles liebten. Ich besorgte die Zutaten und rührte zusammen, woran ich mich noch erinnerte. Rick brachte seine Freunde und Studenten ins Haus und wir aßen zusammen. Die ersten paar Male schmeckte es nicht unbedingt gut, fand ich, aber in Amerika gab es eine Fülle von Kochbüchern, die jeden willigen Laien in die Geheimnisse der chinesischen Kochkunst einführten, und ich war gelehrig.

Ich lebte das typische Leben einer Hausfrau und erwartete meine kleine Tochter. Es war sehr heiß in diesem Sommer und ich konnte tagsüber fast nichts essen. Das Einzige, was mich reizte, waren dicke, große Wassermelonen, von denen ich über den Tag verteilt naschte. Wie alle Schwangeren machte ich mir Sorgen um mein Kind. Ich war schließlich 41 Jahre alt und fürchtete mich davor, ein behindertes Kind zur Welt zu bringen. Aber so ist das Leben, man weiß meistens nicht, wie sich die Dinge entwickeln, wenn man Entscheidungen getroffen hat. Viele verlieben sich, heiraten in der größten Leidenschaft, und dann stellt sich heraus, dass die Beziehung ein Desaster ist. Man lebt auf ein Ziel hin und plant in der Vorstellung und erst nach einiger Zeit weiß man, ob die Phantasie mit der Realität übereinstimmt. Erst dann stellt sich heraus, ob man das richtige Ziel verfolgt hat. Ich hatte großes Glück, mir war alles zugefallen: die Liebe, eine glückliche Ehe und ein Kind. Nun hatte ich Zeit, über mich nachzudenken, über mein Leben, das einmal sehr luxuriös, sehr hektisch und voller Risiken war und nun sehr einfach, friedlich und erfüllt. Manchmal misstraute ich der Idylle oder auch mir. Ich hatte viel zu lange anders gelebt und war nicht naiv, sodass ich Zweifel bekam, ob mir meine kleine Familie als Lebensmittelpunkt auf Dauer reichen würde.

Dann kam unsere Nadja. Sie nahm sich viel Zeit, ich stand Qualen aus. Nach 30 Stunden Wehen wollten sie die Ärzte mit dem Kaiserschnitt holen. Ich lehnte ab, nun hatte ich 30 Stunden überstanden, den Rest würde ich auch noch schaffen. Nach weiteren 18 Stunden hielt ich sie in den Armen. Ein wunderschönes kleines Mädchen mit Ricks Augen, seinem Mund und blauschwarzen Haaren. Rick war mir die ganze Zeit nicht von der Seite gewichen. Sein Gesicht, das sich über das kleine Wesen beugte, war voller Zärtlichkeit und Glück.

Nadja bestimmte und erfüllte meinen Tag. Ich saß mit einem Buch neben ihr, wenn sie schlief, und betrachtete das kleine zufriedene Gesichtchen. Die ersten beiden Jahre entging mir keine Regung, kein Laut von ihr. Ich war ihr ganz und gar ausgeliefert. Ich übte die ersten Schritte mit ihr und brachte ihr die ersten chinesischen Worte bei. Nadja soll sich in beiden Kulturen heimisch fühlen.

Unsere Tochter war noch keine zwei Jahre alt, als Rick mich zu necken begann, wie lange sie es wohl schaffen würde, mich im Haus zu halten. In der Tat hatte ich mir in der letzten Zeit Gedanken darüber gemacht, welche Aufgabe auf mich wartete, wenn mich Nadja nicht mehr ganz in Anspruch nahm. Rein aus Neugierde, sagte Rick, hätte er sich schon einmal nach einem Kindergarten umgesehen für unser Wunderkind. Es gäbe da ein sehr interessantes Projekt in der Nähe, das sich an den Erfahrungen mit Früherziehung und -förderung japanischer Kindergärten orientierte. Ich warnte ihn, da ich mich vor meiner eigenen Energie fürchtete. Wenn ich einmal am Laufen war, konnte mich niemand mehr so leicht aufhalten. Andererseits spürte ich, dass ich mich wirklich verändert hatte. Ich war innerlich ruhiger geworden und würde mich hüten, mich wie früher unter Druck zu setzen. Es musste eine Tätigkeit sein, die mir sinnvoll erschien, sonst könnte ich Nadja nicht in andere Hände geben. Sie und Rick kamen an erster Stelle. Manche sagen, wenn man zu Hause nicht erfolgreich ist, ist man es draußen auch nicht. Geld hatte seine Anziehung auf mich verloren, ich war so froh, dass ich endlich wusste, worauf es mir wirklich ankam. In der letzten Zeit hatte ich mich um ein Hilfsprogramm in China gekümmert und unterstützte Familien in sozial schwachen Gebieten auf dem Land, die das Schulgeld für ihre Kinder nicht selbst aufbringen können. Mir ging es nicht mehr nur um meine Entwicklung, sondern um andere. Früher hatte ich mit anderen konkurriert, um noch mehr Geld zu verdienen, nun wollte ich das verwirklichen, was mir inzwischen wichtig geworden war.

Ich kam in die glückliche Lage, wieder Heimatluft zu riechen, weil Rick für ein Semester eine Gastprofessur in Schanghai antreten konnte. Ich hatte schon Kontakte mit einigen amerikanischen Firmen geknüpft, die Joint-Venture-Firmen in China aufbauen wollten. Ich bekam eine Art Beratervertrag, um mit meinen Beziehungen vor Ort das Terrain zu sondieren. Rick befürchtete schon, dass ich in mein altes Fahrwasser geraten könnte, und überraschte mich mit einer Einladung. Er führte mich in ein sehr romantisches Lokal zum Dinner aus, wir saßen bei Kerzenlicht und er überreichte mir verschmitzt lächelnd ein Geschenk. Nachdem ich das Päckchen geöffnet hatte, hielt ich eine Uhr in den Händen. Es war genau die Uhr, die ich mir seit langem gewünscht hatte. Rick kannte meine Schwäche für Uhren, und ich hatte ein schlechtes Gewissen, weil er sie sich mit seinem Professorengehalt eigentlich nicht leisten konnte. Wir schauten gemeinsam die Uhr an und Rick sagte:

»Du bekommst die Uhr nur, wenn du mir versprichst, mich und Nadja nie länger als fünf Monate im Jahr allein zu lassen.« Wie kam er nur darauf, ich würde es gar nicht aushalten, ihn und Nadja so lange nicht zu sehen.

In Schanghai hatte ich zum ersten Mal die Muße, in Konzerte, ins Theater und die chinesische Oper zu gehen. Ich wusste, dass es hier hervorragende Künstler gibt, weil ich als Leiterin der Jugendliga viel mit ihnen gearbeitet und sie unterstützt hatte. Nun lernte ich sie in einer anderen Umgebung kennen und dabei kam mir die Idee, eine Agentur aufzubauen, die sich auf den kulturellen Austausch beider Länder spezialisierte. Das war es, das war eine sinnvolle Tätigkeit, ich könnte jungen Künstlern eine Chance geben und mich für die Völkerverständigung zwischen Ost und West einsetzen, wo es noch viele Missverständnisse auszuräumen gab.

Diese Idee habe ich, sobald ich in Amerika zurück war, in die Tat umgesetzt. Inzwischen habe ich etwas von Ricks Gelassenheit angenommen, ich bin viel offener im Umgang mit anderen Menschen geworden und das kommt mir jetzt in dieser neuen Tätigkeit zugute. Früher hätte ich auch Dinge gemacht, die mich nicht unbedingt interessieren mussten, solange sie mir Geld einbrachten. Heute muss mich vor allem das Projekt interessieren, ob ich damit Geld verdiene, ist nicht so wichtig. Ich weiß endlich, wo ich hingehöre.

Xü Hui Lin

Xü Hui Lin
Musikprofessorin

Ich wurde am 25. 12. 1921 an einem sonnigen Nachmittag in der Provinz Jiangsu in Südchina geboren. Ich kam zu einer Tageszeit zur Welt, die in China Gutes verheißt. Damit tröstete sich meine Mutter, da sie eigentlich mit meiner Geburt warten wollte, bis mein Vater vom Unterrichten zurück wäre. Er war Dozent für chinesische Literatur.

Eine meiner ersten Erinnerungen reicht in die Zeit, in der ich schon gehen und sprechen konnte. Meine Mutter summte vor sich hin, als sie mich in eine wattierte, bunte Jacke packte. Ich fand meine Mutter schön. An ihrer Stirn hatten sich ein paar Haare aus dem streng nach hinten gezogenen Haar gelöst. Ich konnte ihr Gesicht genau betrachten, da sie vor mir kniete und mir ein goldenes Armband, an dem Glöckchen baumelten, umband. Ich schaute an mir herunter: Kleine, rote Satinschuhe trug ich. Meine Mutter hatte beschlossen, dass ich sie auf eine Hochzeit begleiten durfte. Sie trällerte auf dem ganzen Weg vor sich hin, und ich war voll ungewisser Erwartungsfreude. Ein großes Tor öffnete sich, und ein aufgeregtes Stimmengewirr schlug uns entgegen. Meine Mutter wurde begrüßt und war für kurze Zeit in einer Gruppe von Menschen für mich unerreichbar. Sie kannte diese Menschen. Ich konnte ihre helle, sanfte Stimme hören und sie kam mir sehr jung vor.

Bald darauf kam meine kleine Schwester zur Welt. Damit Mutter etwas entlastet war, brachte mich Vater kurze Zeit später zu Großmutters Schwester, die alle »Tante Oma« nannten. Meine Tante Oma lebte in einem buddhistischen Kloster, da sie sehr jung Witwe geworden war.

Im Alter von 18 Jahren hatte sie geheiratet, und nach zweijähriger, sehr glücklicher Ehe war ihr junger Mann verstorben.

Ich war nicht unglücklich über den Wechsel ins Kloster. Tante Oma war der liebevollste, gütigste Mensch, der mir je begegnet war. Sie war immer guter Laune, ihre Fröhlichkeit war ansteckend. Obwohl ich schon gut gehen konnte, trug sie mich wie eine kleine Prinzessin im Klosterhof umher und stellte mich stolz den anderen Nonnen und Besuchern vor.

Mir wurden von überall Obst und Kekse zugesteckt, und ich war zum ersten Mal der Mittelpunkt dieser Welt. Vor dem Schlafengehen erzählte mir Tante Oma meine Lieblingsgeschichten über Geister und Dämonen, die »Mahuzi«. Ich hatte Angst und fühlte mich gleichzeitig geborgen, wenn Tante Oma sich abends zu mir unters Moskitonetz setzte und zu erzählen begann.

Nach kurzer Zeit war ich mit meiner neuen Umgebung so vertraut, dass ich allein das Klostergelände zu erkunden begann. Der Tempel dort war kleiner und bescheidener als der, den ich von zu Hause kannte. Eine mächtige, buddhaähnliche Figur, die mir immer zuzulächeln schien, wenn ich am Eingang erschien, stand im Zentrum. Jedes Mal wenn ich den Tempel betrat, stand ich zuerst vor Buddha, dann vor der Göttin. Beide schienen mich zu begrüßen. Erst dann traute ich mich zur bemalten Tempelwand gegenüber, die mich für Stunden fesseln konnte. Hier waren die Qualen der Hölle festgehalten. Tante Oma hatte mir alle 18 Ebenen erklärt, die die Verstorbenen, die im Leben schlecht gewesen waren, zu durchleiden hatten. Die Bösen konnte man an ihren offenen, verfilzten Haaren erkennen, ihre Körper waren beschmutzt, und wie gebannt blieb ich immer vor einigen Gestalten mit wild verzerrten Gesichtern und langen, struppig abstehenden Haaren stehen, die in Tümpeln von Blut zu sitzen schienen. Andere wurden in kochendem Öl gebraten. Gleich daneben musste jemand auf einem Nagelbrett liegen. Ein Mann bestieg einen Berg, aus dem lauter Messer ragten. An eine Säule gebunden, verrenkte eine teuflische Gestalt ihre Glieder und starrte mich aus roten Augenhöhlen an, die vollkommen leer waren. Sie flößten mir Angst ein, und doch fühlte ich mich von diesen Bildern seltsam angezogen. Oft wurde mir bang, wenn ich zu viel Zeit vor der Wand verbracht hatte. Doch im Weggehen versicherte mir das Lächeln Buddhas, dass ich nichts zu befürchten hatte.

Bald hatte ich im Kloster auch eine kleine Freundin. Zhenxiang, damals elf Jahre alt, war von ihrer verarmten Familie ins Kloster geschickt worden. Da sie vollkommen mittellos ins Kloster eingetreten war, wurde ihr die schwere, schmutzige Arbeit, die niemand sonst übernehmen wollte, zugeteilt. Wäre sie als Tochter eines wohlhabenden Hauses, mit üppiger Mitgift versehen, ins Kloster gekommen, hätte man ihr dieses Schicksal erspart.

Der Tag meiner Freundin Zhenxiang begann mit Wasserholen. Sie legte sich eine Bambusstange auf die Schultern, an deren Enden zwei Wassereimer baumelten. Sie ging bei Morgengrauen los, und ich stand schon vor der Tür unseres Schlafzimmers und wartete auf sie, schob meine Hand in die ihre, um mit ihr zum Fluss hinunterzusteigen, der am Kloster vorbeifloss. Ich musste oben auf der bemoosten Steintreppe auf Zhenxiang warten, weil sie befürchtete, ich könnte ins Wasser fallen. Ich schaute ihr zu, wie sie mit schnellen, geschickten Bewegungen die Eimer füllte, um eilig wieder zu mir hochzusteigen. Der Fluss lag ruhig da, die Frühe roch, die ersten Sonnenstrahlen huschten über das Wasser, und die Weiden ließen ihre untersten Äste im Wasser tanzen.

Zhenxiang war immer sehr ruhig und in sich gekehrt, und beim Arbeiten zeigten sich schon ernste Falten zwischen ihren Brauen. Manchmal war da ein kurzes Lächeln für mich und ich war überrascht, wie hübsch sie aussehen konnte. Ich beobachtete sie beim Arbeiten, liebte ihre Gegenwart. Um mir während ihres unaufhörlichen Hin- und Herhastens die Zeit zu vertreiben, dachte ich mir Spiele aus oder ritzte Quadrate in den Lehmboden, warf ein Steinchen vor mir her und übte mich im »Zimmerhüpfen«. Einmal fertigte mir Zhenxiang heimlich des Nachts, während die Nonnen schliefen, ein Spiel aus kleinen Ziegelresten. Aber sie hatte nie wirklich Zeit, mit mir zu spielen. Ihr Arbeitstag begann in aller Frühe und endete erst nach Sonnenuntergang. Danach fand ich sie oft im Tempel wieder, wo sie ganz in sich zusammengesunken auf einer kleinen, runden Kiste vor Buddha kniete. Wenn sich ihre Lippen bewegten, blieb sie unerreichbar für mich.

Mir war unerklärlich, wie Nonnen, die mir immer als ein Beispiel von Güte dargestellt wurden, so mit Zhenxiang umgehen konnten. Sie ließen ihre schlechte Laune an ihr aus, beschimpften sie. Einmal beobachtete ich sogar, wie sie geschlagen wurde. Zhenxiang ließ alles klaglos über sich ergehen. Nur ich konnte sehen, dass sie Tränen in den Augen hatte. Ich fragte sie, warum sie nicht ihre Mutter suchte. Sie hätte keine Mutter mehr, erwiderte sie kurz, sie müsste ihr Schicksal einfach ertragen.

Dieser Vorfall veranlasste meine Tante Oma, das Kloster zu verlassen. Tante Oma brachte mich zu ihrer Schwester, meiner Großmutter. Nun lebte ich eine Zeit lang in einer Großfamilie. Mutters Brüder, mein erster und zweiter Onkel, lebten, wie es damals der Brauch war, mit ihren Familien bei ihrer Mutter. Der erste Onkel hatte einen kleinen Sohn in meinem Alter. Gleich beim ersten Mal musterten wir uns mit den Augen, und sehr bald danach galten wir als unzertrennlich. Da wir uns zu Hause langweilten, bemühte sich meine Großmutter, uns Vierjährige in einer nahe gelegenen Mädchenschule unterzubringen. Ich hatte das Glück, einer fortschrittlicheren Familie anzugehören, die Wert darauf legte, dass auch die Töchter lesen und schreiben lernten, ein Instrument spielen konnten und die Kalligraphie beherrschten.

Wir waren natürlich noch zu klein, dem Unterricht richtig zu folgen. Nachdem man uns aber Pinsel in die Hand gedrückt hatte, lernten wir ziemlich mühelos Schriftzeichen nachzumalen. Damals nahm das Auswendiglernen von klassischen Gedichten einen Großteil der Unterrichtszeit ein. Der Sinn dieser Gedichte blieb uns ein Rätsel, aber das mechanische Auswendiglernen machte uns Spaß, da wir für diese enorme Gedächtnisleistung sehr bewundert wurden.

Bei Verwandten, bei denen wir manchmal den Sonntag verbrachten, sah ich zum ersten Mal in meinem Leben ein Klavier. Mein Onkel, dem auffiel, wie ich neugierig vor dem seltsamen Möbelstück stand, öffnete mir das Instrument und ermunterte mich, auf dem Klavierschemel Platz zu nehmen. Sehr vorsichtig begann ich jede einzelne Taste anzuschlagen. Sie vergaßen mich, und ich klimperte auf dem Klavier, bis ich entdeckte, dass ich mit einem Finger die Töne meines Lieblingsliedes zum Klingen bringen konnte. Plötzlich standen alle um mich herum und klatschten begeistert. Meinem Vater wurde von diesem wichtigen Ereignis berichtet und er schien sehr stolz auf mich zu sein. Als wir uns das nächste Mal sahen, versprach er mir, dass er dafür sorgen würde, dass ich einmal Musik studieren dürfe.

In diese Zeit fiel der Tod meiner kleinen Schwester. Sie war nur zwei Jahre alt geworden, und meine Mutter war untröstlich. Eine Nachbarin versuchte, meiner Mutter den Tod der kleinen Schwester dadurch zu erklären, dass sie ja eigentlich ein Junge hätte sein sollen. Meine anderen vier Geschwister und ich hatten die chinesische Idealvorstellung der gemischten Geschwisterreihe erfüllt. Auf jeden Jungen war ein Mädchen gefolgt. Meine kleine Schwester hatte dieses Muster durchbrochen und deshalb sei sie schon bei der Geburt dem Tode geweiht gewesen.

Ich wurde jetzt wieder in meine richtige Familie geholt. Ich kann mich nicht erinnern, während meiner Abwesenheit meine Familie vermisst zu haben. Dieses Nachhausekommen ist mir aber ganz besonders im Bewusstsein geblieben. Ich sehe mich noch heute von meinen Geschwistern bei meiner Ankunft umringt, mich in ihre Mitte nehmend, um mich fröhlich mit Fragen zu bestürmen. Zuerst sollte geklärt werden, wo ich schlafen wollte. Die zwei Brüder und die zwei Schwestern teilten sich jeweils ein Bett. Ich sollte nun gleich entscheiden, wo ich lieber schlafen wollte, bei den Schwestern oder bei den Brüdern. Ich konnte von jetzt ab jede Nacht meine Wahl treffen. In diese erste Zeit fiel auch die Geburt des ersehnten kleinen Bruders. Nun waren wir wieder vollzählig.

Besonders glückliche Zeiten kehrten bei uns ein, wenn Vater die Ferien bei uns verbrachte. Mutter erzählte uns freudestrahlend, dass er dieses Mal schon vor den Winterferien bei uns eintreffen sollte. Mir war es ein Rätsel, woher sie die Zeit seiner Ankunft so genau kennen konnte. Durch meinen langen Klosteraufenthalt war mir verborgen geblieben, dass es Briefe gab. Immer wenn ich die Zugpfeife wahrnahm, erwartete ich ihn. Wie das Rufen der Glücksvögel ist die Zugpfeife seither ein gutes Omen für mich.

Als er dann endlich im Türrahmen stand, rannten wir ihm alle entgegen. Er nahm gleich den jüngsten Bruder in die Arme. Mein zweiter Bruder sprang ihm von hinten auf den Rücken, während meine erste Schwester und mein erster Bruder strahlend vor ihm standen, um sich ganz ernsthaft und ruhig mit ihm zu unterhalten. Er trug einen langen, dunklen Rock, dessen geschlossener Stehkragen ihn sehr ernsthaft aussehen ließ. So stellte ich ihn mir dann immer später beim Unterrichten vor. Ich hielt ihn an diesem würdigen Rock fest, um ihn ja nicht aus meiner Nähe zu lassen. Mutter und meine zweite Schwester verschwanden bald in der Küche, um letzte Hand an das Willkommensessen zu legen. Vater war ein Feinschmecker. Wenn er es sich hätte leisten können, wäre viel mehr Geld in die Haushaltskasse für das Essen geflossen. Er hatte ganz genaue Vorstellungen, wie eine Fischsuppe zu schmecken und auszusehen hatte. Milchweiß und sämig war sie im Idealzustand. Er aß kein Schweinefleisch, sondern hauptsächlich Geflügel. Er bevorzugte das weiße Fleisch und die Flügel, das lebendige Fleisch, das sich viel bewegt hatte und am meisten Kraft gab, wie er sich ausdrückte. Er hielt meine Mutter für eine ausgezeichnete Köchin.

Wenn Vater da war, wurde sogar geheizt bei uns. Mitten im Zimmer wurde ein Holzkohlebecken aufgestellt, das wohlige Wärme verbreitete. Bei uns im Süden konnte es mitunter sehr kalt werden. Doch wenn Vater da war, kehrte Wärme ein. Zu jedem von uns hatte er eine ganz besondere Beziehung. Ich kann mich nicht erinnern, dass er jemals bestimmt gegen uns werden musste. Wir besaßen eine natürliche Achtung vor ihm, deshalb erübrigte sich jede Strenge seinerseits. Er war tief gläubiger Buddhist. Vielleicht hatte seine liebevolle Art ihre Wurzeln im Buddhismus. Er ließ uns spüren, dass Mutter und wir Kinder sein ganzes Glück waren. Mutter erwähnte einmal schelmisch, dass er im letzten Leben Mönch gewesen sein musste. Da einem Mönch Frau und Kinder versagt waren, wünschte er sich in diesem Leben so viele und konnte sie wirklich genießen.

Bei der Erziehung seiner Kinder handelte er nach seiner Überzeugung und wollte auch seinen Töchtern eine sorgfältige Schulbildung zukommen lassen. So wurde meine erste Schwester in eine westlich orientierte, christliche Mädchenschule nach Nanjing geschickt. Eigentlich sprengte die Höhe des Schulgeldes die finanziellen Möglichkeiten meines Vaters. Nur sehr reiche Leute brachten ihre Töchter in dieser Schule unter. Irgendwie schaffte er es jedoch, auch seiner Tochter diese Schule zu ermöglichen.

Nun hatte ich noch mehr Grund, meine ältere Schwester zu bewundern. Ich fand sie überaus schön. Ihre Haut war zart und beinahe durchsichtig. Ihre langen, seidenschwarzen Haare waren so dicht, dass sie, wenn man sie zu einem Knoten schlang, nicht mehr in eine Reisschale passten.

Kurz darauf wurde ich etwas verfrüht in die Schule geschickt, vielleicht auch deshalb, um meinen Tatendrang in sinnvollere Bahnen zu lenken.

Die Schule machte mir Spaß. Mein Lieblingsfach wurde Musik, weil ich die junge Musiklehrerin ganz besonders ins Herz geschlossen hatte. Ich war überglücklich, als ich merkte, dass sie mich genauso mochte. Bald durfte ich sie am Nachmittag besuchen. Wenn sie Besorgungen machen musste, nahmen wir eine Rikscha, um in die Stadt zu fahren.

Sie war 19 Jahre alt, hatte einen Freund, auf den ich nur deshalb nicht eifersüchtig war, weil sie mich gelegentlich, wenn sie ihn im Kino oder im Café traf, mitnahm. Dass ihn meine Gegenwart gestört hätte, ließ er sich nie anmerken.

Eines Morgens, als ich schon in meiner Schulbank saß, kam eine Mitschülerin auf mich zu und sagte mir, dass unsere Musiklehrerin in der Nacht zuvor an Typhus gestorben sei. Man fand mich später in einer weit entfernten, dunklen Ecke des Schulhofes, wo ich stundenlang wie versteinert gesessen haben musste. Über Monate soll man mich nicht mehr lachen gesehen haben. Blass und in mich gekehrt verbrachte ich die folgende Zeit. Alles schien mir verdunkelt.

Meiner Mutter gelang es schließlich, mich in die Familie zurückzuholen. Sie sorgte dafür, dass wir mehr Zeit miteinander verbrachten, und versuchte, mir die Freundin ein bisschen zu ersetzen.

An einem dieser ruhigen, gemütlichen Nachmittage muss ich sie gefragt haben, wie sie Vater kennen gelernt hatte. Sie konnte sich nicht mehr genau daran erinnern, da sie ihn seit der Kindheit kannte, weil sie entfernte Verwandte waren. Sie sahen sich oft, schwieriger wurde das Zusammensein erst, nachdem sie sich verliebt hatten und verlobt waren. Von da an durften sie sich nicht mehr ohne Begleitung treffen, was ihnen sonderbar vorgekommen sein muss.

Zur Hochzeit trug meine Mutter ein wertvolles, traditionelles Kleid, das innerhalb der Familie von Generation zu Generation weitergereicht wurde. In die Taille waren zwölf Bänder eingelassen, die über den Rock fielen und an deren Ende silberne Glöckchen baumelten. Der Klang dieser Glöckchen begleitete jeden Schritt, je graziler die Braut ging, um so anmutiger brachte sie diese Glöckchen zum Klingen. Mein Vater erzählte oft, wie sehr er dieses Kleid an Mutter geliebt hatte. Der Klang ihres leichten, mädchenhaften Schrittes sei ihm immer noch im Ohr, behauptete er.

Wie schon erwähnt, lehrte Vater an der Pädagogischen Hochschule chinesische Literatur. Vater nahm seine Aufgabe sehr ernst und saß bis tief in die Nacht an den Vorbereitungen und Korrekturen, wenn er zu Hause war. Mutter blieb, über Näharbeiten gebückt, mit ihm auf, saß bei ihm neben seinem Schreibtisch. Unsere gesamte Kinderkleidung entstand während dieser ruhigen Zweisamkeit. Schon nach dem Abendessen bereitete Mutter den Tee für diese langen Abendstunden, damit Vater später durch nichts gestört wurde. Einmal, spät nachts, stand ich in der Tür, wagte aber nicht zu stören. Vater saß sehr konzentriert über seinen Papieren, während das Gesicht meiner Mutter sich ganz warm und vertraut im Fenster gegenüber spiegelte. Der Anblick der beiden beruhigte mich, meinen Albtraum, um dessentwillen ich gekommen war, vergaß ich über diesem Bild, das mir bis heute vor Augen geblieben ist.

Mein Vater genoss diese abendliche stille Vertrautheit. Es gibt ein altes chinesisches Gedicht, das diese abendliche Idylle schon vor Jahrhunderten festgehalten hat. Es besingt das große Glück des Gelehrten, von einer schönen Frau beim Lesen begleitet zu werden, anstatt allein vor dem »kalten Fenster verbittert« vor sich hin zu leiden.

Nachdem wir sechs Kinder waren, unsere Eltern sich aber keine Hausangestellten leisten konnten, zogen wir zurück in die Großfamilie. Vater unterrichtete in einer Kleinstadt in der Nähe und war nun im Alltag von Mutter getrennt. In kurzen Abständen erhielt

Mutter lange Briefe, von Vater im Stil des chinesischen Dramas abgefasst. Immer sieben Zeichen bildeten eine Zeile. Wenn ein Brief angekommen war, saß Mutter abends über den kunstvoll angelegten Versen. Sie kauerte in Vaters Stuhl, unerreichbar für uns, also störten wir sie auch nicht. Während sie las, schien Vater bei ihr zu sitzen. Schon damals wusste ich, dass sich unsere Eltern wirklich liebten.

Ein chinesisches Sprichwort besagt, dass es glücklichen Paaren nicht vergönnt sei, lange dieses Glück miteinander zu teilen. Dieses Sprichwort sollte sich auch in unserer Familie bewahrheiten.

Mein Vater versah seinen Lehrberuf sehr gewissenhaft. Seinem unermüdlichen Einsatz und der Beliebtheit bei den Studenten war es zu verdanken, dass er in diesen wirtschaftlich und politisch schwierigen Zeiten seine Stellung noch nicht verloren hatte. Es herrschte hohe Arbeitslosigkeit, und für Intellektuelle stellten sich die Verhältnisse noch schwieriger dar. In den Zeiten politischer Umorientierung der 30er Jahre fand ein häufiger Rektorenwechsel statt. Jedes Mal wurde beinahe der gesamte Lehrkörper entlassen, weil jeder neue Rektor seine eigenen Assistenten, Freunde und Verwandten an seiner Fakultät unterbringen wollte. Vater hatte einige dieser Wechsel beruflich überlebt, aber nicht ohne gesundheitlichen Schaden zu nehmen. Er behielt seine Existenzsorgen für sich, war ständig überarbeitet und übersah die ersten gesundheitlichen Alarmzeichen. Es gab keine Krankenversicherung. Einen längeren Genesungsurlaub zu Hause verbot ihm die unsichere Personalsituation an der Hochschule. Mutter war die labile Gesundheit Vaters verborgen geblieben, weil er vermeiden wollte, dass sie sich Sorgen um ihn machte. Eines Tages brach er während des Unterrichts zusammen und wurde nach Hause gebracht.

Ich kam von der Schule, stand im Flur und spürte sofort, dass etwas nicht stimmte. Das fröhliche Stimmengewirr meiner Geschwister fehlte. In der Küche stand der Reistopf leer da. Niemand hatte Feuer gemacht.

Ich lief in Mutters Zimmer, wo Vater schon im Bett lag. Alle meine Geschwister kauerten um das Bett. An ihren traurigen Augen konnte ich sehen, dass es ernst um Vater stand. Ich schlich an die Seite des Bettes und kniete beklommen hinter meinen Geschwistern. Ich sah nur die Füße meines Vaters. Man hatte vergessen, ihm die Schuhe auszuziehen. Sie waren neu und mit schönen Bändern zugeschnürt. Kein Körnchen Staub haftete an ihnen.

Vater war so geschwächt, dass er kaum mehr sprechen konnte. Wir wurden aus dem Zimmer geschickt. Mutter konnte uns erst viel später über seinen Tod erzählen. Er wollte mit ihr allein sein und hatte, kurz bevor ihn die Kraft verließ, ganz zart ihre Hand genommen und lange ihre Augen gesucht. »Was machst du, wenn ich weggehe«, brachte er nur noch mühsam hervor, weil ihn das Atmen alle Kraft kostete. Er lächelte ihr in die Augen, als er sie verließ.

Als ich ihn sehen durfte, stand ihm dieses Lächeln noch um die Augen. Er lag so friedlich in Mutters Zimmer, wie zum Trost ließ er mich noch ein letztes Mal seine Gegenwart spüren. Er war noch im Raum.

Vater war nur 42 Jahre alt geworden. Mutter hörten wir die nächste Zeit nächtelang im Zimmer auf und ab gehen. Ich kannte den bohrenden Schmerz schon aus der Zeit, als ich um meine große Freundin trauerte, aber nun waren alle traurig und am schlimmsten Mutter, die uns zum ersten Mal nicht trösten konnte. Unser Haus war stumm und kühl geworden. Meine Kindheit war zu Ende. Mutter hatte sich weit von uns entfernt, und ihre Augen waren leer und dunkel. Sie wollte Vater folgen, das spürten wir.

Unser kleinster Bruder, erst zweijährig, war der Einzige, der scheinbar unberührt von allem fröhlich durch die Welt tapste und Mutter zu uns zurückholte. Aber ihr Gesicht blieb noch lange Zeit versteinert. Sie konnte nicht einmal mehr weinen. Zu unserem Schmerz gesellte sich bitterste Not. Vater ließ uns vollkommen mittellos zurück. Sein Gehalt war zu bescheiden gewesen, um für die Zukunft etwas zurückzulegen. Unsere älteste Schwester musste die teure Schule in Nanjing wieder verlassen, weil niemand in der Familie das Schulgeld aufbringen konnte. Sie kam ohne Berufsausbildung nach Hause und übernahm Schreibarbeiten. Was sie damit verdiente, deckte aber nicht einmal unsere Miete. Unser ältester Bruder wollte nun die Verantwortung für die Familie übernehmen.

Uns ging es erbärmlicher als je zuvor. Mutter hatte schon alles, was von irgendwelchem Wert war, ins Leihhaus getragen, ohne Aussicht, diese Dinge jemals wieder auslösen zu können. Einige Male war ich Zeuge gewesen, wie Mutter irgendwelche Haushaltsgegenstände ins Leihhaus tragen musste. Selbst sie wurde jedes Mal befangen, wenn wir die düsteren Geschäftsräume des Leihhauses betraten. Hoch oben auf einem Podest, hinter einem großen, schwarzen Tisch, thronte die traurige Gestalt des Gehilfen. Abweisend und gelangweilt stand er hinter dem schwarzen Gitter, das an dem Podest befestigt war und bis zur Decke reichte. Die Habgier hatte seine Mundwinkel in tiefen Furchen ins Gesicht gegraben, seine Blicke flogen flink umher, schienen uns aber nicht wahrzunehmen. Er trug einen langen Gehrock wie ein Gelehrter. Die oberen Knöpfe waren nicht zugeknöpft, und über den Gehrock hatte er eine schmuddelige, kurze Weste gezogen, die in seltsamem Kontrast zu dem würdigen Gehrock stand. Eine schwarze Seidenkappe saß auf dem Hinterkopf. Vor seinem kalten, ernsten Gesicht hatte ich Angst.

Es war Winter, und Mutter trug die einzige Überjacke, die sie noch besaß. Sie war vom langen Tragen schon etwas schäbig. Ich mochte diese Jacke, da kleine, bunte Vögel auf der Jacke und in den Stehkragen eingestickt waren. Mutter überlegte nicht lange, zog die Jacke mit entschlossenen Bewegungen aus und legte sie auf den Tisch. Der Gehilfe nahm die Jacke mit spitzen Fingern hoch und ließ sie hinter sich in einen Korb fallen, in dem sich andere abgelegte Kleidungsstücke aufgetürmt hatten. Die Jacke brachte uns zwei Yuan ein, das bedeutete immerhin Brot für die nächsten Tage.

Auf dem Heimweg sprach Mutter kein Wort mit mir. Sie war bedrückt und traurig. Ich konnte sehen, dass ihr kalt war. Sie schien es nicht zu bemerken. Wortlos steckte sie mir zwei Münzen zu, und ich wusste, dass ich damit unsere Brotration für den Abend holen sollte. Auf dem Weg zu unserem Bäcker trödelte ich. Es begann dunkel zu werden. Als ich am Straßenstand stehen blieb, hängte der Bäcker gerade die Petroleumlampe über den Tisch und lächelte mir freundlich zu. Er legte wie üblich die kreisrunden Brotfladen auf den Tisch und nickte mir zu. Ich griff in meine Tasche, doch die Münzen waren verschwunden. Fieberhaft durchsuchte ich meine Taschen, kehrte die Jacke um, das Geld blieb unauffindbar. Ich musste die Münzen in der kleinen Gasse, die von uns zum Bäcker führte, verloren haben. In der Dämmerung ging ich langsam den Weg ab, schob mit dem Fuß altes Laub zur Seite, suchte verzweifelt Grasbüschel ab, die aus den Asphaltritzen wucherten. Das Geld blieb verloren.

Mutter schimpfte nicht. Sie stand lange wie versteinert da, den Rücken mir zugewandt, und schaute aus dem Fenster. Die Nacht war schnell hereingebrochen und ich saß mit schlechtem Gewissen in der Dämmerung. Sie war mir nicht böse, ich hätte aber vorgezogen, von ihr ausgeschimpft zu werden. Ich wagte kaum zu atmen und wünschte, von der Dunkelheit verschlungen zu werden.

Doch das Leben ging weiter.

Bald darauf sah ich eine stadtbekannte Kinderkupplerin aus unserem Haus kommen. Ich war in Panik, denn ich wusste, was das für mich bedeuten konnte. Ein zehnjähriges Mädchen aus der Nachbarschaft, deren Familie in Not geraten war, war von ihr in eine Familie vermittelt worden, die einen Sohn in ihrem Alter hatte. Die beiden wurden miteinander verlobt, und das Mädchen war nun im Hause ihrer Schwiegermutter bis zur Heirat Magd. Sie wurde zur gehorsamen Ehefrau erzogen, die klaglos die niedrigsten Dienste im Hause verrichten musste. Ich war beunruhigt, doch meine Mutter nahm mich in den Arm und sagte mir, dass sie ihr kleines Mädchen nie auf diese Weise verlieren wollte.

Obwohl wir seit Vaters Tod nicht mehr in der Lage gewesen waren, das Schulgeld für mich zu bezahlen, ließ ich mich nicht davon abhalten, jeden Morgen in der Schule zu erscheinen. Ich musste nur dem Buchhalter aus dem Weg gehen, denn sobald er mich sah, wurde er sehr laut und unbeherrscht, auch in Gegenwart meiner Mitschüler. Auch im Unterricht blieben mir Peinlichkeiten dieser Art nicht erspart.

Ich hatte kein Geld für Bücher, Übungshefte und dergleichen, und so fürchtete ich den Zeitpunkt, wenn unser Lehrer Leo die Übungshefte einsammelte. Er reagierte bitterböse, als ich wieder keines hatte, sondern nur lose Blätter, die ich mir aus halb leeren Zeitungsblättern zurechtgeschnitten hatte. Selbst wenn er ahnungslos war, wie es um meine Familie stand, fand ich die Strafe, die er sich ausgedacht hatte, unbeschreiblich grausam und demütigend. Meine Arme wurden mit denen eines anderen Schülers, der nie seine Hausaufgaben machte, zusammengebunden. Wie siamesische Zwillinge wurden wir in der Mitte der Halle zur Schau gestellt. Neben uns stand eine Tafel, auf der stand: »Beide erhielten einen verschärften Verweis«. Die anderen Schüler zogen feixend und schadenfreudig an uns vorüber und bestaunten uns wie im Zoo. Für mich war es eine schlimme Qual, gerade mit diesem Jungen an den Pranger gestellt zu werden. Er war ein richtiger Gassenjunge, der immer ungewaschen, in schmutzige Lumpen gehüllt, in der Schule erschien. Ihn in derart bedrängender Enge an mich gebunden ertragen zu müssen war nicht nur meiner Nase zuwider. Er galt als begriffsstutzig und dumm und war mit den Aufgaben überfordert. Es beleidigte mich, mit ihm auf gleiche Stufe gestellt zu werden, da ich immer eine der besten Schülerinnen gewesen war.

Es gab aber auch Menschen, die uns in dieser schweren Zeit halfen. Unser Bäcker in der Nachbarschaft war uns Kindern schon immer ein Freund gewesen. Dass er uns ganz besonders ins Herz geschlossen hatte, ahnte ich in dem Moment, als er mir und meiner Schwester eine gute Zukunft prophezeite, da sie uns ins Gesicht geschrieben sei. Wir glaubten ihm. Als wir nach Vaters Tod ganz verlegen erschienen, um Brot zu holen, das wir anschreiben lassen mussten, legte er uns ganz selbstverständlich die Brotfladen auf den Tisch und nickte uns aufmunternd zu.

In Vaters Todesjahr wurden wir zu allem anderen Unglück von einem schweren Hochwasser heimgesucht. Obwohl unsere Wohnung auf einer Anhöhe in Nanjing lag, stand das Wasser hüfthoch in den Räumen. In vielen Familien waren Tote zu beklagen, die in den Fluten umgekommen waren.

Vielleicht waren die häufigen Überflutungen der Grund dafür, dass damals die Betten auf hohen stelzenhaften, reich verzierten

Beinen ruhten. Man kam zwar nicht trockenen Fußes ins Bett, konnte aber wenigstens im Trockenen schlafen. Manchmal hatte ich nachts das Gefühl, in einem Kahn auf dem Wasser zu schaukeln.

Als das Wasser noch höher stieg, saß ich tagsüber hoch oben in Vaters Bücherregal, das so breite Einlegeböden hatte, dass man bequem in dessen Nischen Platz nehmen konnte. Mit dem Rücken gegen die Seitenwand gelehnt, die Knie angezogen, konnte ich hier Stunde um Stunde verbringen. Vater hatte hauptsächlich klassische Literatur besessen, die ich nun für mich entdeckte.

Der Leihhausgehilfe hatte sich bisher standhaft geweigert, auch nur einen der schweren Bände anzunehmen. Nun war ich froh darüber. Lesend verschlang ich die ganze Bücherreihe in meiner Regalhöhe. Ich verstand bei weitem nicht alles. Doch ich kann mich noch gut an »Li Sao« erinnern. Viele Zeilen daraus sind mir bis heute im Gedächtnis geblieben.

Den Büchern und unserem guten alten Bäcker verdankten wir es, dass wir dieses Hochwasser lebend überstanden. Der herzensgute alte Mann hatte uns die ganze schwere Zeit mit Brot versorgt, das Einzige, was wir regelmäßig zu essen bekamen. Als meine Mutter einmal ganz verzweifelt in seinem Laden erschien, tröstete er sie und meinte, sie könnte doch bezahlen, wenn sie wieder zu Geld gekommen wäre. Außerdem sei sein Schaden nicht groß. Das, was er uns geschenkt habe, könne er in ein paar Wochen wieder verdienen.

Nach dem Hochwasser verkaufte Mutter den Rest unserer Möbel. Mit dem Geld wurden für mich und meinen zweiten Bruder Fahrkarten gekauft. Der zweite Bruder fuhr zu unserem ältesten Bruder, und ich sollte zur ersten Schwester ziehen.

Nachdem Mutter den Haushalt vollkommen aufgelöst hatte, zog sie mit dem kleinsten Bruder nach Kanton zu meiner zweiten Schwester. Unsere Familie war nun in alle Winde zerstreut.

Im Herbst desselben Jahres schrieb mir Mutter, dass sie mich und den kleinen Bruder zu sich holen werde. Onkel Li Ji Tong, ein Bruder von Vater, hatte sie gebeten, seiner Frau Gesellschaft zu leisten. Unser Onkel war Professor an der Qing-Hua-Universität in Peking. Als Dekan der Biologischen Fakultät galt er als ein überaus wohlhabender Mann. Gewöhnliche Essensansprüche konnte man damals mit zweieinhalb Yuan befriedigen. Er verdiente vierhundert Yuan im Monat, eine unglaubliche Summe in unseren Augen. Nach seiner Doktorarbeit, die er an einer amerikanischen Universität geschrieben hatte, machte er an der Universität Peking sehr schnell Karriere und hatte als Naturwissenschaftler großen Erfolg. Er lebte von seiner Familie getrennt, für die er ein großzügiges Haus gemietet hatte, in dem seine Frau, seine Mutter und seine vier Kinder lebten. Seine Mutter war eine energische, strenge alte Dame, die noch vollkommen in der Tradition des Konfuzianismus lebte. Ihre Schwiegertochter gehörte schon der neuen Generation an und war nicht mehr bereit, sich dem Alter unterzuordnen. Die beiden lagen sich ständig in den Haaren, und mein Onkel erhoffte sich durch die Gegenwart meiner Mutter mehr Frieden im Haus.

Er achtete meine Mutter sehr und schätzte ihr ausgleichendes, friedfertiges Wesen. Mutter war gewöhnt, in einer Großfamilie zu leben, und war Meisterin in der Anpassung.

Onkels Mutter, Oma Li, war sehr gebildet und in der Tat überaus streng. Ihr Mann, ehemals hoher Beamter, hatte sich die Freiheit genommen, lange Jahre von seiner Familie getrennt zu leben. Er nahm sich eine Nebenfrau, vergnügte sich mit kostspieligen Freudenmädchen und hielt sich dem strengen konfuzianischen Regiment seiner Frau fern.

Oma Li hatte an dieser Lebensform nichts auszusetzen. Sie war in diesem Sinne erzogen. Ein Mann hatte die Freiheit, so zu handeln, wie es ihm beliebte, und sie nahm die Konsequenzen dieser Ehe gehorsam und nachsichtig in Kauf. Ihrer Schwiegertochter, die ihr den gleichen Gehorsam verweigerte, begegnete sie mit äußerster Strenge und streitsüchtiger Gereiztheit. Oma Li behielt das Machtzepter der Familie in der Hand. Solange sie gesund und wach war, wich sie keine Handbreit von ihren Vorstellungen ab. Hin und wieder gelang es meiner Mutter, den Machtkampf zwischen Oma Li und der Tante zu schlichten.

In Onkels Haus war auch für die Ausbildung der Mädchen gesorgt. Ich war nun zwölf Jahre alt und konnte dank Onkel wieder in die Schule zurückkehren. Nach einer Aufnahmeprüfung erlaubte man mir, in die fünfte Jahrgangsstufe der Grundschule einzutreten. Die Schule, die ich nun besuchte, war sehr fortschrittlich. Jeder Fachrichtung stand ein eigens dafür eingerichtetes Lehrzimmer zur Verfügung. Es gab eine Bibliothek. An den Wänden, die nicht mit Büchern voll gestellt waren, hingen Zeittafeln der verschiedenen Kaiserdynastien und eine große Weltkarte. Wenn ich keine Lust mehr zum Lesen hatte, schlich ich mich in der unterrichtsfreien Zeit an das Klavier im Musikraum, klimperte vor mich hin und träumte von einer ruhmvollen Zukunft als Pianistin.

Diese überaus glückliche Zeit nahm mit dem Tod meiner ersten Schwester ein jähes Ende. Sie verstarb ganz plötzlich an einer Hirnhautentzündung. Mein Schwager vergrub sich in seinem Schmerz, trauerte nur noch seiner großen Liebe nach und war mit den beiden kleinen Kindern hilflos. Meine Mutter machte sich große Sorgen um die Kinder, weil sie zusehends verwahrlosten. Die ganze Verwandtschaft gab gute Ratschläge und drängte ihn, sich wieder zu verheiraten. So kurz nach dem Tod meiner Schwester wies er dieses Ansinnen weit von sich. Nach ein paar Monaten sah er ein, dass er mit den Kindern so nicht weiterleben konnte, und war bereit, wie es die chinesische Tradition vorsah, eine der Schwestern seiner Frau zu heiraten. Da meine zweite Schwester schon verheiratet war, kam nur ich infrage. Diese Wendung meines Schicksals kam für mich unerwartet. Mutter war mit dieser Ehe einverstanden, da alle Zeichen dafür sprachen. Die Kinder würden nicht unter einer Stiefmutter zu leiden haben. Der Schwager war ein gebildeter, gut aussehender Mann, kam aus einer guten Familie und könnte uns allen eine große Stütze sein. Unserer Heirat stand also nichts im Wege. Kaum 15-jährig, wurde ich mit einem 30-jährigen Mann verheiratet.

Ich war wie taub, konnte weder Freude noch Trauer empfinden, verhielt mich wie eine gehorsame Tochter, die mit sich geschehen ließ, was die Familie für nützlich hielt. Eigenartigerweise habe ich kaum Erinnerungen an diese erste Zeit meiner Ehe.

Nach ein paar Monaten war ich schon schwanger. Ich war der neuen Situation nicht gewachsen, in Haushaltsdingen war ich ungeschickt und mit meiner Rolle als Ehefrau konnte ich nichts anfangen, weil ich selbst noch ein Kind war. Mein »Schwagermann« stellte eine Kinderfrau ein, die mich entlasten sollte. Nun verbrachte ich viele Tage lesend im Bett, langweilte mich und trauerte meiner Schulmädchenzeit nach.

Im Juli 1936 überfielen die Japaner China. Am 13. August fiel die erste Bombe, die den Krieg eskalieren ließ. Am 2. Oktober überraschten mich vier Wochen vor dem Geburtstermin die ersten Wehen. Cai Cai, unser erster Sohn, erblickte das Licht der Welt, bevor der Arzt das Haus betreten hatte. Ein hübscher Junge, kaum fünf Pfund schwer, schaute mich verwundert an. Ich begrüßte ihn wie ein kleines Brüderchen, Muttergefühle konnte ich keine empfinden. Fröhlich kommentierte Onkel Jitong das freudige Ereignis: »Nun hat unser Kind ein Kind bekommen.«

Die japanischen Truppen zogen in Richtung unserer Stadt. Wenn wir uns in Sicherheit bringen wollten, mussten wir nach Jiu-Jiang flüchten, um dort ein Schiff zu bekommen. Man packte mich und die drei Kinder auf ein Bambusbett, das mit Trägern dorthin geschafft werden sollte. Als sich herausstellte, dass ich zum zweiten Mal schwanger war, brachen wir die Flucht ab und zogen zu der Großfamilie meines »Schwagermannes«.

Hier brachte ich unser zweites Kind, eine Tochter, zur Welt. Wir nannten sie »Brötchen«, weil sie ein allerliebstes rundes Gesicht hatte. Mit 18 Jahren war ich nun Mutter von vier Kindern.

Nach einiger Zeit zog auch meine zweite Schwester zu uns, da ihr Mann einige Zeit im Ausland verbrachte. Sie und mein »Schwagermann« verließen am frühen Morgen das Haus, um arbeiten zu gehen, während ich die Kinder versorgte. Ich blieb mir selbst überlassen und haderte mit meinem Schicksal. Um der Wirklichkeit zu entfliehen, vergrub ich mich ganze Tage in meinen Romanen, deren Welt sich sehr von der meinen unterschied. Die Mutterpflichten hatten mich zu früh eingeholt, ich liebte meine Kinder, fühlte mich aber wie ihre ältere Schwester.

Oft kamen die größeren Mädchen aus der Nachbarschaft, um mit ihnen zu spielen. Dann ertappte ich mich manchmal am Türrahmen, wie ich sie wie aus der Ferne betrachtete und mir klarzumachen versuchte, dass sie meine Kinder waren.

Mir blieb lange Zeit verborgen, dass mein »Schwagermann« und meine Schwester ein Verhältnis miteinander angefangen hatten, aber auch dann, als ich es nicht mehr übersehen konnte, war ich erstaunlicherweise nicht eifersüchtig, weil ich mich nicht als Ehefrau fühlte. Meine Schwester ließ sich nichts anmerken. Sie kam abends nach Hause und machte sehr sorgfältig den Haushalt, vielleicht auch, weil sie ein schlechtes Gewissen hatte.

Die japanischen Invasoren holten uns auch hier ein. Mein »Schwagermann« arbeitete zu der Zeit bei der Bahn und bekam eine Erlaubnis, mit seiner Familie per Zug an einen sicheren Ort zu flüchten.

Der Zug war überbesetzt, alle Gepäcknetze waren von Menschen belegt, viele lagen auf dem Fußboden. Diejenigen, die im Zug keinen Platz gefunden hatten, saßen auf dem Dach des Zuges oder hatten ein Holzbrett am Fenster angebracht, auf dem sie kauerten und sich am Fenster festklammerten. Traumatisch war die Einfahrt in Tunnels, die oft nicht hoch genug waren, sodass viele Flüchtlinge vom Zug gerissen wurden und sofort tot waren. Wenn neue Angriffe drohten, stand der Zug, bis Entwarnung gegeben wurde, tagelang an einem Ort.

Im Oktober brachte ich in einem Gepäcknetz des Zuges meinen jüngsten Sohn zur Welt. Ich nannte ihn das »Schaffnerchen«. Er war klein und zart, beinahe durchsichtig. Er schaute mich mit großen Augen an, wie ein Wesen aus einer besseren Welt. Ich hatte fast keine Muttermilch, aber er weinte nicht, weil ihm die Kraft dazu fehlte. An mich geschmiegt, lag er ruhig und zufrieden in meinem Arm. Stundenlang saß ich mit ihm im Zug, schaute dieses schöne kleine Wesen an, beugte mich über ihn, um seinen leisen Atem zu spüren. Ich roch den vertrauten Duft seiner Haut und war glücklich, ihn im Arm zu halten.

Ich hatte am Anfang der Schwangerschaft eine sehr starke Mischung Medizin genommen, um ihn abzutreiben, und war daraufhin sehr schwer krank geworden. Die Strapazen der Flucht schwächten mich noch mehr, dennoch beschloss das »Schaffnerchen«, auf die Welt zu kommen.

Einige Wochen nach seiner Geburt rückten die Japaner nach. Wir flüchteten zu Fuß weiter, weil der Zug inzwischen so überfüllt war, dass er nicht mehr weiterfahren konnte. Mein »Schwagermann« trug die allerwichtigsten Dinge, Getreide und den Wok, meine zweite Schwester hatte meine kleine Tochter auf den Schultern und ich hatte mein »Schaffnerchen« im Arm. Die anderen Kinder folgten uns zu Fuß. Am 25. November kamen wir in Liu-Zhai in der Gui-Zhou-Provinz an. Wir kauften dort ein bisschen Reis und konnten uns alle satt essen. Nach einer kleinen Rast brach ich mit den Kindern auf, weil sie viel langsamer gingen als die Erwachsenen. Der Rest der Familie wollte das Geschirr noch zusammenpacken und uns dann folgen. Auf dem Weg überflogen uns amerikanische Flugzeuge. Die Kinder stießen Freudenschreie aus, da die Amerikaner unsere Verbündeten waren. Wir konnten natürlich nicht wissen, dass sie auf Liu-Zhai Bomben geworfen hatten. Wir sahen, dass der Ort unter starkem Beschuss stand, und gingen zurück, um die anderen zu suchen. Wir durften die Stadt nicht mehr betreten. Am nächsten Morgen suchten wir weiter. Die Luft roch nach Ruß und verbrannten Leichen. Die Brandherde waren inzwischen erloschen. Wir irrten umher und ahnten, was passiert war. Mein »Schwagermann«, meine Schwester und meine kleine Tochter »Brötchen« waren umgekommen.

Später stand in der Zeitung, dass die Ursache der Bombardierung auf einem Übersetzungsfehler basierte. Die Amerikaner wollten eine japanische Kaserne in einem Ort mit einem ähnlich lautenden Namen bombardieren. Deswegen mussten über 10 000 Menschen sterben.

Zu Beginn der Flucht hatte ich die letzten beiden warmen Pullover gegen Getreide für die Kinder eingetauscht. Es war Herbst geworden, und wir trugen nur unsere Sommerkleidung auf dem Leib. Mit den Kindern kam ich sehr langsam vorwärts, sodass wir den Anschluss an die anderen Flüchtlinge verloren. Manchmal fanden wir in den Feldern etwas Reis, den man bei der Ernte übersehen hatte. Auf der Suche nach Wasser brach ich auf einem schmalen Damm zwischen den überfluteten Reisfeldern vor Schwäche zusammen. Als ich wieder zu mir gekommen war, hatten die Kinder schon ein kleines Feuer gemacht. Sie kochten den kostbaren Reis in einer halb zerbrochenen Vase, die sie in den Feldern gefunden hatten. Plötzlich tauchte ein Pferd auf, schnupperte an der Vase und stieß sie um. Wir waren so hungrig, dass wir die Reiskörner einzeln von der bloßen Erde aufsammelten.

Über 20 Tage hatten wir so vor uns hin vegetiert, hatten kaum mehr etwas zu essen gefunden. Noch immer erscheint vor meinem inneren Auge der endlose Lehmweg, den wir entlanggingen, mit einem Wegweiser, der ins Nichts zu führen schien. Am Wegrand kauerten tote Menschen, die aus der Ferne wie Lebende aussahen. Erst wenn man näher kam, sah man, dass sie tot waren. Der Krieg war am Abklingen, und in meiner kleinen Familie waren schon sieben Personen verstorben. Ich konnte keine Trauer mehr empfinden, war innerlich leer, ein seelenloser Körper, der sich vor sich hin schleppte.

Ich fühlte keinen Hunger mehr und hatte jeden Lebenswillen verloren. Ich sagte den Kindern, dass wir wahrscheinlich sterben müssten, wenn wir dablieben. Gingen wir weiter, erwartete uns das gleiche Schicksal. Sie sollten entscheiden, was zu tun sei. Sie schauten mich nur müde an und waren zu schwach zu antworten. Cai Cai, der nur sechs Jahre alt war, sagte plötzlich: »Ich will nicht hier sterben, wir gehen weiter.«

Cai Cai war sonst ein sehr schweigsames Kind. Er hatte ein sehr mildes Wesen und machte immer einen etwas müden Eindruck. Gleich nach der Geburt schien er sehr schwach, erkrankte immer wieder schwer. Jedes Mal bangte ich um sein Leben, aber jedes Mal erholte er sich langsam wieder. Wie er mit sehr ernster Miene so sicher und mutig auftrat, erstaunte mich. Ich hatte ihn noch nie so bestimmt erlebt. In dem Moment, in dem er so viel Lebenskraft zeigte, hatte ich nicht das Recht aufzugeben. Mit dem »Schaffnerchen« im Arm ging ich voraus, Cai Cai folgte mir mit den anderen Kindern.

Im Dezember 1944 kamen wir im nächsten Ort an. Es war bitterkalt und schneite bereits. Wir kauerten uns auf der nackten Erde zusammen und retteten uns in einen tiefen Schlaf. Am nächsten Morgen war uns allen, als ob uns das Blut in den Adern zu Eis erstarrt wäre. Obwohl unsere Glieder steif vor Kälte waren, schafften wir es, uns weiterzuschleppen.

Kurz vor der Dämmerung des nächsten Tages entdeckte ich schon von weitem einen Strohhügel. Wie Marionetten gingen wir darauf zu, machten eine kleine Öffnung und krochen hinein. Im Inneren waren schon andere Flüchtlinge, einige kamen nach. Es war eng, die verbrauchte Luft war voller Staub, aber es war warm. Mit meinem »Schaffnerchen« im Arm schlief ich vor Erschöpfung sofort ein. Am nächsten Morgen fand ich ihn tot in meinen Armen. Er musste erstickt sein. Wie erbärmlich hatte sein Leben begonnen und wie sinnlos war sein Tod.

Ich wollte nicht wahrhaben, dass er tot war, und hielt ihn auf der Weiterflucht eng an meinen Körper gepresst, um ihn vor der Kälte zu schützen. Ich musste den Verstand verloren haben.

Später, ich hatte jegliches Zeitgefühl verloren, traf ich auf die Geschwister meines Mannes. Zusammen suchten wir Zuflucht in einem verlassenen Haus. Ich saß mit dem »Schaffnerchen« auf dem Bett. Ich erinnere mich nur noch, dass sie mir ununterbrochen gut zuredeten, ihnen das tote Kind zu überlassen. Nicht einmal den Namen des Ortes kannte ich, wie konnte ich ihn an einem vollkommen fremden Ort zurücklassen? Sie nahmen ihn mir irgendwann aus dem Arm und wollten ihn begraben. Die Erde war tief gefroren, es gab keine Schaufel, wie sollten sie ihn dort begraben? Sicher verscharrten sie ihn einfach im Schnee.

Wir zogen weiter, ich setzte nur noch mechanisch einen Fuß vor den anderen und vergaß, auf Cai Cai zu achten. Wir alle hatten ihn aus den Augen verloren. Ich rannte nach vorn und hoffte, ihn wieder zu finden. Wo ich die Kraft hernahm, weiß ich nicht mehr. Ich hatte nicht die Ruhe, einfach auf ihn zu warten, falls wir zu schnell gegangen waren und ihn zurückgelassen hatten. Am Straßenrand lagen viele Kinder, die die Flucht nicht überlebt hatten oder von ihren Eltern sterbend zurückgelassen worden waren. Andere Kinder irrten elternlos umher, keiner nahm sich dieser Kinder an, weil die Not in jeder Familie groß war.

Plötzlich entdeckte ich ein Kind in einem Mäntelchen mit Fischkragen, das ich aus einer alten Jacke von mir für Cai Cai umgeändert hatte. Auch er hatte mich entdeckt und rannte mit weit geöffneten Armen auf mich zu, weinte und schrie »Mama, Mama«. Das Mäntelchen, das keine Knöpfe hatte, flatterte wie ein Segel um ihn. Ich fing ihn in meinen Armen auf. Wir schluchzten beide, rangen nach Luft und wischten uns vor Erleichterung gegenseitig die Tränen von den Wangen. Es war das erste Mal, dass ich nach »Schaffnerchens« Tod wieder weinen konnte.

Zusammen mit den Verwandten erreichten wir Chong-Qing. Das Personalbüro der Bahn verteilte an die Angehörigen der Bahnbeamten ein bisschen Geld. Meine Schwager, die ebenfalls bei der Bahn beschäftigt waren, holten ihren Anteil ab, sodass wir uns etwas zu essen kaufen konnten. Sie wollten weiter nach Heng Yang, und ich sollte mit den Kindern zu ihren Eltern ziehen. Ich wusste genau, was mich in dieser traditionellen Familie als Witwe erwartet hätte, lieber wollte ich auf der Stelle sterben, als dorthin zu gehen.

Ich blieb mit den Kindern in Chong-Qing zurück, wo ich versuchen wollte, meinen Cousin zu finden.

Wir waren verdreckt, die Kleider waren zerlumpt und unsere Haare voller Läuse. Die Leute an einer Bushaltestelle schreckten vor uns zurück, weil wir so erbärmlich aussahen. Ich schämte mich, all diese fremden Blicke auf mich gerichtet zu sehen, bis mir eine vornehme Frau auffiel, die etwas abseits stand und uns voller Mitleid anblickte. Sie machte es mir leicht, auf sie zuzugehen und sie zu bitten, uns zu helfen, meinen Cousin zu finden.

Ihre Stimme, ihr schönes Gesicht und ihr mitfühlendes Wesen gaben mir plötzlich Hoffnung auf ein menschenwürdigeres Dasein. Auf dem ganzen Weg hatte ich nur heruntergekommene Flüchtlingsgestalten und Tote gesehen. Auch die Lebenden sahen wie Tote aus. Die Menschen hasteten wie Ameisen sinnlos umher. Das Leben hatte jeden Sinn verloren, zwischen Leben und Tod war nur ein dünner Faden.

Noch heute habe ich das Gesicht dieser Frau vor Augen. Mit ihrer Hilfe fand ich meinen Cousin wieder, meinen kleinen »schwarzen Bruder«, der in einem prächtigen Wollmantel, wie eine Erscheinung aus besseren Tagen, plötzlich vor uns stand und uns abholte. Er war damals Leiter einer kleinen Druckerei. Er nahm uns bei sich auf und sorgte für uns.

Am Anfang war ich noch sehr geschwächt und sah wie eine alte Frau aus, obwohl ich noch nicht einmal 30 Jahre alt war. Langsam erholte ich mich mit der Hilfe des Cousins, der mir in der Druckerei Arbeit als Korrekturleserin verschaffte.

Um aber meine Kinder ernähren zu können, musste ich eine ganztägige Stelle finden. Mein Schwager besorgte mir ein Empfehlungsschreiben von einem der wichtigsten Politiker der Kuomintang, mit dessen Hilfe ich eine bessere Stelle im städtischen Finanzamt bekam. Dieser Empfehlungsbrief sollte mich im neuen China viele Jahre meines Lebens kosten.

Da ich nun ganztägig arbeiten musste, brachte mein Schwager Cai Cai zu den Schwiegereltern. Die beiden Nichten lebten in einem Internat in meiner Nähe. Cai Cai, der auf der ganzen Flucht so mutig war, brach in heftiges Weinen aus, als mein Schwager ihn abholen wollte. Er wusste sich nicht anders zu helfen, als das Kind mit sich zu ziehen. Noch aus weiter Entfernung hörte ich Cai Cai nach mir rufen. Mir war innerlich so weh, aber in dieser Zeit hatte ich keine andere Möglichkeit. Meine Unabhängigkeit war der einzige Weg in eine bessere Zukunft.

Tagsüber arbeitete ich in dieser Zeit im Finanzamt, abends besuchte ich die Abendschule, um mein kümmerliches Schulwissen zu ergänzen. Allmählich hatte ich mich wieder erholt und sah aus wie vor dem Krieg. Viele sagten, ich sähe aus wie eine Schülerin. Die meisten berufstätigen Frauen in meinem Alter schminkten sich und trugen hochhackige Schuhe. Ich machte mir nichts aus Äußerlichkeiten. Außerdem empfand ich es als schwierig, in der Nachkriegszeit als allein stehende Frau zu leben. Viele Männer waren über den Krieg allein geblieben und suchten eine Frau. Auch ein Kollege von mir, der mir überallhin wie ein Schatten folgte. Wenn er mich wenigstens angesprochen hätte, wie das normalerweise zwischen Kollegen der Fall ist. Es war Hochsommer und unerträglich heiß, da kam es vor, dass er in der Hitze zwei Stunden wartete, um mich in die Kantine gehen zu sehen. Ich verkündete in meiner Abteilung, dass ich Witwe sei und drei Kinder zu versorgen hätte. Man legte mir dieses Bekenntnis falsch aus und glaubte, dass ich nur an eine größere Reisration kommen wollte. Viele machten sich älter oder dichteten sich eine Familie an, damit sie mehr Reis zugeteilt bekamen.

Der junge Mann sah ein, dass seine Belagerung keinen Erfolg hatte. Daraufhin beging er Selbstmord. Er war aber so anständig, einen Brief zu hinterlassen, in dem er beteuerte, dass niemand Mitschuld trage an seinem Selbstmord.

Wie ein Lauffeuer ging diese Geschichte durch die Medien. Am anderen Morgen entdeckte ich ein Foto von mir in der Zeitung. Darunter wurde die Geschichte des jungen Mannes breitgetreten. Ich galt als skandalöse Person und musste die Stadt so schnell wie möglich verlassen.

Onkel Li Ji Tong, der immer noch an der Hua-Bei-Universität in Peking Professor war, versprach, mich zu unterstützen. Er besorgte mir ein Flugticket, und am nächsten Tag saß ich schon im Flugzeug nach Peking. Hoch über den Wolken überkam mich ein euphorisches Freiheitsgefühl und die Gewissheit, dass ich mich auf dem Weg in ein neues Leben befand. Mit diesem Onkel war ich schon als kleines Mädchen in besonderer Weise verbunden. Er teilte meine Liebe zur Musik und wollte mir helfen, mich für die Aufnahmeprüfung an der Musikhochschule vorzubereiten.

Ende 1948 wurde Peking von Maos Truppen befreit. Bevor die Armee Peking einnahm, hatten viele Angst, dass es zu blutigen Auseinandersetzungen kommen würde. Nachdem die Armee die Stadt friedlich eingenommen hatte, nahm ich zum ersten Mal Maos Soldaten wahr. Sie unterschieden sich so sehr von den Truppen der Kuomintang, die arme Leute sehr übel behandelt hatten. Ich beschloss, in Peking zu bleiben, weil ich mich unter Maos Herrschaft sicher fühlte.

Da alle Verwaltungsleute, die unter der Kuomintang gearbeitet hatten, entlassen wurden, entstand ein großer Bedarf an neuen Leuten. Wenn man das Gymnasium besucht hatte, konnte man sich einer dreimonatigen politischen Umschulung unterziehen und hatte hinterher die Chance, von der Stadt angestellt zu werden. Mit mir nahmen viele junge Leute diese Möglichkeit wahr, um in der Stadt bleiben zu können.

Gleich am ersten Schultag lernte ich ein Mädchen kennen, das mir schon bei der Aufnahmeprüfung aufgefallen war, weil es vollkommen ungeniert Hand in Hand mit einem jungen Mann dasaß. Sie sah mich, kam mit ihm fröhlich auf mich zu und sagte: »Das ist Feng und ich heiße Ling.« Beide waren erst 19 Jahre alt. Was für ein Zufall, auch mein Alter in meinem neuen Personalausweis war mit 19 Jahren angegeben. Mein alter Personalausweis war verloren gegangen und ich hatte mir für ein paar Yuan einen neuen besorgt. Nun hörte ich mich zum ersten Mal mein neues Alter nennen. Es war ungewohnt, aber mir war klar, dass mir mein Witwenstatus und wahres Alter sehr viele Umstände gemacht hätten, wenn ich später an der Hochschule studieren wollte. An der Reaktion der beiden merkte ich, dass sie mir meine 28 Jahre nicht ansahen.

Wir drei freundeten uns an, waren in der Folgezeit unzertrennlich, gingen Hand in Hand durch die Flure und wurden die »kleinen Drei« genannt. Jeden Tag standen kommunistische Schulungen auf dem Lehrplan. Ehrlich gesagt, hatte ich überhaupt keine Lust, den langweiligen Theorien zuzuhören. Nach dem Unterricht sollten wir den Stoff auf unseren Zimmern weiter diskutieren. Wir hatten Glück, in einer Gruppe zu sein, und konnten so auch nach dem Unterricht zusammenbleiben. Ling benahm sich wie die Schülerin einer Mädchenschule, die sich weniger für die Schule interessierte als sich vorrangig dem Thema widmete: »Wie angle ich mir einen Mann?« Manchmal fühlte ich mich wie ihre Anstandsdame.

Feng war ein sehr ernster junger Mann, der nicht viel redete, sich aber sehr liebevoll um uns kümmerte. Er kaufte für alle drei das Essen ein, schleppte bei den Militärübungen unser Gepäck. Bei einer der Übungen fiel mir auf, wie kräftig er war.

Er trug einen sehr schweren Rucksack, eine Decke, außerdem

eine dicke Seidendecke und eine Wolldecke, damit wir uns nicht erkälten sollten. Die Gegenstände, die er mitbrachte, waren sehr bewusst ausgewählt. Man sah, dass er Wert auf schöne Dinge legte. Auch bei der Wahl von Nahrungsmitteln ging er sehr sorgfältig vor.

Wenn wir uns zu unseren so genannten politischen Diskussionen trafen, saßen wir alle gemeinsam auf dem Bett in dem Zimmer, das ich mit Ling und sechs anderen Mädchen teilte. Da es zum Sitzen etwas unbequem war, stützte sich Feng mit seinen Armen von hinten etwas ab, um so bequem wie auf einem Sofa zu sitzen. Er hatte elegante, sichere Bewegungen, wirkte entspannt und schien vollkommen in sich zu ruhen.

Wir hinterließen beim Revolutionskomitee keinen besonders guten Eindruck, da wir an den politischen Inhalten nicht sonderlich interessiert waren. Ich merkte, dass Feng innerlich während der Schulungen häufig abwesend und mit anderen Dingen beschäftigt war.

Einmal hatte er sein Notizbuch offen neben mir liegen lassen. Darin lagen ein paar getrocknete Ahornblätter. In sorgfältig gesetzten Zeichen stand darunter: »Jene Ahornblätter, die nun in diesem Buche liegen, haben schon Wind und Herbst erlebt.« Auch das chinesische Schriftzeichen für Feng trägt die Bedeutung von Ahorn.

Mich rührte seine Liebe zur Poesie, die ich mit ihm teilte, aber ich spürte gleichzeitig, dass er nur in den Gedichten wagte, seine Gefühle auszudrücken.

Ling wurde allmählich ungeduldig, weil sie spürte, dass sie ihm nicht näher kam. Sie wollte mehr von ihm und verliebte sich in einen anderen jungen Mann, mit dem man sie fortan Hand in Hand sah.

Feng kam nun oft nach dem Abendessen zu mir. Wir spazierten dann zum Tempel in der Nähe, oft schweigsam, es lag ein stilles Einverständnis zwischen uns. Wir fühlten uns wohl miteinander, und viele Worte waren nicht nötig.

Unsere dreimonatige politische Umschulung ging dem Ende zu. Wir wussten, dass danach viele von uns in den Süden geschickt würden. Feng, der Unpolitische, hielt das für Unsinn und versuchte mich zu überzeugen, dass es für uns beide höchste Zeit war, uns um unsere Ausbildung zu kümmern. Mir schien das unmöglich, da ich vollkommen mittellos war. Eines Abends brachte er mir einen goldenen Ring und Geld, damit ich mich in Ruhe auf die Aufnahmeprüfung der Musikhochschule vorbereiten könnte. Ich wollte das Geld zunächst nicht annehmen, aber Feng meinte, er brauche das Geld nicht, ich könne es ja als Leihgabe verstehen.

Ich wagte mich tatsächlich an die Musikhochschule. Die Aufnahmeprüfung war sehr schwierig für mich, da ich nicht einmal die Mittelschule abgeschlossen hatte. Klavierstunden hatte sich meine Familie nie leisten können. Meine Erfahrungen mit dem Instrument beschränkten sich auf heimliche Übungsversuche in meiner alten Schule. Während der Vorbereitungszeit nahm ich Klavierunterricht, übte jeden Tag stundenlang Klavier und bestand tatsächlich die Prüfung. Das erste Mal in meinem Leben konnte ich nun meinen Neigungen folgen.

Feng schrieb mir voller Freude, dass ich das Meer überwunden hätte und am anderen Ufer angekommen sei und er sich nun von mir verabschieden werde. Ich war wie vor den Kopf gestoßen. Die Tatsache, dass ich die Universität besuchte, schrieb ich ihm, sei doch kein Grund, mir Adieu zu sagen.

Feng hatte inzwischen eine Anstellung als Ingenieur in einer Papierfabrik in der Inneren Mongolei. Meine Antwort mache ihn zum glücklichsten Mongolen, schrieb er. Bis tief in die Nacht arbeitete er in der Fabrik, für deren Aufbau er nun mitverantwortlich war. Bevor er nach Hause ging, schrieb er mir jede Nacht an seinem Zeichentisch einen Brief. Oft stellte er sich vor, wie schön es wäre, wenn ich jetzt bei ihm sitzen könnte.

Nun bekam ich Gewissensbisse, da ich ihn über meine Vergangenheit im Unklaren gelassen hatte. Ich schrieb ihm, dass ich neun Jahre älter sei als er, außerdem schon eine Ehe hinter mir hätte. Aber wir könnten Freunde bleiben.

Fengs Antwort auf diesen Brief fiel sehr klar aus. Der Altersunterschied spiele keine Rolle, immerhin sei er auch schon 25 Jahre alt. Als Witwe sei ich frei.

Da ich mit dem Studium in dieser Zeit über die Maßen beschäftigt war, kam ich nicht viel zum Nachdenken. Ein dickes Heft mit eigenen Kompositionen war entstanden.

Feng war inzwischen Direktor der Papierfabrik geworden, weil durch seine Erfindungen die Produktion gesteigert werden konnte und man ihm wegen seiner Tüchtigkeit mehr Verantwortung übertragen wollte.

Er fragte mich erneut, ob ich nicht seine Frau werden wollte. Natürlich wollte ich nicht allein bleiben, aber vor der Ehe hatte ich Angst, weil ich so schlechte Erfahrungen damit gemacht hatte. Wir könnten heiraten, schlug ich vor, aber getrennt leben wie bisher. Es lagen 1000 Kilometer zwischen uns, ich lebte im Süden und Feng hoch im Norden. Diese Entfernung war vielleicht gar nicht so schlecht, dachte ich, da mir die vielen Schwangerschaften meiner ersten Ehe, der Ehealltag und die Haushaltspflichten in schlimmer Erinnerung waren.

Im Sommer 1953 besuchte ich Feng, um mit ihm das Aufgebot zu bestellen. Der Beamte fragte nach, ob ich schon 18 sei, eine Frage, die uns sehr amüsierte, war ich doch schon 32 Jahre alt. Dass ein Mann eine Frau heiratete, die älter war als er, war sehr ungewöhnlich in China. Auch Fengs Mutter äußerte ihre Bedenken gegen diese Ehe.

Als wir vom Standesamt zurückkamen, war die Sonne schon untergegangen. Wir stiegen auf einen kleinen Berg, unter uns lag die weite Landschaft. Ich war so aufgeregt vor Glück, wünschte mir, die Zeit bliebe stehen. Ich sagte Feng, dass ich jetzt im glücklichsten Moment meines Lebens auch sterben könnte. Über Fengs Gesicht huschte ein glückliches, warmes Lächeln. In Momenten wie diesen umarmten sich die Paare in den ausländischen Filmen immer besonders innig. Wir hatten uns noch nie berührt. Nur einmal, kurz bevor er seinen Vater auf dem Land besuchte, hatte er ganz zart meine Hand genommen und sie geküsst. Auch jetzt standen wir etwas entfernt voneinander, aber waren uns nah in unseren Herzen, und diese innere Nähe legte sich über alles.

Nach unserer Hochzeit, die Gäste waren schon gegangen, steckte mir Feng ein Briefchen zu, in dem er mir schrieb:

»Ich werde dich ewig lieben, auch wenn du mich verlassen solltest.« Ich war eigenartig berührt. Wie konnte man am Hochzeitstag so etwas schreiben, das brachte doch Unglück. Doch vielleicht war dies einfach Fengs Art, seine tiefe Liebe zu mir auszudrücken.

Nach all den Jahren weiß ich, dass er eine Vorahnung hatte. Und er hat sein Versprechen gehalten.

Am Morgen nach unserer Hochzeit kam ich aus dem Staunen nicht mehr heraus. Feng hatte meine ganze Unterwäsche gewaschen und meine Schuhe geputzt. Ich traute meinen Augen nicht, denn ich war aus meiner ersten Ehe anderes gewohnt. Mein »Schwagermann« hatte nämlich die Angewohnheit, den Blick von seinen Schuhen vorwurfsvoll auf mich zu richten, um sich mit tadelnder Stimme zu beklagen. Er half nie im Haushalt mit. Ich musste ihm jeden Morgen eine Schüssel Waschwasser für sein Gesicht reichen, es danach wieder wegtragen und den Toilettentisch hinterher wieder spiegelblank reiben. Meine kleine Tochter »Brötchen« ahmte manchmal seinen Tonfall nach und sprach mich wie ihr Dienstmädchen an: »Kannst du das nächstes Mal nicht vorsichtiger machen?«

Ehe bedeutete für mich nach dieser Erfahrung die reinste Hölle. Ich hatte mich wie eine Leibeigene gefühlt. Jedes Dienstmädchen hat ihren freien Tag oder hat das Recht zu kündigen. Einer Ehefrau sind diese Freiräume versagt und sie ist bis zu ihrem Tod dem Ehemann ausgeliefert. Außerdem fühlte ich mich als Gebärmaschine missbraucht. Seine nächtlichen Übergriffe verletzten mich damals am meisten. Es gab kein Entkommen, da weder Geburtenkontrolle noch Abtreibung möglich war.

Wie anders hatte die Ehe mit Feng begonnen. So viele liebevolle Aufmerksamkeiten und zärtliche Fürsorge waren mir noch nie widerfahren. Ich fragte ihn, wie er dazu kam, sogar meine Schuhe zu putzen. Er lächelte mich nur ganz ruhig an und sagte, das sei sein gutes Recht.

In Fengs Fabrik gab es 2700 Mitarbeiter, die ihm einen Spitznamen gegeben hatten. Auch seinen Mitarbeitern war nicht verborgen geblieben, wie glücklich er war. Sie nannten ihn den »Glücklichsten unter den 2700«, die unter seiner Regie arbeiteten.

Da ich mit meinem Studium noch nicht fertig war, konnte ich nur in den Semesterferien bei Feng sein. Ich bekam nur elf Yuan Stipendium. Feng hatte ein gutes Gehalt, aber auch große Pflichten seiner Familie gegenüber. Er musste seine Eltern unterstützen, allen seinen Brüdern und Schwestern das Studium finanzieren. Sogar für meine drei Kinder fühlte er sich verantwortlich. Manchmal hatte er nicht einmal genug Geld für sein Kantinenessen.

Trotzdem sammelte er kleine Münzen, die er mir irgendwann, als genügend zusammengekommen waren, in einem Umschlag überreichte, auf dem ein großes chinesisches Zeichen für Liebe stand. Ich sollte mir meine erste Armbanduhr damit kaufen. Später beim Unterrichten würde ich eine Uhr gut gebrauchen können.

Ich war so berührt von Feng, fühlte mich ihm so nah, dass ich inzwischen bedauerte, von ihm getrennt zu leben. Seine Firma lag an der koreanischen Grenze, wo es sehr kalt werden konnte, manchmal bis minus 20, 30 Grad. Obwohl ich die Kälte fürchtete in dieser unwirtlichen Gegend, verbrachte ich die Semesterferien immer bei ihm und nahm die Außenwelt kaum wahr. Manchmal kam er abends beinahe zu Eis erstarrt zu Hause an, betrat mit gerötetem Gesicht und strahlenden Augen unser kleines Zimmer, wärmte sich am Holzkohlefeuer und trank den Tee, mit dem ich auf ihn gewartet hatte. Während dieser kurzen Abende fühlte ich mich seit langer Zeit, eigentlich seit Vaters Tod, zum ersten Mal wieder geborgen und geliebt. Feng hüllte mich in seine Liebe ein und zeigte mir durch seine liebevollen Gesten, dass ich der Mittelpunkt seines Lebens war.

Ich fieberte der Zeit entgegen, mein Studium abschließen zu können, da ich hoffte, nach dem Examen mit Feng leben zu können. Ich arbeitete die ersten Jahre wie besessen, neben der Harmonielehre, dem Kompositions- und Instrumentalunterricht übte ich jeden Tag stundenlang Klavier. Uns standen kleine Räume zur Verfügung, in die man sich zum Üben zurückziehen konnte. Nachdem ich ein halbes Leben lang immer nur heimlich hatte am Klavier sitzen können, holte ich die versäumte Zeit, von der plötzlichen Verfügbarkeit des Instruments berauscht, beinahe zwanghaft nach. Zu Beginn des Studiums bekam ich erste Preise für Kinderlieder. Später komponierte ich Klavieretüden und Stücke für Kammermusik. Im Kompositionsunterricht begann ich Bach besonders zu schätzen, dessen Werk mich mit der westlichen Harmonielehre vertraut machte.

Gegen Ende des Studiums wurde ich mit einer besonderen Aufgabe betraut. Ich wurde in die Innere Mongolei geschickt, um das Liedgut der Nomaden zu sammeln und aufzuzeichnen. Zu diesen stolzen, beeindruckenden Menschen, die in Freiheit mit der Natur leben konnten, mit ihren Tieren und Zelten von Weideplatz zu Weideplatz zogen, am Abend um das Feuer saßen und ihre wunderbaren Lieder sangen, fühlte ich mich auf besondere Weise hingezogen. Unter ihnen war ein alter, außergewöhnlicher Sänger mit breitem, hochwangigem Gesicht und weisen Augen, der mir tagelang vorsang und mich geduldig bei der Notenniederschrift beobachtete. Seine Stimme verzauberte mich, entführte mich in eine Welt, die mir bis dahin verschlossen geblieben war. Er sang mir ein Lied nach dem anderen, ich konnte nicht genug davon hören und wurde von einer wahren Sammelleidenschaft gepackt. Seine Frau begann ungeduldig zu werden und fand die Aufmerksamkeit, die seine Sangeskunst erregte, übertrieben. Sie drängte ihn zur Herde zurück, die Tiere würden ihn schon lehren, dass er ein ganz gewöhnlicher Nomade sei.

Dieser Aufenthalt hatte großen Einfluss auf meine späteren Kompositionen. Die traditionellen Melodien der Nomaden inspirierten mich, meinen eigenen Stil zu finden, eine Mischung aus traditionellen Elementen und westlicher Harmonie und Instrumentalisierung.

Nach fünf Jahren Studium war unser Jahrgang der erste, der nach der Befreiung durch Mao die Ausbildung an der Musikhochschule abschließen konnte. Das Abschlusskonzert unserer Examensgruppe war deshalb ein großes Ereignis und wurde ein überwältigender Erfolg für mich. Die Hälfte der Kompositionen, die zur Aufführung kamen, einige Lieder, ein Stück für Kammermusik, ein Musikstück für Chor und Orchester, stammten von mir.

Schon vor dem Abschlusskonzert war die Zentrale Staatsoper Peking auf mich aufmerksam geworden und wollte mich an ihr

Haus holen. Da mir aber meine Hochschule schon während des Studiums signalisiert hatte, dass sie an mir als Lehrerin interessiert war, ging ich auf das Angebot gerne ein.

Ab September 1955[21], gerade als ich mit dem Unterrichten beginnen sollte, nahm ich eine eigenartige atmosphärische Veränderung wahr an der Hochschule. Man merkte, dass politisch wieder einiges im Gange war. Seit 1949 löste eine politische Bewegung die nächste ab. Die kommunistische Partei nahm Einfluss auf den Unterricht und bestimmte die Kunstrichtung in den Kompositionsklassen, die den Zielen der maoistischen Partei zu entsprechen hatte und gleichzeitig dem Musikgeschmack der Arbeiter und Bauern entgegenkommen sollte. Die westliche, also klassische Musik war verpönt. Sie galt als bourgeois.

Am 3. September fand eine große Sitzung gegen versteckte Konterrevolutionäre statt. Ich hatte von dieser Bewegung zwar gehört, aber mich selbst nie mit ihr in Verbindung gebracht. Mao hatte diesem schrecklichen Krieg ein Ende gemacht, hatte den Frieden gebracht, deshalb hatte ich Sympathien für seine Politik und das neue China, das uns Frauen so viel Chancen eingeräumt hatte. Ich war der Überzeugung, durch meine Arbeit und das Komponieren im Dienste des Volkes zu stehen. Mit der Konterrevolution hatte ich jedenfalls nichts zu tun. Ich nahm an dieser Sitzung teil, auf der alle, die unter uns als Konterrevolutionäre verdächtigt wurden, öffentlich gemacht werden sollten. Erstaunt schaute ich um mich, wer das sein könnte, als ich laut meinen Namen hörte, der von einer Liste abgelesen wurde. Man behauptete, dass ich mich besonders gut getarnt hätte, weil ich nach außen vollkommen harmlos und unschuldig erschien. Noch bevor ich etwas sagen konnte, hielt man mir die Beweise unter die Nase. Mir wurden Fotos gezeigt vom Mann meiner zweiten Schwester, der darauf mit einer wichtigen Person der Kuomintang zu sehen war. Er hatte dieses Foto bei uns vergessen. Es lag in einem Karton mit anderen Familienfotos unter meinem Bett im Studentenheim. Mir war entgangen, dass es überhaupt existierte. Ich wurde ins Verhör genommen, verstand jedoch viele der Fragen nicht und konnte sie deshalb auch nicht beantworten. Danach wurde ich beschattet. Zwei Personen waren auf mich abgerichtet, die mir überallhin folgten. In der Mensa fielen mir andere so genannte versteckte Konterrevolutionäre auf, da wir getrennt von den anderen unser Essen einnehmen mussten. Darunter war unser geliebter Professor Ziang, der als Sänger international bekannt war. Ich war geschockt, weil ich die Menschen an der Hochschule immer für meine Freunde und gute Menschen gehalten hatte, doch nun waren die Lager gespalten. Viele begegneten mir feindselig. Ich wurde wie eine Verbrecherin behandelt und ständigen Verhören ausgesetzt. Fragen wie: »Wie viel Menschen hast du auf dem Gewissen? Welche Personen stecken mit dir unter einer Decke? An welchem Tag hast du Herrn X getroffen? Wie lange hast du für ihn spioniert?« prasselten auf mich herunter. Nach den Verhören wurde ich böse beschimpft.

Unsere Übungsräume, die schallisolierte Mauern und winzige Fenster hatten, wurden zu Zellen umfunktioniert, in die wir eingesperrt wurden, um unsere Vergehen minuziös aufzuzeichnen. In den vergangenen Jahren hatte ich mich in diesen kleinen Räumen wie im Paradies gefühlt. Welche Glückseligkeit, am Klavier zu sitzen, zu komponieren oder eine Fuge von Bach zu üben. Nun war die Tastatur verschlossen, der Raum war zum Kerker geworden, in dem ich rund um die Uhr überwacht wurde. Ein Jahr blieb ich dieser psychischen Folter ausgesetzt, ohne Hoffnung, jemals rehabilitiert zu werden. Ich sollte genau Rechenschaft ablegen über die Art der Beziehung zu dem hohen Beamten der Kuomintang, der die Empfehlung unterschrieben hatte, die mir damals die Stelle beim Finanzamt vermittelt hatte. Ich hatte diesen Mann nicht gekannt und sollte nun bekennen, dass ich seine Geliebte war und für ihn spioniert hatte. Ich musste Berichte über jeden einzelnen Tag schreiben, den Tagesablauf aufzeichnen, von meinen beruflichen und privaten Begegnungen erzählen. Natürlich konnte ich mich nach Jahren nicht mehr an Einzelheiten erinnern. In meiner Verzweiflung entnahm ich Details einem Spionageroman, den ich gelesen hatte. Es gab naturgemäß viele Widersprüchlichkeiten in meinen Aufzeichnungen, die dann wieder gegen mich verwendet wurden. Ein Jahr lang lebte ich mit der schwebenden Bedrohung, wie viele andere abgeholt und ohne Prozess erschossen zu werden.

Außer Feng traute sich niemand, Kontakt zu mir zu haben. Feng wurde nahe gelegt, sich von mir scheiden zu lassen. Er weigerte sich, schrieb mir täglich einen Brief, den man mir geöffnet überreichte. Er schickte mir kleine Päckchen mit gehaltvollen Nahrungsmitteln und hielt mich so am Leben. Im Juni 1956 gingen die Untersuchungen gegen mich ergebnislos zu Ende und mir wurde erlaubt, zunächst in der Bibliothek der Hochschule zu arbeiten. Später konnte ich in meinen Akten den missverständlichen Satz lesen: »Die Geschichte ist eindeutig und zunächst ohne Straftat.« Dieses abschließende Urteil ließ sich auch gegen mich ausdeuten.

Im September 1956 durfte mich Feng besuchen und traf mich in einem Hotel. Er kam strahlend auf mich zu und hielt mich lange in seinen Armen. Die Gefahr war vorbei, die albtraumartigen Erlebnisse des vergangenen Jahres traten in den Hintergrund und wir schöpften wieder Hoffnung für unser gemeinsames Leben. Feng war der einzige Mensch, der mir nahe stand, der mich schützen konnte und der mir seine ganze Liebe und Wärme gab.

Neun Monate nach unserem freudigen Wiedersehen wurde meine Tochter Xiao Hui geboren. Ich war überglücklich, als ich feststellte, dass ich schwanger war, und hegte das erste Mal Muttergefühle. Sie war das einzige meiner Kinder, das nicht zu früh zur Welt kam. Sie ließ sich Zeit, kam zwei Wochen nach dem errechneten Termin und war ein wohlgenährtes kleines Mädchen mit schwarzem dichten Haar, samtweicher Haut und kleinen Grübchen an Armen und Beinen. Sie war ein vollkommenes kleines Buddhakind.

Feng hatte während der Schwangerschaft immer nur von einer kleinen Tochter gesprochen, und nun war sein größter Wunsch in Erfüllung gegangen. Als ich mit Xiao Hui auf dem Arm unsere Wohnung betrat, hatte er alles auf Hochglanz geputzt und sogar Blumen besorgt. Er traute sich lange nicht, sie im Arm zu halten, aus Angst, mit einem so kleinen Wesen nicht richtig umgehen zu können.

Feng gab unserer Kleinen einen Namen, der uns beide verbinden sollte. Mein Name ist Hui Lin – »Wald der Weisheit«, sie nannte er Xiao Hui – »die kleine Weisheit«.

Xiao Huis Geburt fiel in die Zeit der Anti-Rechts-Bewegung von 1957. Meine kleine Tochter war mir eine Glücksbringerin in doppeltem Sinne. Ich konnte mein Mutterdasein zum ersten Mal genießen, und das Kind gab mir einen gewissen Schutzraum, der mich eine Zeit lang vor weiteren Verfolgungen verschonte. Tausende von Intellektuellen sahen während der Anti-Rechts-Bewegung einem schweren Schicksal entgegen. In den politischen Sitzungen wurden die Teilnehmer aufgefordert, neben ihrer Selbstkritik auch Kritik am bestehenden System zu äußern. Viele Intellektuelle verstanden dies als ehrliche Aufforderung und machten Vorschläge, wie die Umformung der Gesellschaft liberaler und demokratischer zu handhaben wäre. Viele liefen ins offene Messer, weil sie sich nicht vorstellen konnten, dass die Aufforderung zur Kritik eine Falle war und jede kritische Anmerkung als konterrevolutionäre Äußerung gegen sie verwendet wurde. Tausende wurden aufs Land verbannt und verbrachten dort 20 bis 30 Jahre als Landarbeiter, ohne Hoffnung auf ein Leben, in dem sie sich hätten beruflich besser verwirklichen können.

Ich war nun wieder Dozentin an der Musikhochschule. Zusammen mit den Familien anderer Kollegen lebten wir in einem Gebäude, in dem wir uns die Küche und die einzige Toilette auf dem Flur teilten. Nach der Geburt fühlte ich mich lange Zeit geschwächt und hatte auch nicht genug Milch für Xiao Hui. Wir stellten Ayi ein, eine 50-jährige Frau, die für uns kochen sollte, damit ich mich schneller erholen konnte. Während ich unterrichtete, passte sie auf Xiao Hui auf. Für ihre Dienste und die Lebensmittel, die sie für uns auf dem Markt kaufte, bekam sie fast mein ganzes Gehalt. Sie kochte immer eine undefinierbare dicke, weiße Suppe, die mich stärken sollte. Unsere Mitbewohner beobachteten sie, wie sie in unserer Abwesenheit das Gemüse aus der Suppe fischte und selber aß und dann den Rest mit Wasser und Mehl verdünnte. Sie benutzte sogar heimlich die Herdstellen der Nachbarn, um Holzkohle zu sparen, die sie dann zusammen mit den Lebensmitteln mit nach Hause nahm.

Mir tat es in der Seele weh, wenn ich unser weinendes Kind

morgens bei ihr zurücklassen musste, aber ich hatte keine andere Wahl.

Ich freute mich den ganzen Tag auf die Abende, wenn ich die Kleine in einer Schublade, die wir als Bettchen für sie hergerichtet hatten, neben mir am Schreibtisch stehen hatte. Während ich den Unterricht vorbereitete, konnte ich sie immer wieder anschauen. Nach ein paar Monaten saß sie schon sehr vergnügt neben mir in ihrer Schublade, gab fröhliche Laute von sich und spielte mit ihren Stoffpuppen. Auf keinen Fall wollte sie schlafen gelegt werden. Sie setzte ihren Willen durch, bei mir zu sein, bis wir alle schlafen gingen.

Vor Ayi hatte sie Angst, sie fürchtete sich vor ihrem strengen Blick und begann zu weinen, wenn sie die Wohnung betrat. Bei ihr schlief sie sogar, wahrscheinlich, um ihrem rigiden Regiment zu entgehen. Nur die Abende gehörten ganz uns. Ich traute mich nicht, sie einfach schlafen zu legen, weil ich dachte, dass ich sie über meine tägliche Abwesenheit hinwegtrösten musste. Als sie zwei Jahre alt war, wurde die Situation untragbar, und wir baten Ayi, nicht mehr zu kommen. Schweren Herzens gab ich Xiao Hui in einen Kindergarten, in dem sie die Woche über betreut wurde.

Zu meiner Überraschung zeigte Xiao Hui sehr früh eine musikalische Begabung. Sie konnte jede Melodie nachsingen, bevor sie sprechen konnte. Sie hatte das »absolute Gehör« und bekam mit fünf Jahren ihren ersten Klavierunterricht.

Als 1966 die Kulturrevolution ausbrach, ging alles in die Brüche, woran unser Herz hing: unser Familienleben, meine berufliche Karriere, Xiao Huis Schulbildung. Die Musikhochschule wurde geschlossen, die Studenten und Professoren zur Umerziehung aufs Land oder als Arbeiter in Fabriken verschickt. Meine alte Akte wurde wieder geöffnet, erneut wurde ich der Spionage für die Kuomintang verdächtigt. Ich stand unter ständiger Bewachung des Straßenkomitees und wurde als Arbeiterin einer Schuhfabrik zugeteilt. Feng verlor seine Stellung, wurde in ein Lager geschickt, wo er eine politische Umschulung über sich ergehen lassen musste. Die Wandzeitungen mit all den Anprangerungen gegen ihn als ehemaligen Direktor einer Papierfabrik waren bis vor unsere Haustür geklebt.

Xiao Hui musste ihre Schule verlassen und gehörte nun zu den »schwarzen« Kindern, wie die Kinder genannt wurden, die aus schlechten Familien, aus intellektuellen Familien, kamen. Sie wurde einer neuen Schule zugeteilt. Vor der Morgendämmerung verließ sie schon das Haus, um dort die Klassenzimmer und die Toiletten zu putzen. Im Winter holte sie die Asche aus den Öfen, schichtete daneben das Brennholz auf, um vor Unterrichtsbeginn rechtzeitig mit dem Heizen zu beginnen. Meine Kleine wurde wegen meiner Vergangenheit aus ihrer Kinderwelt gerissen und in eine grausame Wirklichkeit gestoßen. Mir blutete das Herz, ihr in meiner eigenen Hilflosigkeit nicht beistehen zu können.

Ich galt immer als unpraktisch und war zu zierlich, um schwere körperliche Arbeit verrichten zu können. Nun musste ich in einer Schuhfabrik große Säcke mit dem Resteleder füllen und aus der fünften Etage ins Erdgeschoss schleppen. Ich war von lauter primitiven Menschen umgeben, die schmutzige Witze rissen und dauernd sexuelle Anspielungen machten. Die schwere Schlepperei ruinierte meinen Rücken, und ich war bald so kraftlos, dass ich die Treppe auch ohne Sack auf dem Rücken nicht mehr schaffte.

Die nächste Arbeit in einer Korbweberei war zwar körperlich leichter, zerstörte aber meine Hände und machte sie untauglich für das Klavierspielen. Ich hatte ohnehin jegliche Hoffnung verloren, jemals wieder musizieren zu können, hatte das Klavier aus Angst vor den Rotgardisten verschlossen und unter einer Decke versteckt, die Noten, die ich jahrelang mühsam gesammelt und für teures Geld gekauft hatte, entweder verbrannt oder unter das Altpapier gemischt.

Feng wurde erneut nahe gelegt, sich von mir zu trennen. Um unsere Tochter zu schützen, drängte ich ihn zuzustimmen. Xiao Hui lebte nun bei ihrem Vater und konnte mich nur heimlich am Sonntag besuchen. Ich wollte auf jeden Fall verhindern, dass ihr aus meiner Vergangenheit und familiären Herkunft weitere Nachteile erwuchsen, und verbot ihr, auf Fragebögen, die sie in der Schule häufig ausfüllen musste, überhaupt meinen Namen zu nennen.

Hätte man sie mit mir in Verbindung gebracht, wäre sie wie viele andere Kinder zur Umerziehung aufs Land verschickt worden.

Meine Hände wurden in der Korbweberei so schlimm, dass sie sich durch die ständigen Risse entzündeten und nicht mehr zu gebrauchen waren. Die einzige Arbeit, die mir blieb, war in Heimarbeit Plastiktüten zusammenzuschweißen. Jeweils 1000 Tüten wurden in einem Stoß ausgeschnitten, den ich in einem Hinterhof abholen und irgendwie nach Hause schaffen musste, um dort die Tüten zusammenzuschweißen. Das Material war unangenehm anzufassen, sehr schwierig voneinander zu lösen, und beim Schweißen entstanden giftige Dämpfe, von denen ich regelmäßig Kopfweh bekam. Die anderen Heimarbeiterinnen hatten wenigstens ihre Familien, die ihnen dabei halfen, diese mühsame Arbeit zu machen und sie rechtzeitig wieder abzuliefern. Ich kam morgens immer zu spät, weil ich meistens die ganze Nacht hindurch gearbeitet hatte und vollkommen erledigt die fertigen Tüten zurückschleppte. Manchmal kam ich zu spät, um überhaupt neue Arbeit zu bekommen, oder man überließ mir die Ausschussware, die besonders schwer zu trennen und zu schweißen war.

Mit der nächsten Arbeit verdarb ich meine Augen. Ich arbeitete in einer Maschinenstickerei, verbrachte zwölf Stunden mit gebeugtem Rücken an einer Nähmaschine, mit der ich Blusen bestickte. Innerhalb eines Jahres verschlechterten sich meine Augen um vier Dioptrien. Eine Nierenentzündung kam hinzu, ich war zutiefst deprimiert und fühlte mich am Ende.

Nur meine Tochter hielt mich am Leben, ohne sie hätte ich aufgegeben. Meine körperliche Erschöpfung begann sich nun auch psychisch niederzuschlagen. Plötzlich peinigte mich ein Redefluss, den ich nicht mehr kontrollieren konnte. Ununterbrochen führte ich laut hörbare Selbstgespräche, für die ich mich so schämte, dass ich meinen Mund hinter einem Mundschutz verbarg. Mein Leben schien endgültig zerstört, gescheitert. Ich schleppte mich nur noch von einem Tag in den nächsten, voller Gram, so tief gefallen zu sein.

Eine Nachbarin, die als Müllfrau arbeitete, wollte sich mein Elend nicht mehr länger mit ansehen und verschaffte mir einen

Platz in ihrer Arbeitsgruppe, weil sie mich dann unter ihren Schutz stellen konnte.

Als sie nach Tagen sah, dass ich vom Heben der Müllbehälter dick geschwollene Arme hatte, sorgte sie dafür, dass ich in den einzelnen Haushalten die Gebühren für den Müll eintreiben durfte. Waren Hinweisplakate oder Propagandamaterial zu schreiben, war ich dafür zuständig, weil die anderen Analphabeten waren. Meine Nachbarin hatte ein großes Herz und verstand nicht, wie man mein Talent als Musikerin verkümmern ließ und mir Arbeiten zumutete, denen ich körperlich nicht gewachsen war.

Als ich einmal besonders niedergeschlagen war, nahm sie mich beiseite und versicherte mir, dass wir, solange sie am Leben sei, nie verhungern würden.

Leider gab es andere Menschen, die meine Lage ausnutzten und mich zusätzlich demütigten. Eine meiner Hausmitbewohnerinnen gehörte zu den so genannten Roten Familien, die nun im Haus das Sagen hatten und sich aller Privilegien, die einer Arbeiterfamilie zustanden, bemächtigten. Ich war immer besonders freundlich und zuvorkommend zu ihr, aus Angst, bei der Polizei von ihr angeschwärzt zu werden. Sie hatte drei Kinder, für die sie notgedrungen immer auf Nahrungsbeschaffung war. Man bekam Bezugsscheine für die allernotwendigsten Nahrungsmittel. Als allein stehende Frau standen mir im Monat 13 Kilogramm Getreide und jeweils ein halbes Pfund Fleisch, Öl und ein paar Eier zu. Außerdem brachte mir manchmal meine Tochter etwas zu essen aus der Schulkantine mit, das sie sich vom Munde abgespart hatte. Die Nachbarin kam nun jeden Monat und lieh sich fünf Pfund Getreide, die sie mir natürlich nie mehr zurückbrachte. Jahrelang ließ sie sich Getreide von mir »schenken«.

Eine andere Mitbewohnerin, zugleich Mitglied des Straßenkomitees, tauchte eines Tages völlig ungeniert in meiner Wohnung auf, schaute sich neugierig um und fand, dass meine Wohnung für eine allein stehende Frau zu groß sei. Sie gab mir unmissverständlich zu verstehen, dass Wohnungen dieser Größenordnung »roten« Familien zustünden. Ich fühlte mich gezwungen, von meiner 40-Quadratmeter-Wohnung in ihr 10-Quadratmeter-Zimmer zu ziehen, bevor sie mich von den Rotgardisten auf die Straße setzen ließ. Das Zimmer war winzig, trotzdem retteten wir mein Klavier in das kleine Verlies, stellten es an die Wand am Eingang. Gegenüber hatte gerade noch eine Matratze Platz, an deren Fußende ich den Schreibtisch stellte, sodass ich meine Füße während des Schlafens unter dem Schreibtisch ausstrecken musste. Darüber ließ ich von Freunden eine Empore einziehen, auf der Xiao Hui schlafen konnte, wenn sie mich am Sonntag besuchen kam. Ein kleines Regal mit den notwendigsten Küchenutensilien stand auf dem Flur. Mit drei anderen Familien teilte ich mir einen Herd, den ich erst dann benutzte, wenn alle mit dem Kochen fertig waren. Am Abend putzte ich die Kochstelle und den Flur, immer auf der Hut davor, in irgendeiner Weise unangenehm aufzufallen und verleumdet zu werden. Ich war nur noch ein Schatten meiner selbst, eine nutzlose Person, die am Rande der Gesellschaft vor sich hin vegetierte. Ich schien jede Daseinsberechtigung und meine ganze Würde verloren zu haben.

Xiao Hui besuchte mich nur noch nachts. Bis sie wohlbehalten in meinem Zimmer auftauchte, stand ich große Ängste um sie aus. Auf den dunklen Straßen der Stadt war es für ein junges Mädchen höchst gefährlich, sich nachts allein auf den Weg zu machen. Viele Frauen wurden vergewaltigt, und uns Ausgestoßenen wäre niemand zu Hilfe geeilt. Wenn sie am Sonntagabend wieder zurück zu ihrem Vater ging, holte sie Feng immer an der Bushaltestelle ab und wartete oft stundenlang, wenn sich der Bus verspätet hatte.

Xiao Hui war der Lichtblick, mein ganzer Lebensinhalt dieser düsteren Zeit. Ich sparte oft den ganzen Monat, um mit ihr einmal im Monat in ihrem Lieblingsrestaurant Eis essen zu gehen. Ein unvorstellbarer Luxus für uns, mit dem Vanilleduft in der Nase am Tisch zu sitzen. Ein Schulessen kostete fünf Fen, eine Eiskugel 25, eine einzige Verschwendung, der wir uns einander schelmisch zuzwinkernd hingaben. Ich schaute ihr zu, mit welchem Vergnügen sie ihr Eis Löffelchen für Löffelchen in den Mund schob. Hatte sie ihr Schälchen ausgelöffelt, schob ich ihr meines über den Tisch.

Es stellte sich heraus, dass mein Wohnungstausch, mein Umzug vom obersten Geschoss ins Erdgeschoss, das Leben von Xiao Hui und mir rettete. Xiao Hui, die sonst mit einem tiefen Schlaf gesegnet war, wachte eines Nachts mit Atembeschwerden auf. Sie trat in den Flur hinaus, der sich wie ein Balkon um das ganze Haus zog. Auf dem Weg zurück in unser Zimmer bebte plötzlich die Erde unter ihren Füßen. Sie glaubte zunächst, die Amerikaner oder Russen hätten über unserer Stadt eine Atombombe abgeworfen, weil man den Kindern in der Schule Angst gemacht hatte vor den Atombomben beider Länder, die sie auf China gerichtet hätten. Ich glaube, die Schulkinder lebten damals in dem Gefühl, dass der Dritte Weltkrieg kurz bevorstünde. An den Schulen gab es jeden Tag Militärübungen. In den vergangenen drei Jahren war unter Xiao Huis Schule ein Atombunker gebaut worden, in den sich die Kinder, wenn die Sirene erklang, zurückziehen mussten.

Man hatte den Kindern eingeschärft, nach einer Bombardierung ja nicht die Augen zu öffnen, da sie sonst erblinden könnten. Sie kniff also die Augen zu und tastete sich zu mir durch. Als sie mich fand, war ich schon von dem einstürzenden Mauerwerk zugedeckt, nur mein Kopf war wie durch ein Wunder frei geblieben. Ich konnte mich von dem Schutt befreien, und wir versuchten ins Freie zu flüchten. Der Strom war ausgefallen, der Vorderausgang war schon verschüttet, aber der Hinterausgang war noch passierbar und wir flüchteten in einen Hinterhof, der auch vom benachbarten Krankenhaus zugänglich war. Hier wurde die Kohle des Krankenhauses gelagert, und auf diesem rußgeschwärzten Hof verbrachten wir unsere nächsten Tage. Wir wurden Zeugen schrecklichen Leids, viele Menschen hatten das Erdbeben nicht überlebt, viele waren lebensgefährlich verletzt. Über 240 000 Menschen waren bei dem Erdbeben, das nach der Richterskala 8,2 erreicht hatte, umgekommen.

Nun wurden den einzelnen Familien die Plätze für die erste Zeit, während der sie unter Zelt- und Plastikplanen leben mussten, zugeteilt. Wir hatten als »schwarze« Familie kein Anrecht auf einen guten Platz. Wir kampierten an einer abschüssigen Stelle des Hofes, in dem sich das ganze Regenwasser sammelte und alles mit

Ruß versetzt war. Später hausten wir jahrelang auf einer winzigen Parzelle gegenüber von einer Abfallhalde, die man uns zugewiesen hatte, zunächst unter Plastikplanen, später in einer slumartigen Notbehausung, die Xiao Hui und Feng aus Abfallmaterial notdürftig errichtet hatten. Da mir kein Stromanschluss bewilligt wurde, schloss einer unserer Freunde uns heimlich an eine Stromleitung der Stadt an. Mir stand auch kein Baumaterial zu, weil ich keiner offiziellen Arbeitseinheit angehörte. Xiao Hui und Feng sammelten aus den Schutthalden alte Steine, die sie aufeinander schichteten und mit Zement verfugten. Wie oft mussten wir das Mauerwerk stützen und ausbessern, weil schwere Lastwagen, die an unserer Hütte vorbeifuhren, sie mehr als einmal beinahe zum Einstürzen brachten.

Noch schwieriger war es, das Dach dicht zu halten. Bis wir genügend Material gesammelt hatten, um es auszubessern, standen oft monatelang Schüsseln auf dem Boden, um das Regenwasser aufzufangen. Als ich eines Abends nach Hause kam, waren Dachziegel vor unserer Hütte aufgeschichtet, die meine Tochter irgendwie aufgetrieben haben musste. Sie saß hoch oben auf dem First und suchte das Dach nach undichten Stellen ab. Ein Freund, der in dieser schweren Zeit häufig nach uns schaute, war zufällig vorbeigekommen und reichte ihr die Ziegel nach oben. Er war bester Dinge und schien die Situation zu genießen. Er ist Schriftsteller und beschrieb diese Szene voller Poesie in seinem nächsten Roman. In seiner romantischen Schilderung saß ein zartes Mädchen hoch auf dem Dach und legte mit flinken Bewegungen die Ziegel aneinander, während gurrende Tauben sie umschwirrten, sich neben ihr niederließen und wieder aufflatterten.

Ich muss allerdings gestehen, dass mir der Sinn für die Poesie des Alltags längst abhanden gekommen war; ich war nur dankbar, dass gerade ich mit einer praktisch veranlagten Tochter gesegnet war.

Ein Jahr nach dem großen Erdbeben 1977 wurde die Viererbande zerschlagen. Endlich wachten die Verantwortlichen Chinas aus ihrer Sinnestäuschung auf und begannen sich öffentlich mit dem furchtbaren Leid, das die Bande über unser Volk gebracht hatte, auseinanderzusetzen.

Mit dem Ende der Kulturrevolution konnte ich wieder Hoffnung schöpfen, dass die Musik irgendwann wieder Bestandteil meines Lebens werden könnte. Ich bekam eine Stelle an einer Fachschule für Kindergärtnerinnen, die ich in Musik unterrichten sollte. Ich holte meine Sammlung von Kinderliedern, die ich zu Beginn meines Studiums komponiert hatte, aus ihrem Versteck. Nach 18 Jahren zog ich zum ersten Mal die Decke vom Klavier, unter der ich es verborgen hatte, öffnete den Klavierdeckel und schlug aufgeregt die ersten Noten an. Mit Mühe spielte ich eines der Liedchen vom Blatt. Dass ich Jahre brauchen würde, bis ich wieder flüssig spielen konnte, war mir die kleinste Sorge. Wichtig war, dass meine Schülerinnen, junge Mädchen, die Spaß an der Musik hatten, wieder Sinn in meinen Alltag brachten. Mit einer Kollegin, die Englisch unterrichtete, entwickelte ich ein Lehrsystem, sich Englisch mit musikalischer Begleitung einzuprägen, ein System, das heute im Westen erfolgreich angewandt wird.

1978 wurde ich an die Musikhochschule zurückgeholt, womit ich nicht mehr gerechnet hatte. Ich konnte meine Lehrtätigkeit wieder aufnehmen und wurde von den Studenten der Musikhochschule mit offenen Armen empfangen. Die Studenten brachten mir Zuneigung und Achtung entgegen, vielen wurde ich eine Art Ersatzmutter. Nach einem Jahr gab es eine Umfrage, in der sie ihre Hochschullehrer beurteilen sollten. Zu meiner Überraschung bekam ich am meisten Punkte. Niemand kann nachvollziehen, was das nach all den Jahren der Demütigung für mich bedeutete.

Ich wusste in den schwierigen Jahren oft nicht, wie es weitergehen sollte. Manchmal hatte ich jeden Lebensmut verloren und war nahe daran, Schluss zu machen. Wegen meiner Tochter bin ich den letzten Schritt nie gegangen. Als ich sie einmal fragte, womit ich so viel Zuneigung verdient hätte, erwiderte sie mir, dass sie da sei, um mir die Liebe aller meiner Kinder zu geben.

Auf meinem Sofa sitzen heute mehrere Puppen, an jedes Kind, das ich verlor, erinnert mich eine von ihnen. Sie begrüße ich am Morgen zuerst, ihnen sage ich am Abend Gute Nacht. Das mag manchem wunderlich vorkommen, aber von keinem der Kinder gibt es ein Foto oder eine andere Erinnerung. Über das schmerzhafteste Kapitel meines Lebens, den sinnlosen Tod meiner Kinder, bin ich niemals hinweggekommen. Ich bin keineswegs verbittert, obwohl ich durch alle Tiefen des Lebens gehen musste. Vielleicht bewahrte mich meine Naivität davor, eine Gabe, für die ich nichts kann, zu früh zu resignieren, und ließ mich den Glauben an das Gute im Menschen nie ganz verlieren. Ich schäme mich keineswegs, einfache Arbeit verrichtet zu haben. In dieser Zeit lernte ich viele erstaunliche Menschen kennen. Redliche, schlichte Menschen, die über eine Herzensbildung verfügten, die vielen Intellektuellen abging.

Die vergangenen zehn Jahre scheinen mir Recht zu geben. Während meiner letzten Berufsjahre an der Musikhochschule wurde mir als späte Rehabilitierung der Professorentitel zuerkannt. In einer Chronik über berühmte Persönlichkeiten Chinas finde ich Erwähnung als eine der bekanntesten Musikerinnen meines Landes. Für eine einfache Hausfrau doch ein erstaunlicher Werdegang. Mein Land hat sich in den letzten 50 Jahren gewaltig verändert. Gegenwärtig scheint mein Volk auch die Früchte für seine Anstrengungen ernten zu können.

Dass auch Xiao Hui trotz aller Schwierigkeiten und Diskriminierung unbeirrt ihren Weg ging, ist die Erfüllung meines Lebens. Ich wollte ihr die Schwierigkeiten eines Künstlerlebens ersparen und riet ihr, Architektur zu studieren, die von allen technischen Bereichen dem Künstlerischen am nächsten kam. Sie bekam einen Studienplatz an der Tongji-Universität in Schanghai, der besten Fakultät dieses Faches. Nach Abschluss des Studiums erhielt sie den Auftrag für die Realisierung einiger interessanter Architekturprojekte in unserer Stadt. Gleichzeitig wurde ihr nach jahrelangen Kämpfen ein Promotionsstipendium für Deutschland zugesprochen. Das Stipendium beinhaltete Studienreisen durch Europa. Es zog sie endgültig in den Westen, wo sie sich von der Architektur löste und einer alten Sehnsucht nachging und Fotokünstlerin wurde. Dieses Jahr gab es in Peking, Schanghai und Tianjin drei große

Ausstellungen, die die Retrospektive ihres Werks zum Inhalt hatten. Ihre Fotobände lagen aus, Rundfunk und Fernsehen berichteten über Xiao Hui, meine kleine Kluge.

Heute pendelt sie zwischen zwei Welten, und ich muss gestehen, dass ich ein kleines bisschen stolz auf sie bin.

Danksagung

Dank allen Frauen für ihre Geschichten, Dank unseren Freundinnen Silvia Barkhausen, Barbara Handwerker und Markus Stamm für den ersten ermunternden Blick auf die Texte.

Anmerkungen

1 Margaret Mead war eine der führenden amerikanischen Ethnologinnen, deren Feldstudien in primitiven Gesellschaften der Südsee und Asien zu den Standardwerken der modernen Anthropologie gehören

2 Sichuan oder Sechuan ist eine der am dichtesten bevölkerten Provinzen Chinas

3 Die chinesische Geldmünze hat in der Mitte eine quadratische Öffnung. Es gibt die chinesische Redewendung, dass Menschen, die geldgierig sind, in dieser Öffnung sitzen

4 1 DM = 4.5 Yuan

5 Polizeianmeldung für einen bestimmten Wohnort

6 Das Militär verfügte über eine eigene Propagandatanzgruppe

7 Ca. 600 bis 800 n. u. Z.

8 Eine Aufenthaltsgenehmigung konnte nur die Behörde der Heimatstadt erteilen

9 Tianjin ist die drittgrößte Stadt in China. Es war schwierig, dort eine Aufenthaltsgenehmigung zu bekommen

10 Zhang Yimou, bedeutendster chinesischer Regisseur der Gegenwart, wichtigste Filme: »Rote Laterne«, »Yudu«, »Qiu Ju«

11 Wu Ze Tian, 625–705 n. u. Z., seit 690 erste Kaiserin von China, sehr umstritten, galt als außergewöhnlich streng

12 Li Quing Zhao, 1084–1151, Dichterin der südlichen Song-Zeit, Vater bekannter Gelehrter. Sie konzentrierte sich nach dem Tod ihres Mannes, ihrer großen Liebe, auf ihre eigene Lyrik und Kalligraphie

13 4.-Mai-Bewegung: politische und kulturelle Erneuerungsbewegung mit antiimperialistischer und antifeudalistischer Stoßrichtung, beeinflusst von marxistischem Gedankengut

14 Ihr Vater war aus Taiwan und hatte dort noch Familienangehörige. Deshalb wurde er der Spionage verdächtigt

15 Ein Fen ist weniger wert als ein Pfennig

16 Ausländer

17 1 DM = 4.5 Hongkongdollar

18 Jeder Staatsbetrieb hatte seine eigene Propagandatruppe, die bei Parteiveranstaltungen auftrat

19 Chinesischer Philosoph, 369–386

20 Eines der luxuriösesten Hotels, erbaut in den 20er Jahren

21 55er-Bewegung: Ausrottung von Konterrevolutionären ab Juli 1955. Die Kommunistische Partei ruft zu erhöhter Wachsamkeit auf, alle Spione aufzuspüren und Konterrevolutionäre auszurotten. Stärkster Schlag gegen alle Andersdenkenden

Bonnie S. Anderson und Judith P. Zinsser

Eine eigene Geschichte
Frauen in Europa

Band 1: Verschüttete Spuren
Frühgeschichte bis 18. Jahrhundert

Aus dem Amerikanischen von Katharina Biegger Schwarz

Band 12049

Der erste Band beschreibt die Geschichte der Frauen von der
Frühzeit bis zum 18. Jahrhundert. Die Autorinnen richten sich
dabei nicht nach der gängigen Epocheneinteilung, sondern
machen vielmehr deutlich, daß diese für Frauen nicht gilt.
Die Erfindung des Strickens z. B. hat die Lebensbedingungen
von Frauen entscheidender verändert als die Verkündung der
Menschenrechte, die doch nur für Männer gemeint waren.
Die Lebensbedingungen von Frauen unterschieden sich jedoch
vorrangig nach dem Stand, dem sie angehörten. Dieser Erkenntnis ist durch die Aufteilung des Buches in die großen
Kapitel »Frauen auf dem Land«, »Frauen in der Kirche«,
»Frauen der Schlösser und Gutshöfe« und »Frauen innerhalb
der Stadtmauern« Rechnung getragen worden.

Fischer Taschenbuch Verlag

Bonnie S. Anderson und Judith P. Zinsser

Eine eigene Geschichte
Frauen in Europa

Band 2: Aufbruch
Vom Absolutismus zur Gegenwart

Aus dem Amerikanischen von Pia Holenstein Weidmann

Band 12050

Noch immer beherrscht eine traditionelle, männerzentrierte
Sicht das Bild von der Vergangenheit. Die eine Hälfte der
Menschheit – die Frauen – taucht nur am Rand auf und ver-
schwindet wieder im Dunkel der Geschichte. Doch bereits
Ende der 60er Jahre entstand ein neuer Forschungszweig: die
Frauengeschichte. Dieser Ansatz ist zwar inzwischen zum
festen Bestandteil historischer Forschung geworden, was aber
fehlte, ist ein umfassendes Werk, in dem die Ergebnisse der
langjährigen Forschungen systematisch zusammengetragen
sind. Diese Lücke haben die beiden renommierten amerikanischen Historikerinnen geschlossen. Die Autorinnen zeichnen
präzise und anschaulich, dabei immer wissenschaftlich fundiert,
eine neue Sicht der europäischen Menschheitsgeschichte.

Fischer Taschenbuch Verlag

fi 527 / 7

Katharina Oguntoye / May Opitz / Dagmar Schultz

Farbe bekennen

Afro-deutsche Frauen auf den Spuren
ihrer Geschichte

Mit einem Beitrag von Audre Lorde

Band 11023

»Sie sprechen aber gut deutsch«, sagt man zu ihnen. »Woher kommen Sie denn?« fragt man sie. Und tröstet sie schließlich mit den Worten: »So schwarz sind Sie ja gar nicht.« Alltäglicher Rassismus, dem sie ausgesetzt sind: Die afro-deutschen Frauen, die hier zu Wort kommen, fühlen sich oft fremd in ihrem eigenen Land. Sie sind hier geboren und aufgewachsen, als Kind schwarzer Väter und weißer Mütter. Sie wurden als »Mischlinge« bezeichnet oder als »Besatzungskinder«, heute nennt man sie oft »Farbige«. Sie sind Deutsche und werden doch wie Fremde behandelt, ausgegrenzt, »bestenfalls« als exotisch angesehen.

Mit ihrem Buch versuchen die Autorinnen, sich auf die Suche nach ihrer Geschichte zu begeben, gesellschaftliche Zusammenhänge von Rassismus offenzulegen und auf ihre besondere Situation aufmerksam zu machen. Eine Situation, die sich derzeit, im Zeichen zunehmend rassistischer Übergriffe und des Ausländerhasses, verschärft hat.

Fischer Taschenbuch Verlag

fi 1908 / 5

Fatiah

Eine Frau in Algerien

Chronik des täglichen Terrors

Aus dem Französischen von Elisabeth Brilke

Band 13882

Algerien findet seit den Wahlen im Jahre 1991 keine Ruhe. Tagtäglich ist es Schauplatz brutaler Morde und Attentate. Bewaffnete Fanatiker liefern sich einen grausamen Kampf mit der Regierung, die ihrerseits unbarmherzig zurückschlägt. Über sechzigtausend Menschen sind bisher den Gewaltakten zum Opfer gefallen.

Fatiah, eine Lehrerin, die in Algier lebt, beschreibt in ihrem couragiertem Bericht eindringlich die eigene tiefsitzende Angst, den täglichen Schrecken angesichts der furchtbaren Nachrichten und spricht damit für alle Frauen ihres Landes, für deren Zukunft ein Sieg der »Islamischen Heilsfront« einen Rückfall in mittelalterliche Zustände bedeuten würde. Die einzige Möglichkeit zur Beendigung des Terrors sieht Fatiah (und mit ihr ein Großteil der algerischen Intellektuellen) in der Versöhnung von französischer und algerischer Kultur, ohne daß eine von beiden aufgegeben werden muß.

Fischer Taschenbuch Verlag

Pamela McCorduck und Nancy Ramsey

Die Zukunft der Frauen

Szenarien für das 21. Jahrhundert

Aus dem amerikanischen Englisch von Christiana Goldmann

Band 14616

Nie zuvor haben die Frauen eine Zeit solch beschleunigten Strukturwandels erlebt wie in der zweiten Hälfte des 20. Jahrhunderts. Wohin führt diese Entwicklung? Wie werden die Frauen der Welt in naher Zukunft dastehen, etwa im Jahre 2015? Zwei Futurologinnen, die ihr Handwerk beim renommierten Global Business Network in Emeryville (Kalifornien) gelernt haben, gehen diese Frage methodisch an.

Glauben wir den »offiziellen Zukunftsverheißungen«, wären die Frauen auf dem besten Weg, den Männern gleichgestellt zu werden: wenn nicht zu unseren Lebzeiten, dann doch zu denen unserer Kinder. Die Wirklichkeit sieht anders aus. Sollten sich die Veränderungen im gleichen Tempo wie in den letzten zwanzig Jahren vollziehen, wäre es 2270, bis zu erwarten stünde, daß Männer und Frauen zu gleichen Teilen die Spitzenposten in der Wirtschaft besetzen.

Die Zukunft, die man uns offiziell verkauft, wird nicht stattfinden. Nur wenn wir uns darüber klarwerden, wie sich die strategischen Entscheidungen, die wir heute treffen, morgen auswirken, dürfen wir auch hoffen, auf die Gestaltung der Zukunft Einfluß zu nehmen.

Fischer Taschenbuch Verlag

fi 1904 / 7